财政支持企业若干政策

CAIZHENG ZHICHI QIYE RUOGAN ZHENGCE JIEDU

解读

财政部企业司 编

经济科学出版社
Economic Science Press

图书在版编目（CIP）数据

财政支持企业若干政策解读/财政部企业司编．
—北京：经济科学出版社，2011.12
ISBN 978-7-5141-1246-7

Ⅰ.①财… Ⅱ.①财… Ⅲ.①企业-财政政策-基本知识-中国 Ⅳ.①F812.0

中国版本图书馆 CIP 数据核字（2011）第 229686 号

责任编辑：刘　茜
责任校对：徐领弟　王凡娥
版式设计：代小卫
技术编辑：邱　天

财政支持企业若干政策解读
财政部企业司　编
经济科学出版社出版、发行　新华书店经销
社址：北京市海淀区阜成路甲 28 号　邮编：100142
总编部电话：88191217　发行部电话：88191537
网址：www.esp.com.cn
电子邮箱：esp@esp.com.cn
北京季蜂印刷有限公司印装
787×1092　16 开　20 印张　360000 字
2012 年 4 月第 1 版　2012 年 4 月第 1 次印刷
ISBN 978-7-5141-1246-7　定价：50.00 元
（图书出现印装问题，本社负责调换）
（版权所有　翻印必究）

编辑委员会

总指导：刘红薇

主　编：刘玉廷

副主编：陆庆平　袁海尧　宋康乐　段毅才

编辑委员会成员：
　　　　　　陈柱兵　范晓刚　王天昊
　　　　　　黄秉华　刘学诗　邹素萍
　　　　　　区利民　赵　钢　王国航

前　言

2011年是"十二五"开局之年，"十二五"规划纲要提出了新时期主题主线的发展方针，企业是转变经济发展方式的主体，全面推动企业转型升级和结构调整的任务十分艰巨。为了更好地支持企业改革与发展，有必要对现行财政支持企业的各类政策制度进行全面梳理，在此基础上，调整完善现行财政政策，建立新型企业财务管理机制。为此，企业司组织编写了《财政支持企业若干政策解读》一书，对现行有效但分散的各类企业财政、财务政策制度进行了归纳总结，并对政策制度的未来走向提出了设想。

本书共分14章，包括国有资本经营预算制度、中小企业财政政策、外经贸财政政策、物联网发展专项资金政策、厂办大集体改革政策、中央企业分离办社会职能政策、尾矿库闭库治理资金政策、关闭小企业专项资金政策、大中型水库移民后期扶持政策、三峡后续工作规划、国有股转持政策、新型企业财务管理制度、资产评估管理制度、企业财务会计信息管理制度等政策制度。本书从产生的背景、指导思想与基本原则、政策目标与主要内容、运行机制和政策走向等方面对上述各项政策制度进行了详细解读，力求做到深入浅出、通俗易懂。

本书全面系统地阐述了国家支持企业改革与发展的各项财政政策措施，内容十分丰富，既有支持企业改革的，又有支持企业发展的；既有支持国民经济重点行业的，又有支持中小企业的；既有支持传统产业的，又有支持战略性新兴产业的；既涉及国家宏观财政政策，又涉及微观企业财务管理。本书充分体现了政策理论与实践操作的有机结合，既是多年来从事企业财政财务管理工作的经验总结，又是对现行财政支持企业各项政策制度的高度概括，具有较强的理论性、政策性和可操作性。

我们期望本书的编辑出版，能够架起财政与企业之间的桥梁，便于企业全面系统地掌握和运用财政支持企业的各项政策和制度；能够指导各地财政部门有效开展工作，更好地服务于企业改革与发展；能够为关心和支持财政企业工作的有关科研机构、大专院校、专家学者等提供有价值的参考和借鉴。

由于时间仓促，水平有限，不当之处在所难免，恳请批评指正。

财政部企业司

二〇一一年十二月

目 录

第一章
国有资本经营预算制度 …………………………………… 1
一、国有资本经营预算产生的背景 ………………………… 2
二、国有资本经营预算的指导思想和基本原则 …………… 3
三、国有资本经营预算的目标与主要内容 ………………… 4
四、国有资本经营预算的运行机制 ………………………… 6
五、国有资本经营预算工作取得的成效 …………………… 17
六、中央国有资本经营预算专项资金政策 ………………… 19
七、完善国有资本经营预算制度的设想 …………………… 30

第二章
中小企业财政政策 ………………………………………… 33
一、中小企业财政政策概述 ………………………………… 35
二、各项中小企业财政资金政策的主要内容 ……………… 39
三、现阶段我国中小企业发展状况及存在的主要问题 …… 53
四、完善中小企业财政政策的设想 ………………………… 56

第三章
外经贸财政政策 …………………………………………… 58
一、我国外经贸财政政策概述 ……………………………… 59
二、中小企业国际市场开拓专项资金政策 ………………… 60
三、促进区域外经贸协调发展政策 ………………………… 64
四、鼓励扩大进口政策 ……………………………………… 67
五、支持企业"走出去"政策 ……………………………… 72
六、支持国际服务外包业务发展政策 ……………………… 76

七、茧丝绸行业发展风险基金政策 ·· 83
　　八、支持技术出口政策 ·· 87
　　九、完善我国外经贸发展的财政政策 ·· 89

第四章
物联网发展专项资金政策 ·· 93
　　一、物联网发展专项资金政策产生的背景 ···································· 94
　　二、物联网发展专项资金政策的指导思想与基本原则 ················ 98
　　三、物联网发展专项资金政策的目标与主要内容 ······················· 99
　　四、物联网发展专项资金政策的运行机制 ································· 102
　　五、完善物联网发展专项资金政策的设想 ································· 103

第五章
厂办大集体改革政策 ·· 108
　　一、厂办大集体改革政策产生的背景 ·· 109
　　二、厂办大集体改革政策的总体目标与基本原则 ······················ 113
　　三、厂办大集体改革政策的主要内容 ·· 114
　　四、厂办大集体专项补助资金的拨付和监督管理 ······················ 119
　　五、厂办大集体改革在全国范围内有序推进 ······························ 120

第六章
中央企业分离办社会职能政策 ·· 121
　　一、中央企业分离办社会职能政策的产生 ································· 122
　　二、中央企业分离办社会职能政策的指导思想和基本原则 ····· 124
　　三、中央企业分离办社会职能政策的目标与主要内容 ············· 125
　　四、中央企业分离办社会职能政策的运行机制 ························· 126
　　五、中央企业分离办社会职能政策的成效 ································· 127
　　六、进一步完善中央企业分离办社会职能政策 ························· 127

第七章
尾矿库闭库治理资金政策 ·· 130
　　一、尾矿库闭库治理资金政策产生的背景 ································· 131
　　二、尾矿库闭库治理资金政策的指导思想和基本原则 ············· 132

三、尾矿库闭库治理资金政策的目标与主要内容 ······ 132
四、尾矿库闭库治理资金政策的运行机制 ······ 135
五、尾矿库闭库治理资金政策取得的成效 ······ 135

第八章
关闭小企业专项资金政策 ······ 137
一、关闭小企业资金政策产生的背景 ······ 138
二、关闭小企业资金政策的指导思想与基本原则 ······ 139
三、关闭小企业资金政策的目标与主要内容 ······ 139
四、关闭小企业政策的运行机制 ······ 141
五、关闭小企业政策的作用及成效 ······ 143
六、完善关闭小企业资金政策建议 ······ 144

第九章
大中型水库移民后期扶持政策 ······ 145
一、国家调整大中型水库移民后期扶持政策的背景 ······ 146
二、历史上水库移民后期扶持政策的几次调整 ······ 147
三、调整完善大中型水库移民后期扶持政策的原则 ······ 148
四、大中型水库移民后期扶持政策体系、主要任务、政策目标和政策措施 ······ 149
五、大中型水库移民后期扶持政策的主要内容 ······ 151
六、资金的使用管理 ······ 154
七、大中型水库移民后期扶持政策实施成效及展望 ······ 158

第十章
三峡后续工作规划 ······ 160
一、《三峡后续工作规划》的编制背景 ······ 161
二、《三峡后续工作规划》的编制过程 ······ 162
三、《三峡后续工作规划》的指导思想与制定原则 ······ 163
四、《三峡后续工作规划》的目标与主要内容 ······ 164
五、落实《三峡后续工作规划》的资金渠道 ······ 166
六、三峡工程运行期其他相关财政政策 ······ 168

第十一章

国有股转持政策 ······ *171*
  一、国有股转持政策产生的背景 ······ *172*
  二、国有股转持政策的主要内容 ······ *173*
  三、国有股转持义务的豁免 ······ *176*

第十二章

企业财务制度及新时期企业财务管理创新 ······ *182*
  一、我国企业财务管理的历史沿革 ······ *183*
  二、我国现行企业财务制度体系 ······ *186*
  三、企业财务管理存在的主要问题 ······ *213*
  四、实现新时期企业财务管理创新的主要思路 ······ *217*

第十三章

资产评估与企业改革发展 ······ *220*
  一、我国资产评估行业发展历程 ······ *221*
  二、现阶段资产评估服务于企业的主要内容 ······ *227*
  三、资产评估行政管理体系 ······ *230*
  四、资产评估自律管理体系 ······ *233*
  五、当前资产评估行业存在的主要问题 ······ *237*
  六、资产评估行业的未来发展 ······ *238*

第十四章

企业财务会计信息管理制度 ······ *243*
  一、企业财务会计信息管理监测体系 ······ *244*
  二、国有企业经济效益月度快报 ······ *249*
  三、国有企业年度财务会计决算报告 ······ *252*
  四、外商投资企业年度财务会计决算报告 ······ *257*
  五、企业动态信息专报 ······ *262*
  六、企业经济运行分析 ······ *263*
  七、企业财务信息管理工作的考核 ······ *266*
  八、企业财务会计信息电子报送系统 ······ *266*
  九、企业财务会计信息管理监测体系存在的主要问题 ······ *272*

十、企业财务会计信息管理监测体系的完善 …………………… 273

附件1 财政部关于我国国有企业十年发展的报告 ………………… 275
附件2 加强企业财务信息管理暂行规定 ………………………… 290
附件3 企业安全生产费用提取和使用管理办法 …………………… 295

后记 …………………………………………………………………… 307

第一章

国有资本经营预算制度

导 读

国有资本经营预算是国家以所有者身份从国家出资企业依法取得国有资本收益，并对该收益进行分配而发生的各项收支预算，是政府预算的重要组成部分。国家出资企业，包括国家出资的国有独资公司、国有资本控股公司以及国有资本参股公司。通过建立健全国有资本经营预算制度，对取得的国有资本收益及其支出实行预算管理。实践表明，国有资本经营预算在维护国家基本经济制度，巩固和发展国有经济，加强和改善财政宏观调控等方面发挥了十分重要的作用。本章从国有资本经营预算产生的背景、指导思想与基本原则、目标与主要内容、运行机制等方面进行了解读，并对完善国有资本经营预算制度提出了政策建议。

一、国有资本经营预算产生的背景

计划经济时期,国家对国有企业实行"统收统支"的财政政策,国有企业的盈利全部上交国家,所需资金由财政按计划统筹安排。改革开放后,经济体制改革不断深化,国家为搞活国有企业,逐步调整与国有企业的分配关系,先后实行了"利润留成"、"两步利改税"、"承包经营"等改革政策。随着社会主义市场经济体制的建立,1994年,我国财税体制实行了重大改革,在统一税制的基础上,考虑到国有企业历史包袱沉重,作为阶段性措施,国家暂停向国有企业收缴利润,税后利润全部留给企业。1997年后,国家为支持国有企业公司制、股份制改革,从整体上搞活整个国有经济,推动经济结构战略性调整,先后出台了改制重组、政策性关闭破产、主辅分离、分离企业办社会职能等一系列重大改革措施,国有企业的历史包袱和社会负担逐步得到妥善解决,为国有企业参与市场竞争创造了体制条件。历经多年的积累与发展,国有企业资产规模不断扩大,盈利能力持续增强,综合实力显著提升,推动经济结构调整和经济发展方式转变,实现国家宏观调控目标,建立健全国有资本经营预算制度势在必行。

我国国有资本经营预算制度从萌芽到建立大体经历了建设性预算、国有资产经营预算和国有资本经营预算三个阶段。

1. 建设性预算

1991年,国务院颁布《国家预算管理条例》,规定从1992年起国家预算按复式预算(经常性和建设性)编制。中央预算和部分省级预算按经常性预算和建设性预算的形式进行了试编。

2. 国有资产经营预算

1993年,党的十四届三中全会提出,"改进和规范复式预算制度,建立政府公共预算和国有资产经营预算,并可根据需要建立社会保障预算和其他预算",首次明确提出了"国有资产经营预算"的概念。1995年《预算法》颁布并实施,《预算法》规定"中央预算和地方各级政府预算按照复式预算编制",同年颁布并实施的《预算法实施条例》第二十条规定,"各级政府预算按照复式预算编制,分为政府公共预算、国有资产经营预算、社会保障预算和其他预算"。

3. 国有资本经营预算

2003年，党的十六届三中全会通过《中共中央关于完善社会主义市场经济体制若干问题的决定》，提出"建立健全国有资产管理和监督体制"，要求"建立国有资本经营预算制度"，正式确立了"国有资本经营预算"的提法。2005年，党的十六届五中全会通过的《中共中央关于制定国民经济和社会发展第十一个五年规划建议》再次提出"坚持和完善基本经济制度，加快建立国有资本经营预算制度，建立健全金融资产、非经营性资产、自然资源资产等监管体制"，使得国有资本经营预算制度的出台进入酝酿阶段。

2005年财政部会同有关部门开始研究和论证国有资本经营预算制度。2007年5月30日，国务院总理温家宝主持召开国务院常务会议，研究部署试行国有资本经营预算工作。9月8日，国务院发布《关于试行国有资本经营预算的意见》（国发〔2007〕26号），对国有资本经营预算试行的指导思想和原则、收支范围、编制审批、职责分工、试行时间等事项做出了明确规定，标志着国有资本经营预算制度在我国正式建立。2008年10月28日，第十一届全国人民代表大会常务委员会第五次会议通过《中华人民共和国企业国有资产法》，首次在国家法律中确定了国有资本经营预算编制的各项原则。

二、国有资本经营预算的指导思想和基本原则

试行国有资本经营预算，总的指导思想是，以邓小平理论和"三个代表"重要思想为指导，坚持科学发展观，通过对国有资本收益的合理分配及使用，增强政府的宏观调控能力，完善国有企业收入分配制度，促进国有资本的合理配置，推动国有企业的改革和发展。

试行国有资本经营预算应坚持以下原则：

统筹兼顾、适度集中的原则。即建立国有资本经营预算，确定国有资本收益比例及安排预算支出，既要考虑国有经济布局、结构调整和国民经济宏观调控的需要，有利于国有资本的合理配置，也要考虑国有企业自身的积累，有利于企业的改革和发展。

相对独立、相互衔接的原则。即国有资本经营预算作为独立的一本政府预算，与政府公共预算分别编制，并完整反映国有资本收益收支情况，同时，通过预算收支、调入及调出与政府公共预算保持衔接。

分级编制、逐步实施的原则。即按照国有资产分级管理体制，国有资本经营预算分级编制，同时考虑到国有企业情况的多样性和复杂性，为稳妥推进此

项工作，国有资本经营预算先试行，再逐步推开。

三、国有资本经营预算的目标与主要内容

《中华人民共和国企业国有资产法》和《国务院关于试行国有资本经营预算的意见》等对国有资本经营预算的目标和主要内容作了明确规定。

（一）目标

建立国有资本经营预算制度，是党中央、国务院从完善社会主义市场经济体制的全局出发，采取的一项重要举措。其主要目的是规范国家与国有企业的分配关系，增强政府的宏观调控能力，完善政府预算管理体系，继续深化国有企业改革，推进国有经济结构和布局的调整，集中解决国有企业发展中的体制性、机制性问题。

1. 规范国家与国有企业的分配关系，完善国有企业收入分配制度

通过建立国有资本经营预算，按照现代企业制度的要求，落实国家及国有企业的责任和权利，确定国家作为国有资本所有者应享有的分配权利。建立国有资本投资回报制度，促进国有企业深化收入分配制度改革。

2. 增强政府的宏观调控能力，促进国有经济布局和结构调整

通过建立国有资本经营预算，围绕政府宏观调控目标和国家有关产业发展政策，利用收入和支出两个手段，加快产业结构调整和经济发展方式的转变，促进国有经济结构战略性调整，增强国有经济活力、控制力、影响力。

3. 完善政府预算管理体系，健全财政管理职能

通过建立国有资本经营预算，如实反映国有资本经营收支状况，合理划分政府作为社会管理者和资本所有者的不同职能，并充分体现其相应的收支活动运行特征。按照完善社会主义市场经济体制的要求，完善政府公共预算、国有资本经营预算、政府性基金预算和社会保障预算组成的有机衔接的政府预算体系，进一步健全财政管理职能。

4. 强化国有企业的责任意识，加快国有企业改革步伐

通过建立国有资本经营预算制度，国有企业向国家上交资本收益，有利于进一步提升国有企业作为受托人的保值增值责任意识。同时，国有企业通过向国家上交资本收益，有利于进一步明确国有企业市场主体的地位，建立和完善现代企业制度，为各种类型不同所有制企业在市场经济中公平竞争创造更加良好的条件，加快国有企业改革的步伐。

（二）主要内容

国有资本经营预算由收入预算和支出预算组成。

1. 收入预算

国有资本经营预算的收入是指各级人民政府及其部门、机构履行出资人职责的企业（一级企业）上交的国有资本收益，主要包括：（1）国有独资企业按规定上交国家的利润；（2）国有控股、参股企业国有股权（股份）获得的股息、股利；（3）企业国有产权（含国有股份）转让收入；（4）国有独资企业清算收入（扣除清算费用），以及控股、参股企业国有股份（股权）分享的公司清算收入（扣除清算费用）；（5）其他收入。财政部门根据当年取得的企业国有资本收益以及上年结转收入编制国有资本经营收入预算。

2. 支出预算

国有资本经营预算的支出主要包括：（1）资本性支出。根据产业发展规划、国有经济布局和结构调整、国有企业发展要求，以及国家战略、安全等需要，安排的资本性支出。（2）费用性支出。用于弥补国有企业改革成本等方面的费用性支出。（3）其他支出。具体预算支出范围依据国家宏观经济政策以及不同时期国有企业改革和发展的任务，统筹安排确定。必要时，可部分用于社会保障等项支出。

（三）监督管理

国有资本经营预算制度实施过程中，财政部门、履行出资人职责的机构和国家出资企业根据职责分工开展国有资本经营预算工作：

1. 财政部门职责

国务院和有关地方人民政府财政部门是国有资本经营预算主管部门，主要履行以下国有资本经营预算管理职责：

（1）负责制（修）订国有资本经营预算的各项管理制度、预算编制办法和预算收支科目，制定企业国有资本收益收取办法；

（2）收取企业国有资本收益；

（3）编制国有资本经营预算草案；

（4）编制国有资本经营预算收支月报，报告国有资本经营预算执行情况；

（5）汇总编报国有资本经营决算；

（6）监督履行出资人职责的机构、部门和国家出资企业国有资本经营预算执行情况。

国务院财政部门负责审核和汇总编制全国国有资本经营预算、决算草案。

2. 履行出资人职责的机构、部门职责

履行出资人职责的机构、部门是国有资本经营预算单位，主要履行以下国有资本经营预算管理职责：

（1）负责研究制定本单位国有经济布局和结构调整的政策措施，参与制定国有资本经营预算有关管理制度；

（2）组织和所监管（或所属）企业上交国有资本收益；

（3）提出本单位国有资本经营预算建议草案；

（4）组织和监督本单位国有资本经营预算的执行；

（5）编报本单位年度国有资本经营决算草案。

3. 国家出资企业职责

（1）按照规定上交国有资本收益；

（2）提出国有资本经营预算支出项目计划；

（3）根据国有资本经营预算批复安排支出；

（4）报告国有资本经营预算资金使用情况。

4. 国务院编制的中央国有资本经营预算、决算草案报全国人民代表大会批准

地方人民政府编制的本级国有资本经营预算、决算草案报本级人民代表大会批准，并汇总本地方国有资本经营预算、决算草案报上一级人民政府财政部门。

四、国有资本经营预算的运行机制

国有资本经营预算同其他预算一样，具有一套完整的运行机制，包括预算编制、执行、调整、决算四个环节。

（一）预算编制

1. 国有资本经营预算编制原则

（1）分级管理、分级编制原则。财政部负责编制中央本级国有资本经营预算草案，并汇总编制全国国有资本经营预算草案。有关地方财政部门负责编制本级国有资本经营预算草案，汇总编制本地方国有资本经营预算草案。各级财政部门负责组织和编制国有资本经营预算草案工作，制定具体编制办法，明确预算编制的职责分工和规程，建立完善的国有资本经营预算编制机制。

（2）单独编制原则。国有资本经营预算编制，实行统一的国有资本经营预算收支分类科目，国有资本经营预算的收支不能与其他预算收支混编。同时，国有资本经营预算与公共预算保持相互衔接。

（3）不列赤字原则。国有资本经营预算收入根据国有资本收益收取管理办法和企业年度盈利情况进行测算；国有资本经营预算支出按照当年预算收入规模安排，财政预算编制收支平衡，不列赤字。

2. 国有资本经营预算科目设置

国有资本经营预算收支科目是预算编制的基础。2007年，财政部、中国人民银行对政府收支分类科目进行修订，增设了《国有资本经营预算收支科目》，明确国有资本经营预决算在一般预算之外单独编列、有关收支也应单独核算。2011年国有资本经营预算收支科目由三部分组成：（1）国有资本经营预算收入分类科目，包括："非税收入"、"转移性收入" 2个类级科目，"国有资本经营收入"、"地震灾后恢复重建补助收入" 2个款级科目，以及7个项级科目和42个目级科目。（2）国有资本经营预算支出功能分类科目，包括："教育"、"科学技术"、"文化体育与传媒"、"社会保障和就业"、"节能环保"、"城乡社区事务"、"农林水事务"、"交通运输"、"资源勘探电力信息等事务"、"商业服务业等事务"、"地震灾后恢复重建支出"、"转移性支出" 12个类级科目，以及32个款级科目和34个项级科目。（3）国有资本经营预算支出经济分类科目，包括："对企事业单位的补贴"、"贷款转贷及产权参股"、"其他支出" 3个类级科目，以及"国有资本经营预算费用性支出"、"国有资本经营预算资本性支出"、"国有资本经营预算其他支出" 3个款级科目。

国有资本经营预算收支科目可根据实际情况，按照规定由财政部进行调整。

3. 国有资本经营预算编制程序

（1）中央国有资本经营预算编制程序。

①财政部根据国务院编制下一年度国有资本经营预算草案的规定，部署编制中央国有资本经营预算草案的具体事项。②中央预算单位根据国务院的规定和财政部的部署，结合所监管企业的情况，具体布置所监管企业编报国有资本经营预算支出项目计划。中央预算单位对所监管企业上报的国有资本经营预算支出项目计划进行审核，编制本单位国有资本经营预算建议草案，按规定时间报送财政部审核。③财政部审核中央预算单位提出的国有资本经营预算建议草案，具体编制中央国有资本经营预算草案，报国务院审定。在每年全国人民代表大会举行一个月前，将中央国有资本经营预算的主要内容提交全国人民代表大会财经委员会进行初步审查。④财政部汇总地方国有资本经营预算草案，具

体汇编全国国有资本经营预算草案,由国务院报全国人民代表大会。

(2) 地方国有资本经营预算编制程序。

①省、自治区、直辖市财政部门根据国务院的规定和财政部的部署,结合本地区的具体情况,提出本地方编制国有资本经营预算草案的要求。②地方财政部门审核本级预算单位提出的国有资本经营预算建议草案,具体编制本级国有资本经营预算草案,经本级人民政府审定后报本级人民代表大会批准。地方财政部门汇总本地方国有资本经营预算草案,经本级人民政府审定后,按照规定期限报上级财政部门。③地方各级财政部门编制的本级国有资本经营决算草案,报本级人民政府审定后,由本级人民政府提请本级人民代表大会常务委员会审查和批准。

4. 国有资本经营预算编制内容

按照《中央国有资本经营预算编报办法》(财企〔2011〕318号)等有关规定,企业、预算单位和财政部门分别编制国有资本经营预算项目支出计划、国有资本经营预算建议草案和国有资本经营预算草案。

(1) 企业负责编制国有资本经营预算支出项目计划。企业国有资本经营预算支出项目计划包括两部分内容:一是编制报告。包括:项目名称及主要内容;项目承担企业基本情况;项目实施的主要目的和目标;资本性支出项目需要提供项目立项的依据,项目可行性分析,项目投资方案与资金筹措方案,项目实施进度与年度计划安排,项目经济效益和社会效益的分析等;费用性支出项目需要提供立项的必要性,项目具体的支出范围,项目资金测算依据和标准等;项目绩效考核及其有关责任的落实;项目承担企业提供的其他相关材料。二是企业国有资本经营预算表。包括:预算支出表;预算支出明细表;预算支出项目表。

(2) 预算单位根据国家有关政策、财政部门国有资本经营预算建议草案编报通知以及国有资本经营预算支出管理办法等规定,审核汇总所出资(监管)企业提出的国有资本经营预算支出项目计划,编制本单位国有资本经营预算建议草案。预算单位编制的国有资本经营预算建议草案包括三部分内容:一是预算编制报告。包括:企业的基本情况(企业户数、经营状况、行业分布和企业国有资本经营状况等);预算编制的组织及企业编报情况;年度预算支出规模及分类;预算年度国有资本经营预算支出所要达到的政策目标;预算支出项目的说明及依据。二是预算单位国有资本经营预算表。包括:预算支出表、预算支出明细表、预算支出项目表。三是企业编报的国有资本经营预算支出项目计划。

（3）财政部门根据预算收入情况和预算单位上报的国有资本经营预算建议草案，统筹安排、综合平衡后，编制本级国有资本经营预算草案。财政部门编制的国有资本经营预算草案包括两部分内容：一是预算编制说明。包括：预算编制的指导思想和重点；预算编制范围；预算编制情况说明（包括收支预算总体情况，收入、支出预算具体编制说明）；其他说明事项。二是国有资本经营预算表。包括：预算收支总表；预算收入表；预算支出表；预算支出明细表；预算支出项目表等。

5. 国有资本经营预算收入编制方法

按照《预算法》及其实施条例、《国务院关于试行国有资本经营预算的意见》和《中央国有资本经营预算编报办法》等相关规定，国有资本经营预算收入，由财政部门根据当年预计取得的企业国有资本收益以及上年结转收入直接编制。

国有资本收益是国有资本经营预算收入的主要组成部分，对其进行预测和分析构成了收入预算编制的主要内容。当年预计取得的企业国有资本收益，由财政部门组织国有资本经营预算单位按照企业上一年度盈利情况和本年度产权、股权转让计划等进行测算。

（1）企业应交利润和国有股股利、股息的预测。企业应交利润，根据经中国注册会计师审计的企业年度合并财务报表反映的归属于母公司所有者的净利润，抵扣以前年度未弥补亏损和提取的法定公积金后，按规定的上交比例计算。

国有股股利、股息，根据国有控股、参股企业关于利润分配的决议核定。

对上述两项内容的测算和分析，主要考虑以下几项因素：国家宏观经济形势的总体走势和当期国家的经济政策；企业上一年度的经济效益情况和当年的经济运行状况。企业所在行业的特点、经济运行规律和财务政策；企业自身的业务、经营特点，以及企业当年发生的特殊财务事项及对企业经济效益的影响。

（2）国有产权转让收入、企业清算收入等内容的预测。国有产权转让收入，根据企业产权转让协议和资产评估报告等资料核定。企业清算收入，根据清算组或者管理人提交的企业清算报告核定。

上述两项内容具有较大的不确定性，但与国家制定的国有经济战略布局和结构调整的相关政策密切相关。因此，可依据国家相关政策进行预测和分析。

6. 国有资本经营预算支出编制方法

（1）国有资本经营预算支出的范围。国有资本经营预算试行以来，经国务院批准同意，中央国有资本经营预算支出方向和重点主要包括：

①产业结构调整、兼并重组支出。为切实加快经济发展方式转变和结构调整，重点支持中央企业兼并重组和调整优化产业结构，以及向重点企业补充资本金。

②灾后恢复重建支出。主要支持受地震等特大自然灾害影响，损失较重的中央企业开展灾后恢复重建。

③改革脱困补助支出。主要用于帮助企业解决改革中的重点难点问题。

④重大科技创新项目支出。主要支持中央企业围绕国家有关重点技术研发任务，实施技术创新能力建设和开展重大技术研发活动。

⑤重大节能减排项目支出。主要支持中央企业实施重大节能减排项目，促进企业逐步建立起符合社会主义市场经济要求的节能减排机制。

⑥境外投资项目支出。主要支持中央企业通过新设、并购等方式在境外设立非金融企业或取得既有非金融企业的所有权、控制权、经营管理权等权益行为。

⑦安全生产保障能力建设支出。主要用于支持重点行业中央企业安全生产保障能力建设。

⑧新兴产业发展支出。主要用于支持农业、教育、文化等产业发展。

⑨社会保障补助支出。用于支持困难中央企业离休干部医药费补助等的补助支出。

⑩补充社保基金支出。以国有股减持收入等补充全国社会保障基金的支出。

调入公共预算支出。中央国有资本经营预算资金调入公共预算，用于支持社保等民生事业发展。

（2）国有资本经营预算支出编制方法。编制国有资本经营预算支出应具备以下条件：一是符合国家宏观经济政策以及不同时期国有企业改革和发展的要求；二是符合国有资本经营预算支持的方向；三是经过充分的研究和论证，有明确的项目目标、组织实施计划和科学合理的项目预算。

国有资本经营预算支出主要为项目支出，因此加强项目预算管理，建立项目库，按照项目轻重缓急、择优遴选进行排序，实行项目滚动管理，是编制国有资本经营预算支出的基础。国有资本经营预算支出，应首先保证党中央、国务院或地方人民政府已研究确定需由国有资本经营预算资金重点保障安排的项目；其次是以前年度延续的需在本年继续安排预算的项目；最后是按项目排序遴选的新增项目。

7. 国有资本经营预算编报的时间流程

国有资本经营预算编报和批复在时间上应逐步与公共预算同步。按照财政部《中央国有资本经营预算编报办法》（财企〔2011〕318号）规定，中央国有资本经营预算编报的时间流程如下：每年6月起，财政部印发编报下一年度中央国有资本经营预算建议草案的通知，布置和指导中央预算单位的预算编制工作。8月底以前，中央企业将编报的中央国有资本经营预算支出项目计划报中央预算单位，并抄报财政部。9月底以前，中央预算单位将审核汇总编制的本单位中央国有资本经营预算建议草案报财政部。12月底以前，财政部将审核汇总编制的中央国有资本经营预算草案报国务院审批。经国务院批准后，中央国有资本经营预算草案随同全国预算（草案）报全国人大常委会预算工作委员会和全国人大财政经济委员会审核，提交全国人民代表大会审议。

8. 国有资本经营预算的批复

财政部门应当自本级人民代表大会批准预算之日起30个工作日内，将国有资本经营预算批复预算单位。预算单位自财政部门批复预算之日起15个工作日内，批复所出资（监管）企业，并抄报财政部门备案。

（二）预算执行

1. 国有资本预算收入的执行

国有资本收益是国有资本经营预算收入的主要组成部分，依法取得国有资本收益，是国家作为国有资本投资者应当享有的权利，也是建立国有资本经营预算的基础。因此，加强国有资本收益管理，确保国有资本收益及时足额上交十分重要。

（1）国有资本收益收交的职责分工和总体要求。财政部门依照法律、法规等规定及时、足额收取国有资本收益，并纳入同级国有资本经营预算管理。各项国有资本收益的减收、免收或者缓收，必须按照有关法律、法规以及本级人民政府的有关规定办理。国家出资企业依照有关法律、法规以及国务院财政部门的规定，将应上交的国有资本收益按照规定的预算级次、预算科目、缴库方式和期限，及时、足额上交。履行出资人职责的机构、部门作为国有资本经营预算单位，依照有关法律、法规以及国务院财政部门的规定，配合主管财政机关做好国有资本收益收交工作，督促所属企业及时、足额将应缴的国有资本收益交入国库。

（2）国有资本收益收取的对象及标准。国有资本收益收取的对象为各级人民政府及其部门、机构履行出资人职责的企业（即一级企业，下同）。国有资本收益收取按以下原则确定：

①国有独资企业应上交国家的利润：国务院代表国家履行出资人职责的国有独资企业、国有独资公司上交国家的利润，具体上交比例由国务院确定。地方人民政府代表国家履行出资人职责的国有独资企业、国有独资公司上交利润，具体上交比例由各省、自治区、直辖市人民政府确定。

②国有控股、参股企业国有股权（股份）获得的股利、股息收入：国有控股公司、国有参股公司中各级人民政府及其部门、机构直接持有的国有股权（股份）获得的股利、股息，应当全额上交国家。需要说明的是，国有控股、参股企业需上交国家的国有股利、股息仅限集团母公司（一级企业），其从所属子企业获得的股利、股息属于法人投资收益，不需直接上交国家。

③企业清算收入：各级人民政府及其部门、机构出资的国有独资企业清算收入和国有控股、参股企业中各级人民政府及其部门、机构直接持有的国有股权（股份）分享的公司清算收入在扣除清算费用后均全额上交国家。

（3）中央企业国有资本收益的收取。

①中央企业国有资本收益的申报：应交利润，在年度终了后5个月内，由中央企业一次申报；国有股股利、股息，在股东会或者股东大会（没有设立股东会或者股东大会的为董事会）表决日后30个工作日内，由国有控股、参股企业据实申报，并附送股东会、股东大会的决议文件；国有产权转让收入，在签订产权转让合同后30个工作日内，由中央企业或者履行出资人职责的中央部门、机构授权的机构据实申报，并附送产权转让合同和资产评估报告；企业清算收入，在清算组或者管理人编制剩余财产分配方案后30个工作日内，由清算组或者管理人据实申报，并附送企业清算报告和中国注册会计师出具的审计报告；其他国有资本收益，在收益确定后30个工作日内，由有关单位申报，并附送有关经济事项发生和金额确认的资料。

②中央企业国有资本收益的核定：应交利润，根据经中国注册会计师审计的企业年度合并财务报表反映的归属于母公司所有者的净利润（扣除以前年度未弥补亏损和提取的法定公积金）和规定的上交比例计算核定；国有股股利、股息，根据国有控股、参股企业关于利润分配的决议核定；国有产权转让收入，根据企业产权转让协议和资产评估报告等资料核定；企业清算收入，根据清算组或者管理人提交的企业清算报告核定；其他国有资本收益，根据有关经济行为的财务会计资料核定。

③中央企业国有资本收益上交程序。中央企业国有资本收益上交，使用政府收支分类科目中"国有资本经营收入"款级科目。中央企业国有资本收益上

交，按照以下程序执行：

一是除财政部以外履行出资人职责的中央部门、机构在收到所监管企业上报的国有资本收益申报表及相关材料后 15 个工作日内提出审核意见，报送财政部复核，财政部在收到履行出资人职责的中央部门、机构审核意见后 15 个工作日内提出复核意见；

二是履行出资人职责的中央部门、机构根据财政部同意的审核结果向所监管企业下达国有资本收益上交通知，财政部向财政部驻企业所在省（自治区、直辖市、计划单列市）财政监察专员办事处下达国有资本收益收取通知；财政部驻企业所在省（自治区、直辖市、计划单列市）财政监察专员办事处依据财政部下达的国有资本收益收取通知向企业开具"非税收入一般缴款书"；

三是中央企业依据履行出资人职责的中央部门、机构下达的国有资本收益上交通知和财政部驻企业所在省（自治区、直辖市、计划单列市）财政监察专员办事处开具的"非税收入一般缴款书"办理国有资本收益交库手续；

四是财政部在收到由其履行出资人职责的企业国有资本收益申报表及相关材料后 15 个工作日内，完成审核工作并向财政部驻企业所在地财政监察专员办事处下达国有资本收益收取通知；由财政部履行出资人职责的企业凭财政部驻企业所在地财政监察专员办事处开具的"非税收入一般缴款书"办理国有资本收益交库手续。

中央企业当年应交利润应当在申报日后 5 个月内交清，其中：应交利润在 10 亿元以下（含 10 亿元）的，须一次交清；应交利润在 10 亿元以上、50 亿元以下（含 50 亿元）的，可分两次交清；应交利润在 50 亿元以上的，可分三次交清。

④中央企业减免和缓交国有资本收益应具备的条件。中央企业根据国家政策进行重大调整，或者由于遭受重大自然灾害等不可抗力因素造成巨大损失，需要减免应交利润的，应当向财政部以及履行出资人职责的中央部门、机构提出申请，由财政部商上述部门、机构报国务院批准后，将减免的应交利润直接转增国家资本。

中央企业因特殊原因，需要缓交国有资本收益的，应当向财政部以及财政部驻企业所在地财政监察专员办事处提出申请，由财政部批准后，予以缓交。

（4）国有资本收益收取情况。

①中央国有资本收益收取情况：2008~2010 年，中央企业共上交国有资本

收益2 130.9亿元,其中:利润收入1 396.8亿元,股利、股息收入1亿元,产权转让收入127.1亿元,其他国有资本经营收入606亿元。按年度分:2008年上交583.5亿元(含2007年试点减半上交139.9亿元);2009年上交988.7亿元(含电信改革专项收入600亿元);2010年上交558.7亿元(含国有股减持收入127.1亿元)。分行业情况如表1-1所示。

表1-1 2008~2010年中央国有资本经营预算收入 单位:亿元

	2008年		2009年		2010年	
	企业利润	完成预算比(%)	企业利润	完成预算比(%)	企业利润	完成预算比(%)
合计	583.5	100	388.7	100	431.6	102.5
烟草	86.8	100	115	100	117.2	106.0
石油石化	224.6	100	110	100	123.4	91.8
电力	50	100	9.5	100	5	82.5
电信	109.7	100	79.5	100	82.7	110.3
煤炭	23.4	100	23.9	100	26.1	93.1
有色冶金采掘	4.6	100	0.5	100	0.4	128.6
钢铁	20.2	100	11.7	100	6.4	133.4
运输	17.1	100	7.1	100	3.1	191.0
机械	7.3	100	5.1	100	10.1	111.7
投资服务	2.9	100	2.9	100	2.7	110.1
贸易	12	100	7.8	100	9.9	124.9
建筑施工	9.8	100	6.9	100	11.2	114.2
境外	13.8	100	7.3	100	8.6	106.4
其他行业	1.5	100	1.5	100	24.8	127.4

②地方国有资本收益收取情况。根据地方国有资本经营预算季报数据统计,2010年,北京等12个编制国有资本经营预算的省区市当年国有资本经营收入165.4亿元,加上上年结转收入3.0亿元,共计168.4亿元。其中:利润收入53.3亿元,占31.7%;股利、股息收入13.6亿元,占8.1%;产权转让收入49.8亿元,占29.5%;清算收入0.4亿元,占0.2%;一般预算调入国有资本经营预算等其他国有资本经营预算收入48.3亿元,占28.7%;上年结转收入3.0亿元,占1.8%。

2. 国有资本经营预算支出的执行

(1) 国有资本经营预算支出执行的要求。国有资本经营预算支出,由国家出资企业根据经批准的预算向财政部门提出申请。经财政部门审核后,依据财政国库管理制度规定，及时、足额地向国家出资企业办理资金支付。国家出资企业按照国有资本经营预算规定的支出用途、范围、金额等使用资金。

各级人民政府及其财政部门对国有资本经营预算支出进行管理，履行出资人职责的机构、部门作为国有资本经营预算单位，对其所出资（监管）企业的国有资本经营预算执行实行追踪问效。

国务院和县级以上地方人民政府每年需依据《预算法》规定的时间，向本级人民代表大会常务委员会报告预算执行情况。

财政部门、履行出资人职责的机构和国家出资企业要确保国有资本经营预算支出的合规性、效益性。国有资本经营预算支出主要为根据产业发展规划、国有经济布局和结构调整、国有企业发展要求，以及国家战略、安全等需要，安排的资本性支出以及用于弥补国有企业改革成本等方面的费用性支出等。对于资本性支出应当重点关注项目是否符合国家产业政策和经济布局、是否履行内部决策程序、是否经过前期充分论证、有无盲目投资、是否存在虚报项目多报资金等问题。对于费用性支出则应当关注支出安排及资金使用的合法性，注意有无虚列费用支出或挤占挪用财政资金的问题。

（2）国有资本经营预算支出的执行情况。

①中央国有资本经营预算支出执行情况。2008～2010年，中央国有资本经营预算实际支出2 095.3亿元，其中：2008年支出571.3亿元；2009年支出982.0亿元；2010年支出542.0亿元。以上支出按资金性质划分，资本性支出1 869.5亿元，占89.2%；费用性支出71.1亿元，占3.4%；其他支出154.8亿元，占7.4%。中央国有资本经营预算资金主要用于国有经济和产业结构调整、中央企业灾后恢复重建、重大技术创新、节能减排、境外投资以及改革脱困补助支出等（见表1-2）。

表1-2　　　　　2008～2010年中央国有资本经营预算支出表　　　　单位：亿元

	2008年			2009年			2010年①		
	预算	完成	完成预算比（%）	预算	完成	完成预算比（%）	预算	完成	完成预算比（%）
合计	583.5	571.3	97.9	1 000.9	982	98.1	440	542.0	123.2
资本性支出	546.6	546.6	100	960	955.4	99.5	391	367.5	94.0
费用性支出	22	19.9	90.4	26.2	23.5	89.5	23.5	27.73	118
其他支出	14.99	4.8	32.0	14.6	3.2	21.9	25.5	146.8	575.7

注：①2010年初预算不含国有股减持收入127.1亿元。

②地方国有资本经营预算支出执行情况。根据地方国有资本经营预算季报数据统计，2010年，北京等12个编制国有资本经营预算的省区市当年国有资本经营支出104.7亿元，其中资本性支出77.0亿元，占73.6%；费用性支出11.3亿元，占10.8%；其他支出15.4亿元，占14.7%；国有资本经营预算调出资金1.0亿元，占1%。

（三）预算调整

国有资本经营预算支出，应按照财政部门批复的预算支出科目、项目和数额执行，因国家政策发生变化或重大自然灾害等不可预见因素，在预算执行中确需做出调整的，必须报经财政部门批准。

在国有资本经营预算执行中，因特殊情况需要调整预算的，财政部门应当具体编制国有资本经营预算调整方案，经本级人民政府或者本级人民代表大会常务委员会批准后组织实施。

在国有资本经营预算执行中，国有出资企业改变财务隶属关系引起预算级次和预算关系变化的，应当按照规定办理预算划转。

（四）国有资本经营决算

1. 国有资本经营决算编制职责分工

财政部负责部署编制决算草案工作，负责编制中央国有资本经营决算草案，汇总全国国有资本经营决算。

中央国有资本经营预算单位根据国务院财政部门的部署，负责编制所属企业决算建议草案。

有关地方财政部门根据上一级财政部门的部署，制定本地方和本级国有资本经营决算草案的具体编制办法，编制本级国有资本经营决算草案，并负责汇总本地方国有资本经营决算。

2. 国有资本经营决算的编报和批复程序

（1）国有资本经营决算布置。财政部在每年第四季度部署编制国有资本经营决算草案的原则、要求、方法和报送期限，制发中央预算单位国有资本经营决算、地方国有资本经营决算报表格式。地方财政部门根据上级财政部门的部署，制定本行政区域国有资本经营决算草案和本级各预算单位国有资本经营决算草案的具体编制办法。各预算单位应当按照财政部门的布置，认真编制本单位国有资本经营决算草案，在规定期限内上报。

（2）国有资本经营决算编报程序。有关地方财政部门按规定编制本级国有资本经营决算草案后,报本级人民政府审定。自本级国有资本经营决算批复之日起 30 日内,汇总本级国有资本经营决算及下一级上报的决算,将本地方国有资本经营决算报上一级财政部门。县级以上地方财政部门编制的本级决算草案,报本级政府审定后,由本级政府提请本级人民代表大会常务委员会审查和批准。

国务院财政部门根据中央国有资本经营预算单位报送的国有资本经营决算建议草案,编制中央国有资本经营决算草案,并汇总全国的国有资本经营决算,于下一年度 6 月底之前上报国务院审定后,由国务院提请全国人民代表大会常务委员会审查和批准。

(3) 国有资本经营决算批复程序。县级以上各级政府国有资本经营决算草案经本级人民代表大会常务委员会批准后,财政部门应当自批准之日起 20 日内向本级预算单位批复国有资本经营决算。各预算单位应当自财政部门批复本部门决算之日起 15 日内向所属各单位批复决算。

县级以上地方各级政府应当自本级人民代表大会常务委员会批准本级政府国有资本经营决算之日起 30 日内,将本级政府国有资本经营决算及下一级政府上报备案的国有资本经营决算汇总,报上一级政府备案。

(4) 国有资本经营预决算的监督。财政部门通过对预算单位、国家出资企业的财务监督和建立预算考评制度等,对国有资本经营预算的执行和完成结果进行监督管理,确保国有资本经营预算收入的完整性和支出的安全有效性。预算单位、国家出资企业接受本级财政部门对国有资本经营预算的监督检查。

五、国有资本经营预算工作取得的成效

2007 年以来,在党中央、国务院的正确领导及地方各级人民政府的大力支持下,财政部门积极推进建立健全国有资本经营预算制度,工作取得了明显成效。

(一) 预算制度框架基本建立

1.《国务院关于试行国有资本经营预算的意见》(国发〔2007〕26 号)规定,对纳入国有资本经营预算范围的政府及部门、机构履行出资人职责的企业收取国有资本收益,建立了国有资本投资回报机制

财政部会同国务院有关部门在比较短的时间内,完成了国有资本经营预算各项管理制度的制定,包括《中央企业国有资本收益收取管理暂行办法》(财企〔2007〕309 号)、《中央国有资本经营预算编报办法》(财企〔2011〕318

号），以及国有资本经营预算收支科目等制度，初步建立了国有资本经营预算制度框架体系，为国家作为所有者参与国有企业的分配提供了制度保障和政策依据。

2. 地方国有资本经营预算制度逐步建立

截至2011年10月底，全国36个省、市、自治区、直辖市、计划单列市中，有34个省（区、市）出台了试行国有资本经营预算的实施意见和制度办法，开展了国有资本经营预算工作。其中，北京、山东、广东、上海等24个省（区、市），已经编制或正在试编2011年国有资本经营预算草案。安徽、重庆、贵州、宁夏、甘肃、新疆、西藏等省（区、市）国有资本经营预算草案已报本级人大审批。厦门、大连等省（区、市）国有资本经营预算实施范围已经实现全覆盖，金融、事业单位所属国有企业等已全部纳入实施范围。山东、湖北、西藏等多个省（区、市）部分地市级以下也开展了国有资本经营预算试行工作。

（二）实施范围不断扩大和收益收取比例逐步提高

1. 逐步扩大国有资本经营收益收取对象，更多的国有企业纳入了国有资本经营预算实施范围

按照《国务院关于试行国有资本经营预算的意见》精神，2008年中央国有资本经营预算试行范围包括国资委监管企业和中国烟草总公司。2009年，经国务院批准，中国邮政集团公司纳入中央国有资本经营预算实施范围。2010年11月3日，国务院第131次常务会议审议并通过了《财政部关于完善中央国有资本经营预算有关问题的汇报》，同意从2011年起，将教育部、中国国际贸易促进委员会所属企业，国家广播电影电视总局直属中国电影集团公司，文化部直属中国东方演艺集团公司、中国文化传媒集团公司、中国动漫集团公司，农业部直属黑龙江北大荒农垦集团公司、广东省农垦集团公司，以及中国出版集团公司和中国对外文化集团公司纳入中央国有资本经营预算实施范围。至此，纳入实施范围的独立核算企业共19 977户，占全部中央企业（不含金融企业，下同）的80.6%。

2. 逐步提高国有资本收益收取比例，不断理顺国家与企业的分配关系

按照《中央企业国有资本收益收取管理暂行办法》，根据行业的不同实行了差别化收取比例。将纳入中央国有资本经营预算实施范围的中央企业分为三类：第一类烟草、石油石化、电力、电信、煤炭企业等垄断行业，国有资本收益收取比例10%；第二类一般竞争性企业，国有资本收益收取比例5%；第三类军工企业、转制科研院所，前三年暂缓收取国有资本收益，2010年起，按企业税后利润的5%收取；第四类政策性企业（中国储备粮管理总公司和中国储备棉管理总公司），免收国有资本收益。

2010年11月3日，国务院第131次常务会议审议批准，从2011年起，将第一类企业国有资本收益收取比例由10%提高到15%；第二类企业国有资本收益收取比例由5%提高到10%；第三类企业和中国邮政集团公司，以及新纳入中央国有资本经营预算实施范围的各部门（单位）所属企业，国有资本收益收取比例为5%；第四类企业，免收国有资本收益。2011年中央企业平均上交比例为可供分配利润的13%，比上年提高约4个百分点。

(三) 国有资本经营预算的宏观调控作用逐步显现

2008～2010年，经全国人大、国务院批准，中央国有资本经营预算共安排支出2 095.3亿元。主要用于以下方面：产业结构调整、兼并重组支出1 062.6亿元；应对金融危机支出221.5亿元；灾后恢复重建支出294.1亿元；改革脱困补助支出135.1亿元；中央企业技术创新支出66.9亿元；中央企业节能减排支出82.9亿元；中央企业境外投资支出82.4亿元；社会保障补助支出12.7亿元；补充社保基金支出127.1亿元；调入公共预算支出10亿元。

几年来，中央国有资本经营预算在加快中央企业重组步伐，推动企业布局和结构调整，增强企业核心竞争力，有效应对金融危机，支持企业灾后恢复重建，促进企业加快转变经济增长方式，提高企业自主创新能力，提高节能环保水平，完善企业社保体系，积极开展国际能源资源互利合作，推动国有企业的改革和发展，实现国民经济可持续发展目标等方面，发挥了政府宏观调控作用。

六、中央国有资本经营预算专项资金政策

根据国家宏观经济政策的需要，中央国有资本经营预算注重充分发挥政府预算的调控作用，几年来，陆续设立了重大技术创新及产业化资金、节能减排资金、境外投资资金、离休干部医药费补助资金等多项资金政策，积极推进和支持企业改革发展。

(一) 重大技术创新及产业化资金政策

1. 设立重大技术创新及产业化资金的背景

科技进步与创新是推动经济社会发展的主导力量，也是国家竞争力的核

心。国际金融危机以来，世界政治经济格局发生深刻变化，增强自主创新能力、培育新兴产业、抢占科技经济制高点已成为世界各国发展的必然选择。我国对科技进步和创新高度重视。《国家中长期科学和技术发展规划纲要》及其配套政策，对大幅度增加科技投入以及发挥财政资金对激励企业自主创新的引导作用提出了明确的政策要求。2010年，《国务院关于加快培育和发展战略性新兴产业的决定》（国发〔2010〕32号）明确了培育和发展节能环保、新一代信息技术、生物、高端装备制造、新能源、新材料、新能源汽车等产业的目标，并提出"增加中央财政投入，创新支持方式，着力支持重大关键技术研发、重大产业创新发展工程、重大创新成果产业化、重大应用示范工程、创新能力建设等"。

中央企业主要分布在关系国民经济命脉及国计民生的重要行业，是引导和推动行业技术进步的主要力量，在国家技术创新体系中承担着重要任务。经过多年发展，中央企业科技投入水平逐年提高，研发能力不断增强，在技术创新方面取得了显著成绩，但由于长期存在增长方式粗放、经营行业短期、创新意识不强等突出问题，一些领域的关键技术受制于人，核心竞争力与世界知名企业相比存在较大差距，对企业未来可持续发展带来日益严峻的挑战。为增强中央企业的技术创新能力，促进重大技术创新和成果产业化，2008年，财政部在中央国有资本经营预算中设立了重大技术创新及产业化资金，并在2009年印发了《中央国有资本经营预算重大技术创新及产业化资金管理暂行办法》（财企〔2009〕220号），在实施过程中，财政部对办法不断进行完善，于2010年进行了修订（文号：财企〔2010〕153号）。

2. 重大技术创新及产业化资金政策主要内容和管理方式

重大技术创新及产业化资金是中央国有资本经营预算安排，用于支持中央企业围绕国家有关重点技术研发任务，提高技术创新能力以及开展重大技术创新与产业化研发活动的专项资金。主要支持两大方面：一是支持技术创新能力建设。即支持中央企业经国家批准设立的国家重点实验室、国家工程技术研究中心、国家工程实验室、国家工程研究中心、国家认定企业技术中心等研发机构，开展重大技术创新、技术研发活动而改善研发条件。二是支持开展研究开发活动。鼓励中央企业为落实国家有关重点技术研发任务而进行的技术研究、开发、新产品研制、测试等。

为明确重大技术创新及产业化资金支持的技术领域和重点，2010年4月，财政部、工业和信息化部根据《国家中长期科学和技术发展规划纲要（2006～2020年）》等文件，制定印发了《中央国有资本经营预算重大技术创新及产业

化资金项目指南》(财企〔2010〕63号),共涉及12大行业74项重点技术领域,主要包括:

信息电子:移动通信网络技术、新一代互联网技术、光通信技术、互联网关键技术、通信同步技术、网络与信息安全技术、互联网服务与应用技术、网络融合与多媒体技术、软件技术、电子器件技术等。

石油化工:石油炼制技术、石油化工技术等。

化工:农药技术、精细化工技术、煤化工技术、橡胶制品技术、化工新材料关键技术、化工节能环保技术、化工共性技术等。

钢铁:高附加值钢铁产品技术、钢铁关键工艺技术、钢铁节能环保技术、资源及综合利用技术等。

有色金属:有色金属采矿与选矿技术、有色金属冶炼及制备技术、有色金属加工技术、有色金属资源综合利用技术、有色金属节能与环境保护技术等。

建筑材料:水泥生产技术、玻璃制品技术、非金属材料技术、房屋建筑与材料技术等。

机械装备:机床工具及先进制造工艺技术、农业装备技术、电工电器技术、石油和石油化工装备技术、化工装备技术、矿山冶金及重型装备技术、工程机械装备技术、内燃机技术、通用机械装备技术、基础零部件和通用部件制造关键技术、模具制造技术、仪器仪表及工业自动化技术、文化办公和印刷设备技术、环保装备技术、汽车技术、农副产品精深加工共性工艺装备和包装机械技术等。

船舶:典型主流船型换代优化关键技术、高技术特种船舶关键技术、海洋工程及装备关键技术、冰区船舶关键技术、船舶基础共性技术等。

轨道交通装备:高速动车组技术、大功率交流传动机车技术、重载和快捷货车技术、大型铁路养护工程机械技术、城市轨道交通车辆技术等。

轻工:食品加工技术、饮料加工技术、制糖及装备技术、发酵技术、造纸及装备技术、塑料机械技术、轻工节能环保新技术等。

纺织:高功能化纤新材料技术、纺织品加工新技术、纺织业节能环保技术、产业用纺织品新材料加工技术、新型纺织成套关键装备设计制造技术等。

医药:大品种化学药物产业关键技术、微生物药物产业关键技术、新型注射制剂的产业化制备关键技术、中药与天然活性物高效、快速分离与制备关键技术等。

2011年,根据《国务院关于加快培育和发展战略性新兴产业的决定》(国发〔2010〕32号),将中央企业落实决定确定的重点技术研发任务,实施技术创新能力建设和开展重大技术创新及产业化活动纳入重大技术创新资金支持范围。

重大技术创新及产业化资金采取两种支持方式：一是对研发机构技术创新能力建设项目，一般采取资本金投入方式。资本金投入额度，一般不超过实际投资额的30%。二是对企业承担的重大技术研发项目，一般采取无偿资助方式。无偿资助额度，一般不超过项目研发费用的30%。

其中研发费用，是指企业在产品、技术、材料、工艺、标准的研究、开发过程中发生的各项费用，具体核算范围根据《财政部关于企业加强研发费用财务管理的若干意见》（财企〔2007〕194号）文件执行。主要包括人员人工费用、研发活动直接投入的费用、折旧费用与长期待摊费用、设计费用、无形资产摊销费、委托外部研究开发费用等。

重大技术创新及产业化资金的支持对象为纳入中央国有资本经营预算编报范围的中央企业及其下属研发机构。具体申报条件是：

一是符合财政部印发的《中央国有资本经营预算重大技术创新及产业化资金管理办法》及年度资金申报文件明确的支持重点及有关要求。

二是申报项目当期未获国家财政资金同类方式支持。

三是申请技术创新能力建设的企业研发机构应当取得国家有关部门批准或认定。

四是以前年度曾获技术创新资金支持创新能力建设的研发机构，在该项目竣工验收后，方可再次申请技术创新能力建设资金支持。

中央企业申请重大技术创新及产业化资金资本金投入方式支持时，应提供的申报材料包括：①资金申请文件；②国家有关部门批准设立研发机构的相关文件；③国家有关部门对研发机构的评价意见；④企业承担《中央国有资本经营预算重大技术创新及产业化资金项目指南》等文件规定的重大技术研发任务情况，包括项目的具体内容、项目简介等；⑤研发机构已享受国家扶持政策情况，如尚未获得国家政策扶持，须予以说明，以前年度曾获技术创新资金支持创新能力建设的研发机构，还须提供已获支持项目竣工验收报告；⑥研发机构创新能力建设项目计划投资总额及明细、已投资额及明细；⑦项目申请表；⑧财务处理有关情况表，包括企业集团公司取得技术创新资金资本金投入时是否作为增加国家资本处理，企业集团公司是否逐级将技术创新资金拨付子、孙公司使用等；⑨其他需提供的材料。

中央企业申请重大技术创新及产业化资金无偿资助方式支持时，应提供的申报材料包括：①资金申请文件；②企业承担《中央国有资本经营预算重大技术创新及产业化资金项目指南》等文件规定的重大技术研发任务情况，包括项目的具体内容、项目简介等；③申报项目的可行性研究报告，包括项目背景、立项依据及批准文件、国内外相关技术现状与发展趋势、前期技术开发情况、项目完成时间及预期达到的技术水平、项目具体实施方案等；④申报项目已享受国家扶持政策情况，如尚未获得国家政策扶持，须予以说明；⑤项目研发费用支出总额、支出明细及支出凭证复印件（包括有关支出明细账及记账凭证）；⑥项目申请表；⑦其他需提供的材料。

为确保重大技术创新及产业化资金使用规范、安全、有效，财政部逐步建立和完善了资金使用的报告制度、清算制度及监督审计制度：一是要求获得资金支持的中央企业定期上报资金使用情况报告。内容包括：①资金落实与使用情况；②项目计划实施进度执行情况；③项目技术、经济指标完成情况；④项目研究开发取得的成果情况。二是对已获得资金支持的项目，如未按计划完成创新能力建设或开展研发活动，要求有关中央企业将资金清算后上交中央国资预算。三是财政部不定期组织对项目资金管理和使用情况进行跟踪和检查，或委托审计部门或社会审计机构进行审计。

3. 重大技术创新及产业化资金取得的主要成效

2008年至2011年，重大技术创新及产业化资金引导并带动中央企业研发投入超过300亿元，涉及信息电子、石油化工、化工、钢铁、有色金属、建筑材料、机械装备、船舶、轨道交通装备、轻工、纺织、医药等行业。该项资金在推动中央企业增强自主研发能力、加大研发投入力度、增加自主知识产权和专利申请数量、培养和储备专业技术人才等方面发挥了积极作用，取得了一批重大科技成果，为中央企业产业升级和产品结构调整奠定了基础，在建设创新型国家中发挥了积极作用。据统计，2010年中央企业研究开发费用合计2 305亿元，比2008年增长120%。2010年底，中央企业拥有自主知识产权专利数量97 611项，比2008年底增长103%。

（二）节能减排资金政策

1. 设立节能减排资金政策的背景

《国民经济和社会发展第十一个五年规划纲要》明确提出，到2010年单位GDP能耗比2005年下降20%左右，主要污染物排放量减少10%。实施淘汰落后产能、重点行业减排、发展循环经济等重大节能减排举措，是"十一五"乃至今后一段时期中央企业面临的重要工作任务，是贯彻落实党中央、国务院提出的建设资源节约、环境友好型社会战略目标的重要举措。

石油石化、电力、煤炭、化工、冶金、运输、建材等领域的中央企业，大多居于行业排头兵的位置，既是能源、资源生产大户，也是能源消费大户，是节能减排的重要实施主体。企业实施节能减排，在产生外部经济即正的外部影响的同时，因为增加的成本费用得不到补偿表现为内部不经济，必须采用一定的经济手段予以刺激和鼓励。2008年12月，财政部印发了《中央国有资本经营预算节能减排资金管理暂行办法》（财企［2008］438号），明确设立中央国有资本经营预算节能减排资金。在坚持发挥市场配置资源基础作用的同时，通过政策资金激励，促进和引导中央企业提升实施节能减排的主动性和自觉性，逐步形成全社会节能减排的长效机制。2011年5月，根据"十二五"规划和中央企业面临的新形势、新任务，财政部对《办法》进行了修订和完善，主要补充了支持范围，细化了支持方向。

2. 节能减排资金政策的主要内容和管理方式

中央国有资本经营预算节能减排资金政策目标主要有三方面：一是集中一部分资金，保障节能减排支出，发挥财政资金的引导作用；二是通过专项资金支持，鼓励和支持中央企业实施节能减排，尽快形成稳定的节能环保能力，促进完成国家制定的节能减排任务，并通过节能减排技术的研究开发和推广应用，逐步培育节能环保产业；三是通过中央企业节能减排引导和示范作用，影响和带动全社会节能环保水平的提升，促进经济发展方式转变和经济结构的优化。

中央国有资本经营预算节能减排资金实行项目管理方式，根据国家提出的当前和今后一个时期节能减排工作重点确定支持项目。目前，主要支持关停小火电机组、工业重点节能工程、建筑交通节能、循环经济、重点行业减排，以及重点行业节能技术、低碳技术及循环经济领域关键技术示范应用等六大类项目。主要考虑：一是关停小火电机组、工业重点节能工程、建筑交通节能，以及以脱硫脱硝为主的重点行业减排等项目，都是目前国家明确要求开展的节能减排重点工作，将这些项目纳入支持范围，在制度上起到了促进和推动重点领域节能减排的作用；二是节能减排不单纯是解决某一领域（行业）某一节能减排环节的问题，不仅要求单个企业、存量资产能耗和排放水平的下降，还要结合产业体系将具有产业联动关系的上下游关联行业作为一个整体来研究开展节能减排工作，对资源利用领域减量化、资源化和再利用的循环经济项目予以支持，不仅考虑了对企业自身能耗和排放的控制，还兼顾了上游行业资源的有效利用及能耗和排放的降低，体现了国家的政策方向；三是按照《国务院关于加快培育和发展战略性新兴产业的决定》，将"重点行业节能技术、低碳技术及循环经济领域关键技术开发及应用项目"列入支持范围，通过中央企业的引导和示范作用,逐步形成以领先技术带动产业的市场机制,推动节能减排水平的提高和节能环保产业的发展。

各年度节能减排资金具体安排、支持重点及项目申请事宜,由财政部另行通知。具体操作中,上述六类项目年度安排权重需要根据当年国家明确的节能减排工作重点确定。

对列入节能减排资金支持的项目,中央国有资本经营预算按不超过项目实际投资额的20%,予以注资支持(关停小火电机组项目除外)。对关停小火电机组项目,按经确认的关停容量给予适当补助,统筹用于解决关停费用问题。

中央国有资本经营预算节能减排资金由财政部负责管理。每年财政部根据国家提出的节能减排目标、任务,布置项目申报工作,明确项目申报范围和申报要求,由有关中央企业组织所属企业申报,中央企业集团审核后汇总上报财政部,财政部根据年度中央国有资本经营预算额度及支持重点,组织对申报项目审核后,下达节能减排项目预算资金,并按国库集中支付有关规定拨付资金。

为避免同一项目重复享受国家节能减排政策,《办法》规定,已按其他相关政策申请专项资金或已经享受政策支持的项目,不得重复申报。

3. 节能减排资金政策的主要成效

2008年,中央国有资本经营预算节能减排资金支持中央五大发电企业燃煤电厂脱硫和四大钢铁企业节能减排。2009年以来,按照《国务院办公厅关于印发2009年节能减排工作安排的通知》(国办发〔2009〕48号)等文件要求,加大了对中央企业节能减排的支持力度,主要用于支持火电企业燃煤机组脱硫、钢铁企业烟气烧结脱硫,十大重点节能工程中燃煤工业锅(窑)炉改造、区域热电联产工程、余热余压利用工程项目,以及电力、钢铁、石油石化、煤炭、有色、建材等行业循环经济项目。"十一五"时期,节能减排资金先后支持了40多家重点中央企业470多个节能减排项目,有力地发挥了财政资金的引导和示范作用。中央企业单位国内生产总值能耗下降幅度高于全国近1个百分点,污染物排放下降目标提前完成,特别是中央发电企业关停小火电机组、燃煤发电机组烟气脱硫改造提前一年完成国家下达的任务,对发挥中央企业在国民经济中的影响和带动作用,促进全社会节能减排工作具有重要意义。

(三)境外投资资金政策

1. 设立境外投资资金政策的背景

目前,我国中央企业实施"走出去"战略,开展对外经济技术合作业务包括多种方式,如境外投资、对外工程承包、境外农、林及渔业合作等。其中境外投资是中央企业"走出去"的最主要的形式。据商务部统计，截至2008年底，国资委监管的136家中央企业中，共有117家发生了对外直接投资活动，占中央企业总数的86%。2008年末中央企业在全球127个国家（地区）共设立对外直接投资企业1 791家，当年对外直接投资流量357.4亿美元，占我国对外直接投资的64%，在非金融类流量中，中央企业占85.4%；年末累计对外直接投资达到1 165亿美元，占我国对外直接投资存量的63.3%。为支持我国有实力的企业"走出去"，鼓励企业参与境外投资，以实现国内外两种资源和两个市场的合理配置，开展国际资源互利合作，2008年，中央财政通过国有资本经营预算设立了境外投资资金，2009年，财政部印发了《中央国有资本经营预算境外投资资金管理暂行办法》（财企〔2009〕210号）。

2. 境外投资资金政策的主要内容和管理方式

中央国有资本经营预算境外投资资金，对中央企业通过新设（独资、全资、合作等）、兼并、参股、注资、股权置换等方式在境外设立企业或取得既有企业所有权、管理权或产品支配权等权益性投资予以支持。投资资金采取资本金注入方式，资金支持比例不超过中方实际投资的20%。

中央国有资本经营预算境外投资资金支持的境外投资的范围每年略有变化，2011年支持的范围包括：境外铬、铜、锌、铅、铁、镍、铝、铀、铂、金矿产资源开发以及境外电力资源开发（电力回输）项目。

境外投资项目的实施，首先要符合国家法律法规和产业政策、项目所在国法律与国际法准则，不危害国家主权、安全和公共利益；项目要经国家有关部门批准、登记或备案；其次，项目已依法获得被投资所在国的批准，与外方合资、合作的应已签订相关合同或协议。

申请企业首先应是中央管理企业且在中华人民共和国境内依法登记注册，具有独立企业法人资格，无违法违规经营行为，没有拖欠应缴还财政资金，并且取得国家有关部门批准（核准或备案）开展境外投资的书面文件，已向境外项目支付全部或部分中方投资资金。

中央企业及其下属企业实施的境外投资项目，由中央企业集团汇总后统一报送财政部。财政部根据当年国有资本经营预算安排，结合项目进度和企业投资到位情况对项目进行审核后，按照国库管理制度规定将资金拨付到中央企业。

3. 境外投资资金政策的主要成效

自21世纪初开始实施"走出去"战略，中国企业对外投资合作发展迅速，"走出去"战略已初见成效，拓展了发展空间。截至2010年底，中国非金融类企业对外直接投资累计达 2 588 亿美元，境外企业总资产超过 1 万亿美元；我国对外劳务合作累计完成营业额 736 亿美元，签订合同额 760 亿美元，累计派出各类劳务人员 543 万人；我国对外承包工程累计完成营业额 4 356 亿美元，签订合同额 6 994 亿美元。截至目前，我国各类企业在 180 多个国家和地区执行着 5 400 多个在建项目，逐步由发展中国家开始进入发达国家投资，2010 年我国企业对美国和欧盟的直接投资分别实现了 81% 和 297% 的增长，在境外发展的空间大大拓展，我国与世界经济的联系越来越紧密。

（四）安全生产保障能力建设专项资金政策

1. 建立安全生产保障能力建设专项资金政策的背景

近年来，中央企业全面加强安全生产工作，对防范各类生产安全事故，起到了积极作用。但从实际情况来看，中央企业安全生产形势依然严峻。中央企业生产安全事故不断的主要根源，突出表现在以下几个方面：一是中央企业安全生产体系基础薄弱，亟待加强完善。中央企业中涉及煤矿、非煤矿山、化工、冶金等高危行业（领域）的企业达 59 家，安全生产水平差别大，安全生产保障能力低，安全管理难度大。一些企业重速度、重产能、重规模，忽视安全条件，安全生产投入不足，先进适用安全生产技术装备普及率不高，在用陈旧设备比例较大，抗灾能力不强，导致隐患增多、事故发生。二是企业应急救援队伍和能力建设水平偏低，防灾减灾能力较差。应急救援队伍建设运行的保障机制不足，缺乏配置承担跨区域应对特别重大、复杂事故的救援装备，以及日常运行维护、训练和社会救援经费短缺，严重影响救援能力的提高和发挥。三是重大危险源监测预警手段落后，隐患突出。多数企业未能使用先进的电子监测预警设备对尾矿库、火工品存储、锅炉等重大危险源实现实时监测预警，煤矿、非煤矿山地下矿山采空区塌陷等重大危险源监测监控技术应用尚未普及。四是企业职工安全教育培训力度有待提高。部分中央企业的新员工尤其是高危企业一线作业的大量农民轮换工、临时工和外包工，由于文化水平低，安全素质差，安全意识不强，违章指挥、违章作业和违反劳动纪律的现象相当严重。加上企业安全生产培训基地建设落后，培训软件和硬件实用性、针对性不强，重复培训工作量大，制约着企业安全水平的提高。

为全面贯彻国务院文件精神，坚持以人为本，落实科学发展观，突出预防为主，依靠科技进步，提高风险防控水平，财政部会同国家安全监管总局在对中央企业安全生产工作全面调研的基础上，决定从 2011 年起设立中央国有资本经营预算安全生产保障能力建设专项资金，引导中央企业不断加大安全投入,加强安全生产保障能力建设,全面提升企业安全生产水平和应急救援能力,"十二五"期间实现中央企业安全生产状况根本好转。2011年9月,财政部会同国家安监总局联合研究印发了《中央国有资本经营预算安全生产保障能力建设专项资金管理暂行办法》(财企〔2011〕239号)。

2. 安全生产保障能力建设专项资金政策的主要内容和管理方式

中央国有资本经营预算安全生产保障能力建设专项资金实行项目管理。支持重点:一是中央企业应急救援队伍所需的运输吊装、侦检搜寻、救援救生、应急通信、个体防护、后勤保障、实训演练等装备。二是中央企业应急救援培训演练基地特种设施。中央企业应结合现有队伍(基地)基础设施、装备配置状况和职责范围等情况,精心筛选并进行科学论证,确保申报项目符合安全生产保障能力建设的实际需要。各年度专项资金具体支持范围、重点及项目申请事宜,由财政部会同国家安全生产监督管理总局另行通知有关中央企业。

中央国有资本经营预算安全生产保障能力建设专项资金采取财政投资补助方式。对应急救援队伍装备配置项目,按核定项目投资概算额给予补助;应急救援队伍的基础设施建设和人员、设备维护等日常费用由中央企业承担。应急救援培训演练基地装备配置项目,按核定项目投资概算额的60%给予补助。

编制中央国有资本经营预算安全生产保障能力建设专项资金项目投资概算主要参考以下依据:一是《国务院关于进一步加强企业安全生产工作的通知》(国发〔2010〕23号)、《财政部安全监管总局 中央国有资本经营预算安全生产保障能力建设专项资金管理暂行办法》(财企〔2011〕239号)和年度申报通知;二是《矿山救护规程》、《城市消防站建设标准》等规范规程和有关的设计文件;三是依据安全监管总局近几年已有项目招标价格、国家其他部门和有关中央企业已经招标的类似装备招标价格、相关装备使用单位咨询价格及相关装备国内外主要供应商报价核算装备价格。

概算投资范围只涉及国家财政投资,为各中央企业矿山应急救援队配置应对重特大、复杂矿山事故应急救援所需的运输吊装、侦测搜寻、灭火与有害气体排放、排水、钻掘与支护、仿真模拟演练、通信指挥、个体防护等8类装备;为各中央企业危化应急救援队配备救援车辆、侦检设备、救援工具、训练演练、个体防护、应急通信等6类装备;为各应急救援培训演练基地配备高科技、高水平的安全教育培训、仿真模拟、实训演练及考核装备设施等。基础设施不在概算投资范围之内,由依托单位改造、扩建满足办公、值班、培训、训练、装备存储等办公业务用房。

(五) 中央企业离休干部医药费补助资金政策

1. 设立中央企业离休干部医药费补助资金政策的背景

企业离休干部为我国的革命、建设、改革事业，为国有企业的建立和发展做出了重要贡献，是党和国家的宝贵财富。2000 年以来，中央企业和各地有关部门在落实离休干部离休费、医药费，建立"两费"保障机制等方面做了大量工作，取得了明显成效。但随着企业改革的不断深化，中央企业离休干部医药费保障机制面临一些新的情况和问题，少数困难企业的离休干部医药费仍有拖欠。为深入贯彻党的十七大精神，确保中央企业离休干部医药费得到切实保障，2008 年中央组织部、财政部、人力资源和社会保障部、国务院国资委制定了《关于进一步落实中央企业离休干部医药费保障机制的意见》（组通字〔2008〕46 号），明确对已纳入国有资本经营预算范围的困难中央企业截至 2007 年底拖欠的离休干部医药费，中央财政一次性予以解决，所需资金从国有资本经营预算中列支并拨付有关中央企业。同时，建立中央财政对困难中央企业离休干部医药费保障的支持机制，对纳入国有资本经营预算范围的中央企业，其补助资金通过中央国有资本经营预算安排。2011 年，财政部印发《中央国有资本经营预算企业离休干部医药费补助资金管理办法》（财企〔2011〕206 号），进一步加强对离休干部医药费补助资金的管理。

2. 中央企业离休干部医药费补助资金政策的主要内容和管理方式

申请中央国有资本经营预算企业离休干部医药费补助资金须同时具备以下条件：一是纳入国有资本经营预算实施范围的中央企业及所属全资、控股企业；二是具备独立企业法人资格，并按有关规定参加所在地离休干部医药费单独统筹或实行离休干部医药费实报实销的企业；三是申报年度前两年连续亏损企业。

对符合条件的中央企业，中央财政根据提交材料当年 11 月 30 日企业离休干部人数，按人均医药费 1.77 万元/年给予补助。今后将根据离休干部医药费开支情况，适时调整人均补助标准。

中央企业申请离休干部医药费补助资金，应逐级向其主管部门或集团公司（总公司）报送以下材料：①中央企业离休干部医药费补助资金申请报告；②中央企业离休干部医药费补助资金申请表；③申请中央财政补助的离休干部基本情况表（包括所在企业名称、姓名、性别、出生年月、参加工作年月、离休前职务等）；④资料提交前两个年度企业审计报告及所附利润表复印件。

主管部门或集团公司（总公司）按规定对企业申报材料进行审核，汇总编制中央企业离休干部医药费补助资金申请表和中央企业离休干部基本情况表，于每年12月10日之前将下一年度汇总申请材料并附电子数据光盘报送财政部。

企业对获得的中央国有资本经营预算企业离休干部医药费补助资金应实行专账管理，专款专用，不得挤占和挪用，有结余的可结转下一年度继续使用。

3. 中央企业离休干部医药费补助资金政策的主要成效

中央国有资本经营预算对困难中央企业离休干部医药费保障给予资金支持，进一步落实中央企业离休干部医药费保障机制，是中央关心离休干部、支持国有企业改革的重要举措。2008~2011年，中央国有资本经营预算累计安排165 387万元，对连续两年亏损的中央企业离休干部医药费按人均1.77万元给予定额补助，其中：2008年支出33 953万元，补助65户中央企业的19 177名离休干部；2009年支出30 132万元，补助69户中央企业的17 018名离休干部；2010年支出47 002万元，补助65户中央企业的26 551名离休干部；2011年支出54 300万元，补助74户中央企业的30 676名离休干部。这项政策的顺利实施，有效地解决了中央企业离休干部医药费拖欠问题，确保了中央企业离休干部医药费按规定实报实销，为稳步推进中央企业改革创造了有利的条件。

七、完善国有资本经营预算制度的设想

国有资本经营预算是一项具有中国特色的全新的预算制度，目前尚处于起步阶段，没有现成可以借鉴的国际国内经验，建立健全国有资本经营预算制度需要一个循序渐进的过程。根据全国人大、国务院以及国家"十二五"期间发展规划的要求，为了发挥国有资本经营预算对于国家宏观调控的重要作用，需要进一步完善国有资本经营预算制度。

（一）进一步扩大国有资本经营预算实施范围

目前约80%的独立核算中央企业已经纳入中央国有资本经营预算实施范围，但仍有金融企业以及铁道部、民航局、中科院等70多家中央部门所属企业尚未纳入。地方省级还没有全部试行国有资本经营预算。根据全国人大、国务院以及国家"十二五"期间发展规划的要求，应进一步扩大国有资本经营预算实施范围，完善国有资本经营预算制度，争取到"十二五"期末将所有中央国有企业纳入国有资本经营预算制度覆盖范围。

(二) 适当提高国有资本收益收取比例

国有资本经营预算建立初期，考虑到我国不同行业企业受不同条件因素的影响，利润水平差异较大，从既有利于支持国有企业改革和发展，又有利于国家宏观调控，同时规范企业收入分配秩序的目的出发，对中央企业国有资本收益采取分类收取方式，收取比例按照"适度、从低"的原则确定。自 2011 年起，根据国务院常务会议决定，适度提高中央企业国有资本收益收取比例。从上市公司分红平均水平来看，提高国有资本收益收取比例仍有较大空间。因此，需要加强研究，在统筹考虑中央企业承受能力和预算收入规模的基础上，将中央国有资本收益收取比例提高到一个比较合理的水平，并实现依据公司法按股分红。

(三) 盘活国有资本存量

以社会主义市场经济为指导，加快推进国有企业产权制度改革。在保证国有控股的前提下，通过国有股权转让和减持、吸引民间资本和外资等进入国有企业，以及完善产权交易市场等方式和手段，盘活庞大的国有资本存量，放大国有资本的功能，扩大国有资本经营预算规模。促进国有企业投资主体多元化，形成产权明晰、机制灵活、管理科学的国有企业内部约束机制，推动我国国有企业建立真正的现代企业制度。

(四) 统筹安排国有资本经营预算支出

国有资本经营预算试行以来，国有资本经营预算支出坚持贯彻党中央、国务院一系列有关国有企业改革和发展的方针政策，在促进国有经济布局和结构调整，推动国有企业加快转变发展方式，增强企业核心竞争力等方面发挥了积极作用。但是，也应看到，预算支出管理上仍然存在支出重点不突出，预算资金缺乏统筹安排等亟待解决的问题。为更好地发挥国有资本经营预算支出效应，需要进一步研究确定今后国有资本经营预算的支出方向和重点，同时积极探索市场化运作的新方式，加快构建国有资本经营预算支出政策体系，加强对支出的统筹，充分发挥国有资本经营预算的功能作用。

(五) 建立符合国有资本经营预算特点的转移支付制度

目前国有资本经营预算实行分级预算管理体制，中央与地方两级国有资本经营预算之间缺乏通道。近年来，地方积极开展建立国有资本经营预算工作，但进展不平衡,主要原因之一是有些地方国有资本收益规模偏小,难以发挥宏观调控作用。迫切需要建立中央和地方两级国有资本经营预算相互衔接机制,支持地方国有企业加快产权改革步伐,除对基础行业和公共领域实行国有控股外,一般竞争性的国有企业要逐步退出,实行民营化,将其推向市场。也可以探索设立产业投资基金等方式,在国家产业发展政策框架下,将中央国有资本收益用于支持各类所有制企业共同发展。

（六）建立健全国有资本经营预算财政监督管理机制

国有资本经营预算是政府预算的重要组成部分,预算监督应按照《预算法》的有关规定,接受多个主体、多个层次的监督,如人大监督、审计监督、财政部门监督、国资监管机构、公众监督等。财政部门应该通过国有资本经营预、决算的编制和执行,建立国有资本经营预算管理与监督相结合的财政监督检查机制。例如,加强对企业年度财务会计决算报表质量的监督和管理,确保国有资本收益的真实、准确和完整;完善国有资本经营预算项目支出标准体系建设,做到安排每项支出都有章可循,不断加强预算资金分配和使用的规范性、合理性;结合国有资本经营预算的特点,建立国有资本经营预算绩效评价制度,提高预算编制的科学化、精细化和规范化水平,强化预算约束,提高预算资金使用效益。在监督管理方法上,一方面要建章建制,强化制度管理;另一方面也可通过政府购买服务,发挥中介机构和专家的作用。

第二章

中小企业财政政策

导　读

改革开放以来，我国中小企业蓬勃发展，已成为促进经济发展和社会稳定的重要力量。据有关方面统计，中小企业占全社会企业户数的99%以上，吸纳了80%的城镇就业人口，创造了75%的技术创新成果，完成了60%的GDP，贡献了50%以上的税收。同时，与大企业相比，中小企业在资金、人才、技术、信息、管理等诸多方面处于劣势，部分属于市场失灵领域，政府应予以必要扶持。

我国政府一直非常重视运用财政政策扶持中小企业发展。财政部分别于1999年和2001年设立了科技型中小企业技术创新基金和中小企业国际市场开拓资金。2003年1月1日，《中华人民共和国中小企业促进法》正式实施，标志着我国中小企业的发展开始走上法制轨道，该法从财政资金支持、创业扶持、技术创新、市场开拓、社会服务等方面明确了支持中小企业发展的责任。2009年，《国务院关于进一步促进中小企业发展的若干意见》提出，加大对中小企业的财税扶持力度。为贯彻落实上述文件精神，财政部陆续出台了一系列扶持中小企业发展的财税政策，目前形成了以财政资金支持、税收优惠、鼓励中小企业吸纳就业、治理乱收费和减轻企业负担、政府采购、财务会计制度等为主要内容的中小企业财政政策体系，这些政策的实施对促进中小企业发展起到了重要作用。

2011年10月12日，温家宝总理主持召开国务院常务会议，研究确定支持小型和微型企业发展的金融、财税政策措施，明确"扩大中小企业专项资金规模，更多运用间接方式扶持小型微型企业"。2012年2月1日，温家宝总理主持召开国务院常务会议，确定了进一步支持小型微型企业健康发展的政策措施。在此指引下，财政部又出台了一系列进一步促进中小企业特别是小型微型企业健康发展的财税政策，并将对原有资金政策作进一步调整和完善。

本章综合概述了我国中小企业财政政策的体系框架、主要内容、取得的成效，并重点介绍了科技型中小企业技术创新基金、科技型中小企业创业投资引导基金、中小企业信用担保资金、地方特色产业中小企业发展资金等系列财政政策，同时提出了进一步完善中小企业财政政策的设想。

一、中小企业财政政策概述

我国中小企业的发展过程，在一定程度上代表着我国经济体制转型和市场经济的发展过程，与此相适应，我国中小企业财政政策也经历了不同的发展阶段。进入21世纪，中小企业的发展越来越受到重视，政府相应出台了一系列纲领性文件，财政对中小企业的扶持力度不断加大。

（一）财政资金政策

根据中小企业发展的特点和薄弱环节，围绕国家宏观经济目标和产业发展规划，中央财政先后设立了科技型中小企业技术创新基金、中小企业国际市场开拓资金、中小企业发展专项资金、中小企业公共服务体系专项补助资金、中小商贸企业发展专项资金等。随着中小企业发展的实际需要，以上专项资金政策内容进一步丰富和细化，在科技型中小企业技术创新基金下设立了科技型中小企业创业投资引导基金、中欧中小企业节能减排科研合作资金；在中小企业发展专项资金下设立了中小企业信用担保资金、地方特色产业中小企业发展资金等。中小企业发展专项资金主要用于支持中小企业结构调整、产业升级、专业化发展、与大企业协作配套，技术进步、综合利用、品牌建设等方面；中小企业公共服务体系专项补助资金主要用于支持中小企业服务机构开展有关促进中小企业发展的服务业务；中小商贸企业发展专项资金主要用于支持中小商贸企业提高融资能力、风险防范能力，开展中小商贸企业培训、管理咨询，提高中小商贸企业市场开拓、物流配送能力等。这些专项资金，主要采取无偿资助、贷款贴息、资本金投入等方式从不同方面支持中小企业发展。

专项资金主要通过直接资助和间接引导两种方式支持中小企业。直接资助即对符合条件的中小企业项目给予资金补助或贷款贴息；间接引导即引导创业投资机构、担保机构、公共服务机构等为中小企业提供融资、技术、信息等服务。

（二）税收优惠政策

近年来我国政府出台了一系列惠及中小企业尤其是小型、微型企业发展的税收政策。如：2008年1月1日起实施的《中华人民共和国企业所得税法》及其实施条例规定，年度应纳税所得额不超过30万元，从业人数不超过100人，资产总额不超过3 000万元的工业企业和年度应纳税所得额不超过30万元，从业人数不超过80人，资产总额不超过1 000万元的其他企业，可以作为小型微利企业，减按20%的税率征收企业所得税。对小规模纳税人销售货物或者应税劳务，实行按照销售额和征收率计算应纳税额的简易办法。同时，自2009年1月1日起将小规模纳税人的征收率自6%和4%统一降至3%。纳税人销售额或营业额未达到国务院财政、税务主管部门规定的增值税或营业税起征点的，免征增值税或营业税。创业投资企业采取股权投资方式投资于未上市中小高新技术企业2年以上（含2年），凡符合规定条件的，可按照其对中小高新技术企业投资额的70%抵扣该创业投资企业的应纳税所得额。对非营利性中小企业信用担保、再担保机构从事担保业务取得的收入，凡符合规定免税条件的，3年内免征营业税。为有效应对国际金融危机，自2010年1月1日至2010年12月31日，对年应纳税所得额低于3万元（含3万元）的小型微利企业，其所得减按50%计入应纳税所得额，按20%的税率缴纳企业所得税。该项政策在2011年继续实施。此外，还制定了一些以中小企业为主要受益对象的税收优惠政策。

2011年，根据中小企业发展过程中面临的新情况、新问题，为进一步支持我国中小企业，特别是小型、微型企业的发展，经国务院批准，财政部会同国家税务总局等部门进一步完善了相关税收政策，加大了支持中小企业发展的税收政策力度。具体包括：

1. 大幅提高增值税和营业税的起征点

增值税：将销售货物、应税劳务的起征点幅度分别由月销售额2 000～5 000元、1 500～3 000元提高到5 000～20 000元；将按次纳税的起征点幅度由每次（日）销售额150～200元提高到300～500元。营业税：将按期纳税的起征点幅度由月销售额1 000～5 000元提高到5 000～20 000元；将按次纳税的起征点幅度由每次（日）营业额100元提高到300～500元（财政部令第65号）。

2. 免征金融机构对小微企业贷款印花税

2011年11月1日起至2014年10月31日，三年内免征金融机构与小型、微型企业签订的借款合同印花税（财税［2011］105号）。

3. 延长农村金融机构营业税优惠政策

将2011年底到期的农村信用社、村镇银行、农村资金互助社、由银行业机构全资发起设立的贷款公司以及法人机构所在地在县及县（市）以下地区的农村合作银行、农村商业银行的金融保险收入，减按3%税率征收营业税的政策，执行期限延长至2015年底（财税［2011］101号）。

4. 延长金融企业中小企业贷款损失准备金税前扣除政策

对金融企业涉农贷款和中小企业贷款进行风险分类后，按照规定比例计提的贷款损失专项准备金准予在计算应纳税所得额时扣除的政策，再延长执行三年，即延长执行至2013年底（财税［2011］104号）。

5. 延长企业所得税减半征收政策

将小型微利企业减半征收企业所得税政策，延长至2015年底并扩大范围。

6. 扩大进口税优惠范围

将符合条件的国家中小企业公共技术服务示范平台纳入科技开发用品进口税收优惠政策范围。

（三）鼓励中小企业吸纳就业的有关政策

1. 社会保险补贴政策

对各类企业招用就业困难人员，与之签订劳动合同并缴纳社会保险费的，按其为就业困难人员实际缴纳的基本养老保险费、基本医疗保险费和失业保险费给予补贴。

2. 职业培训补贴政策

对企业新录用四类人员（城镇登记失业人员、农村转移就业劳动者、毕业年度高校毕业生、城乡未继续升学的应届初高中毕业生），与企业签订6个月以上期限劳动合同，在劳动合同签订之日起6个月内由企业依托所属培训机构或政府认定的培训机构开展岗前就业技能培训的，根据培训后继续履行劳动合同情况，按照当地确定的职业培训补贴标准的一定比例，对企业给予定额职业培训补贴。

（四）治理乱收费和减轻企业负担的政策

近年来，财政部会同有关部门采取了一系列减免行政事业性收费的措施，切实减轻企业和社会负担。一是自2008年9月1日起，在全国统一停征了个体工商户管理费和集贸市场管理费。二是自2009年1月1日起，在全国范围统一取消和停征了100项行政事业性收费，涉及教育、劳动就业、人才流失、执业资格、工程建设、外贸出口、药品生产、家禽养殖、农业生产等多个领域。三是各省、自治区、直辖市对地方审批设立的行政事业性收费项目进行了清理整顿。四是对相关出口行业减免出入境检验检疫费,包括对出口活畜、活禽、水生动物以及免验农产品全额免收出入境检验检疫费;对其他出口农产品减半收取出入境检验检疫费;对出口纺织服装产品的检验检疫费用降低30%。

2009年,发展改革委会同财政部印发了《关于全面清理整顿涉及企业生产、流通环节收费的通知》(发改价格〔2009〕1439号),在全国范围部署开展了涉及企业生产、流通环节收费的清理整顿工作。清理整顿的范围包括:省及省以下政府及其有关部门设立涉及企业的行政事业性收费;涉及行政许可和强制准入的中介服务收费;涉及企业具有垄断性的经营服务收费;其他涉及企业负担的收费行为。坚决取消地方出台的不合法、不合理收费项目。

2010年,财政部、发展改革委、民政部等部门联合印发了多个治理和规范涉企收费的文件,明确要全面清理涉企行政事业性收费项目及收费标准,取消不合理、不合法的收费项目;完善行政事业性收费项目目录管理,在公布的收费目录中明示涉企收费项目;进一步规范涉企收费管理,对省级地方政府设立的涉企收费项目进行全面清理和审定等。

2011年1月,财政部、发展改革委印发了《关于取消部分涉企行政事业性收费的通知》(财综〔2011〕9号),明确自2011年2月1日起,在全国统一取消31项涉企行政事业性收费,并要求各地区和有关部门及单位严格执行,不得以任何理由拖延或拒绝执行,不得以其他名目变相继续收费。2011年11月,为切实减轻小型微型企业负担,财政部、发展改革委发文明确,自2012年1月1日至2014年12月31日,对小型和微型企业免征管理类、登记类和证照类等有关行政事业性收费。

(五)政府采购支持中小企业的政策

运用政府采购政策支持中小企业发展是国际通行惯例,各国政府通常将政府采购作为向中小企业提供市场、培育中小企业竞争实力的重要手段。我国《政府采购法》明确规定,政府采购应当有助于实现国家的经济和社会发展政策目标,包括保护环境,扶持不发达地区和少数民族地区,促进中小企业发展等。《中小企业促进法》也规定,政府采购应当优先安排向中小企业购买商品或者服务。《国务院关于进一步促进中小企业发展的若干意见》(国发〔2009〕36号)提出,要完善政府采购支持中小企业的有关制度。按照上述要求,为发挥政府采购的政策功能,促进符合国家经济和社会发展政策目标,产品、服务、信誉较好的中小企业发展,财政部会同有关部门制定了《政府采购促进中小企业发展暂行办法》，采取预留采购份额、评审优惠、鼓励联合体投标和分包等具体措施，提高采购中小企业货物、工程和服务的比例，为中小企业创造更多的参与机会，并通过政府采购计划管理、合同管理、报告制度、信息化建设等措施保障政策的落实。

二、各项中小企业财政资金政策的主要内容

（一）科技型中小企业技术创新基金

科技型中小企业是主要从事高新技术产品研发、生产和服务的企业群体，是我国技术创新的主要载体和经济增长的重要推动力量，在促进科技成果转化和产业化、以创新带动就业、建设创新型国家中发挥着重要作用。长期以来，党中央、国务院十分重视科技型中小企业发展，各部门、各地方采取多种措施支持科技型中小企业发展。为扶持、促进科技型中小企业技术创新，1999年中央财政设立了科技型中小企业技术创新基金（以下简称创新基金）。十多年来，创新基金在国家相关部门、地方各级政府及社会各界的关怀和努力下，政策内容不断丰富，管理手段逐渐规范，支持方式不断完善，作用成效日益显现。对于促进技术创新和创业，加速科技成果转化，构建以企业为主体的创新体系发挥了重要作用。

1. 政策背景

20世纪80年代以来，中小企业逐渐成为科技创新的一股重要力量。作为一项重要的国家战略，各国政府纷纷采取财政、金融、技术等多种政策措施支持本国的科技型中小企业。其中最有力和最常见的措施就是设立支持中小企业科技创新的政策性资金，并与其他政策相互配合营造良好的创新环境。

20世纪90年代中期，时值亚洲金融危机刚刚结束，中小企业特别是科技型中小企业的作用引起我国政府部门的高度关注。但以技术为基础的中小企业在成长早期经常面临非常高的失败概率，这个阶段金融和商业资本不愿进入，通常称为"死亡谷"。

1998年，根据海外人士的建议，国家科教领导小组决定设立创新基金。1999年5月国务院办公厅转发了科技部、财政部《关于科技型中小企业技术创新基金的暂行规定》，创新基金正式设立并启动。这是我国在建立公共财政体制的过程中，中央财政设立的首只专门扶持中小企业发展的资金，标志着中小企业财政资金政策正式起步。

2007年12月29日，第十届全国人民代表大会常务委员会第三十一次会议修订的《中华人民共和国科学技术进步法》第十六条中规定："国家设立科技型中小企业创新基金，资助中小企业开展技术创新"，确定了创新基金的法律地位。

2. 指导思想与基本原则

（1）指导思想。

①支持技术创新。创新基金支持的项目应拥有自主知识产权，并要求在技术、工艺或产品性能上有较大的创新或有实质性的改进，技术水平至少达到国内或国际先进水平。

②鼓励技术创业，培养技术创业企业家。创新基金重点支持初创期的科技型中小企业，优先支持由高素质的科技人员和留学归国人员创办、领办的企业，使其能够在创新基金的帮助下，利用其拥有或掌握的具有自主知识产权的先进技术和高水平的技术成果进行创业。通过创新基金的支持，提高初创企业抵御早期风险的能力，帮助企业度过发展的困难时期。

③促进产业发展。鼓励和扶持中小企业按照产业链专业化分工和规模化生产的要求，形成功能部件研发和配套生产，推动区域经济快速发展。

④引导社会资金，加速科技成果转化。创新基金的建立，一方面通过直接资助缓解科技型中小企业创新资金的不足，另一方面是通过引导和示范，吸引和带动各级政府、金融机构加强对科技型中小企业创新活动的关注和支持，带动符合市场经济规律、服务于科技型中小企业技术创新的投融资体系的建立，缓解科技型中小企业融资困难的状况。

（2）基本原则。

①引导性原则。创新基金是一种引导性资金，通过吸引地方、企业、科技创业投资机构和金融机构对中小企业技术创新的投资，逐步建立起符合社会主义市场经济客观规律、支持中小企业技术创新的新型投资机制。

②非营利性原则。创新基金不以营利为目的，通过对中小企业技术创新项目的支持，增强其创新能力。

③合规性原则。创新基金的使用和管理必须遵守国家有关法律、行政法规和财务规章制度，遵循诚实申请、公正受理、科学管理、择优支持、公开透明、专款专用的原则。

3. 政策目标与主要内容

（1）政策目标。创新基金作为目前以科技型中小企业为政策着力点的中央财政专项资金，肩负着支持科技型中小企业技术创新活动、提高企业技术创新能力和培育科技型中小企业成长的重要使命。

（2）政策内容。为规范和加强创新基金的管理，提高创新基金使用效益，根据《国务院办公厅转发科技部、财政部〈关于科技型中小企业技术创新基金的暂行规定〉的通知》，2005 年财政部、科技部联合下发了《科技型中小企业技术创新基金财务管理暂行办法》（财企［2005］22 号）和《科技型中小企业技术创新基金项目管理暂行办法》（国科发计字［2005］60 号），进一步明确了创新基金的支持条件、范围和支持方式、项目审批与资金拨付、项目监督管理与验收等。

创新基金支持有较高创新水平、有较好的潜在经济效益和社会效益的中小企业项目。引导科技型中小企业开展技术创新活动，促进科技成果的转化，加快高新技术产业化进程。接受资助企业职工原则上不超过 500 人，其中具有大专以上学历的科技人员占职工总数的比例不低于 30%；企业应当主要从事高新技术产品的研制、开发、生产和服务业务；企业每年用于高新技术产品研究开发的经费不低于销售额的 5%，直接从事研究开发的科技人员应占职工总数的 10% 以上。

支持方式为：

根据中小企业和项目的不同特点，创新基金分别以贷款贴息、无偿资助和资本金投入等不同方式给予支持。

A. 贷款贴息：对已具有一定水平、规模和效益的创新项目，原则上采取贴息方式支持其使用银行贷款，以扩大生产规模。一般按贷款额年利息的 50%～100% 给予补贴，贴息总额一般不超过 100 万元，个别重大项目最高不超过 200 万元。

B. 无偿资助：主要用于中小企业技术创新中产品研究开发及中试阶段的必要补助、科研人员携带科技成果创办企业进行成果转化的补助。资助数额一般不超过 100 万元，个别重大项目最高不超过 200 万元，且企业须有等额以上的自有匹配资金。

C. 资本金投入：对少数起点高、具有较广创新内涵、较高创新水平并有后续创新潜力、预计投产后具有较大市场需求、有望形成新兴产业的项目，采取资本金投入方式。资本金投入以引导其他资本投入为主要目的，财政资金原则上不控股、不做第一大股东，可以依法转让，在规定期限内依法收回投资。资本金投入方式目前为创业投资引导基金阶段参股模式。

4. 管理体制

创新基金的管理采取政府部门决策和监督、专家咨询和指导、基金管理机构组织和实施的"三位一体"的管理模式。

（1）管理职责。财政部是创新基金的监管部门，参与审议创新基金年度支持重点和工作指南，根据财政预算管理规章制度拨付资金，并对创新基金运作和使用情况进行监督、检查。

科学技术部是创新基金的主管部门，负责审议和发布创新基金年度支持重点和工作指南，审议创新基金运作的重大事项，批准创新基金的年度工作计划，并会同财政部审批创新基金支持项目，向国务院提交年度执行情况报告等。

科学技术部科技型中小企业技术创新基金管理中心（以下简称"创新基金管理中心"），为非营利性事业法人，在科学技术部和财政部指导下，研究提出创新基金年度支持重点和工作指南，受理创新基金项目申请，组织创新基金项目的评估、评审、招标、统计、监理和定期报告等具体管理工作。专家咨询委员会作为创新基金咨询机构负责审议创新基金支持的重点领域，并对创新基金的管理提供指导和咨询意见。

（2）工作程序。科学技术部每年发布创新基金支持重点和工作指南。凡符合创新基金支持条件的项目，由企业按申请要求提供相应申请材料；申请材料须经各地省级科技和财政部门出具推荐意见，其中申请贴息的企业还需提供有关银行的承贷意见。

创新基金管理中心按照有关标准要求，统一受理项目申请并负责程序性审查，送有关评估机构或专家进行评估、评审或咨询；评估机构和评审专家对申报项目的市场前景、技术创新性、技术可行性、风险性、效益性、申报企业的经营管理水平等进行客观评估、评审，并出具明确的评估、评审意见。管理中心根据项目申报情况和评估、评审意见，提出创新基金年度支持的项目建议。项目建议报科学技术部、财政部进行审定批准。

科学技术部和财政部每年分批向社会发布创新基金支持的项目和企业名单，接受社会监督。

5. 政策成效

作为国家支持企业技术创新的重要公共财政政策，创新基金在国家相关部门、地方各级政府及社会各界的悉心关怀和协同努力下，政策内容不断丰富，管理手段逐渐规范，支持方式不断完善，作用成效日益显现。为促进技术创新和创业，加速科技成果转化，构建以企业为主体的创新体系发挥了重要作用。

（1）扶持了一大批创新型企业和技术成果，促进了产业结构优化升级。创新基金以国家科技规划及产业政策为指引，围绕电子信息、新能源与高效节能、新材料、生物医药和高新技术服务业等重点领域，以科技型中小企业为载体，积极促进技术创新成果产业化，加速了我国产业结构的调整和优化。截至 2010 年底，创新基金累计支持了约 2.6 万户中小企业技术创新项目。据对执行期内的 9 787 个项目统计分析，截至 2010 年底，共获专利授权数为 1.6 万个，其中 2 189 个项目获得发明专利，发明专利授权数为 4 085 个；共形成软件产品著作权 4 315 项。

（2）鼓励高端人才就业和创业，培育了新的经济增长点。创新基金以鲜明的政策导向，吸引和扶持各类高学历人才、留学人员到技术创新第一线，鼓励他们创办科技型中小企业，开展科技成果转化和产业化。截至 2010 年底，执行期内的 9 787 个项目中，有 4 360 个项目进入批量生产阶段；有 7 851 个项目产品开始进入市场。企业在实施以上项目后，年人均营业总收入、净利润及上交税金总额较项目立项前增长超过 30%，带动新增就业 18.3 万人，其中博士学历人员增加 2 638 人，硕士学历人员增加 10 338 人，大学学历人员增加 55 273 人。

（3）带动了多方资金参与，促进了企业创新环境的改善。10 多年前，当创新基金作为我国第一只扶持中小企业的专项资金应运而生时，它便成为一面旗帜，引领中小企业技术创新，呼唤人们的创新意识，同时对社会资金产生了较强的示范作用。随着支持方式的不断调整和完善，创新基金逐步从单一支持技术项目向培育企业综合创新能力转变，从支持企业创新向改善创新环境转变。目前，全国 37 个省级单位均设立了创新基金，总规模约 40 亿元。初步形成了"上下互动、服务创新"的良好工作局面。

（二）科技型中小企业创业投资引导基金

国内外经验证明，创业投资是支持中小企业成长和发展的有力工具。各国（地区）政府都重视从本国的实际情况出发，制定引导创业投资的政策，通过促进创业投资发展，推动中小企业快速成长。

1. 设立背景

进入 21 世纪以来，国家日益重视培育和发展创业投资机构，以更好地发挥创业投资机构对于科技创新、技术进步和产业升级的促进作用。经国务院批准，2005 年 11 月 15 日，国家发展和改革委员会、科技部、财政部、商务部、中国人民银行、国家税务总局、国家工商行政管理总局、中国银监会、中国证监会、国家外汇管理局联合发布了《创业投资企业管理暂行办法》（国家发展和改革委员会令第 39 号），有力地保障了我国创业投资机构的快速健康发展，也为科技型中小企业更好地利用创业投资资本拓宽发展空间奠定了基础。

科技型中小企业发展面临最大的瓶颈是资金困难,特别在创业阶段,由于尚无法建立商业盈利的理性预期,纯粹市场化资本不可能积极介入,市场失灵现象突出,导致出现"死亡谷"。各国对科技型中小企业的普遍政策着力点,是通过直接资助与间接投资相结合的方式支持中小企业的创新与发展。创业投资以其独特的运行机制对扶持科技型中小企业成效明显。很多国家都采用财政资金发起创业投资引导基金,作为公共政策的安排吸引社会资金投资于科技型中小企业,并借助专业管理机构的经验,提升科技型中小企业的自主创新能力。但在我国,创业投资存在着起步较晚、发展缓慢、资本供给不足等问题,严重影响了我国科技型中小企业的成长。

2006年,《国务院关于实施〈国家中长期科学和技术发展规划纲要(2006~2020年)〉若干配套政策的通知》(国发〔2006〕6号)明确提出,"加快发展创业风险投资事业","鼓励有关部门和地方政府设立创业风险投资引导基金,引导社会资金流向创业风险投资企业,引导创业风险投资企业投资处于种子期和起步期的创业企业"。

为贯彻《国务院关于实施〈国家中长期科学和技术发展规划纲要(2006~2020年)〉若干配套政策的通知》(国发〔2006〕6号),2007年7月,财政部、科技部制定了《科技型中小企业创业投资引导基金管理暂行办法》(财企〔2007〕128号,以下称《暂行办法》),设立了首只国家级创业投资引导基金,即科技型中小企业创业投资引导基金(以下简称引导基金)。

2. 基本原则与主要内容

(1)指导思想。在引导基金政策实施过程中,遵循了以下指导思想:首先是通过少量的财政资金,撬动更多的社会资金,以扩大中小企业受益面。其次是按照公共财政原则,确定财政资金支持方向,重点解决初创期科技型中小企业发展过程中的市场失灵问题。第三是建立与创业投资机构共同出资的机制,将引导基金的政策性目标与创业投资机构的利益和责任有机结合。第四是充分发挥专业创业投资机构在具体投资运营、项目选择中的作用,最大限度地避免行政干预。第五是建立科学有效的项目尽职调查、专家评审、银行托管、项目公示和事后监督等制度,确保资金安全、有效。

(2)运作原则。

①项目选择市场化。引导基金不直接挑选所要支持的项目,而是借助创业投资机构的尽职调查、市场分析和投资经验等选择项目,同时建立与创业投资共同出资的机制,将引导基金的政策性目标与创业投资的利益和责任紧密结合,以

减少项目推荐、选择中的行政色彩,防止专家评审中的主观性、随意性。

②资金使用公共化。引导基金采取与创业投资机构共同出资的方式,吸引和带动社会资金,扩大财政资金的社会受益面,让更多的中小企业获得所需的资金和服务。

③提供服务专业化。引导基金将创业投资引入中小企业,在向中小企业提供所需资金的同时,提供专业化的创业辅导。

(3) 支持对象与支持方式。

①阶段参股。即引导基金向创业投资机构参股,并按事先约定的条件,在一定期限内退出,这一方式主要支持设立新的创业投资机构,以扩大对科技型中小企业的投资总量。具体内容是:一是参股比例最高不超过新设创业投资机构注册资本的25%,且不能成为第一大股东;二是创业投资机构对初创期科技型中小企业的投资总额不得低于引导基金出资额的2倍;三是参股期限一般不超过5年;四是自引导基金投入后3年内,投资者如购买引导基金股权,转让价格按引导基金原始投资额确定;超过3年的,转让价格为引导基金原始投资额加上转让时中央银行1年期贷款基准利率计算的收益之和。

②跟进投资。即引导基金与创业投资机构共同投资于初创期中小企业。这种方式主要支持的是已设立的创业投资机构,以降低其投资风险。具体内容为:一是创业投资机构选定投资项目后向引导基金提出申请,对符合条件的项目引导基金也进行投资,形成与创业投资机构的共同投资,引导基金投资额最高不超过创业投资机构投资额的50%;二是引导基金的投资委托创业投资机构管理,引导基金按投资收益的50%向受托创业投资机构支付管理费和效益奖励;三是共同投资的创业投资机构不得先于引导基金退出投资。

③风险补助。即对已投资于初创期中小企业的创业投资机构予以一定的补助,增强创业投资机构抵御风险的能力。创业投资机构向初创期中小企业投资后,向引导基金提出申请,引导基金审核后,按创业投资机构实际投资额的一定比例(最高不超过5%,额度不超过500万元)给予风险补助。

④投资保障。具体可区分为投资前保障和投资后保障两类,投资前保障是指创业投资机构挑选出潜在投资价值较大,但投资风险也很大的初创期中小企业,由引导基金对这些企业先期予以资助(最高100万元),同时,由创业投资机构向这些企业提供无偿的创业辅导;投资后保障是指辅导期结束后创业投资机构对这些企业进行股权投资,引导基金对该部分企业再给予第二次资助(最高200万元)。主要目的是解决创业投资机构因担心风险,想投而不敢投的问题。

以上四种方式中，阶段参股和跟进投资属股权投资性质，风险补助和投资保障属无偿资助性质。可以看出，上述四种方式具有针对性较强、覆盖面较宽的特点。阶段参股主要适合新设的创业投资机构，侧重点是吸引更多的社会资金从事创业投资；跟进投资和投资补助适合已有一定规模的创业投资机构，侧重点是鼓励创业投资机构向政府需要扶持的初创期科技型中小企业投资；投资保障侧重于促进创业投资与中小企业的对接，通过对创业投资对象的扶持，为创业投资项目成功提供保障。

3. 运行模式

（1）管理架构。引导基金管理架构为三级：

第一级为财政部和科技部，负责把握引导基金支持项目的基本方向和资金安排。

第二级为专家评审委员会，主要职责是依据评审标准和评审规程公开、公平、公正地对引导基金项目进行评审，提出支持项目的建议。

第三级为创新基金管理中心，主要职责是：①对申请引导基金的项目进行受理和初审，向引导基金评审委员会提出初审意见；②受财政部、科技部委托，作为引导基金出资人代表管理引导基金投资形成的股权，负责实施引导基金投资形成的股权退出工作；③监督检查引导基金所支持项目的实施情况，定期向财政部、科技部报告监督检查情况，并对监督检查结果提出处理建议等。

（2）运作管理和风险控制。在制度安排上，引导基金阶段参股和跟进投资采取与创业投资机构资金相"捆绑"的方式，且引导基金仅发挥引导作用，所占比例不超过25%，既分担了创业投资机构的部分风险，又强化了创业投资机构的责任。并采取以下措施：

①项目公示制度。即专家评审后，对所要支持的创业投资机构，在财政部、科技部官方网站上及有关媒体上进行公示，公示无异议的，再正式予以支持。

②签约制度。创业投资机构在获得引导基金支持之前，必须与创新基金管理中心签订协议，明确双方的权力、责任和义务；同时规定，发生违约行为的，可以诉诸法律，并通过有关媒体，向社会曝光。

③第三方评价制度。引导基金虽不参与创业投资机构的日常经营，但有权对创业投资机构的投资情况进行年度专项审计，同时，财政部、科技部将委托第三方机构，对引导基金的整个运作情况进行绩效评价。

此外，为确保财政参股资金的安全性，在具体操作中还重点关注以下几个方面：

①选取国内创业投资行业内有较强实力的机构进行合作并管理,确保新设创业投资机构具有较强的运营能力及政策目标实现能力;

②共同发起设立新的创业投资机构时,要求在其他投资者的出资按要求全部到账后,引导基金及时跟进;

③对新设创业投资机构的资金,引入银行托管模式,强化对资金使用方向的监管,防范资金被挪用等道德风险,并规范投资行为;

④明确新设创业投资机构的限制性条款,如不得从事贷款或流动性证券、房地产等投资,不得投资于国家政策限制类行业等;

⑤明确引导基金止亏措施及发生清算时的清偿要求。如新设创业投资机构亏损20%以上的,作为主发起人的创业投资机构应回购引导基金的股权或采取清盘等措施。

4. 引导基金执行情况

截至2011年底,引导基金共投入财政资金15.59亿元,其中通过风险补助和投资保障方式累计安排补助资金6.5亿元,带动了约72.8亿元创业投资资本投资初创期科技型中小企业;通过阶段参股方式,共出资9.09亿元参股设立了37家重点投资于科技型中小企业的创业投资企业,累计注册资本达到63亿元。

5. 引导基金的成效

作为中国首只国家级创业投资引导基金,财政部、科技部共同设立的引导基金具有较强的示范和引导意义。从三年多的实践情况看,引导基金已取得了明显的政策成效,在全国范围内产生了较大影响。

(1) 引领了中国创业投资引导基金的设立和发展。自2007年《暂行办法》出台以来,许多地方政府也效仿设立了各类创业投资引导基金。据不完全统计,地方引导基金的规模已达到约400亿元,这对于推动科技型中小企业发展和促进科技金融创新将起到重要的示范作用。

(2) 引导了创业投资机构的投资方向和管理机制。创业投资是一种高度市场化的行为,在选择投资企业方面具有追求利益最大化的本能,科技型中小企业的风险和收益存在较大的不确定性,且投资周期长,占用精力多,导致创业投资机构对科技型中小企业投资的积极性普遍不高。引导基金政策,旨在有效地影响创业投资机构的投资方向和偏好,吸引更多创业投资团队关注早期科技项目。实践表明,在引导基金政策激励和倡导的注重早期科技项目投资和专业化投资的理念影响下,部分创业投资机构的投资策略和风格正在发生较大变化。

同时，引导基金还对国有创业投资机构运营机制转变产生了重大影响。国有创业投资机构在中国创业投资发展历史上曾发挥了举足轻重的作用，为创业投资行业培养了一大批骨干人才，是早期科技项目创业投资的主要力量。但随着中国创业投资行业活跃度大幅提升，竞争日趋激烈，国有创业投资机构受体制、机制、国有资产考核体系等因素制约，发展速度明显滞后于民营及海外创业投资机构，面临核心人才流失、竞争力明显下降的窘境。引导基金通过阶段参股项目，积极倡导国有创业投资机构建立和完善市场化的管理团队和激励约束机制，在推动国有创业投资机构管理机制改进方面取得了显著成效。

（3）促进了科技型中小企业的创新和创业。引导基金拓展了科技型中小企业的融资渠道，为科技型中小企业融资探索了一条新路径，即以少量政策性财政资金吸引和撬动更大规模的市场资金，特别是民营资金投资于科技型中小企业。引导基金在支持创业投资机构投资具有自主创新能力的科技型中小企业方面已取得了突出的成绩，有力地支持了科技型中小企业的自主创新。

引导基金政策的实施，提高了科技创业者经营管理能力。在创业初期，科技创业者在经营管理、市场开拓等方面普遍欠缺经验，创业投资机构除了给予资金支持外还为企业提供全方位的增值服务以提高创业团队的企业运营能力，帮助科技创业者成为真正的企业家。

（三）中小企业信用担保资金政策

"融资难"一直是制约中小企业发展的瓶颈和难题。在股票和债券等直接融资渠道不健全的情况下，我国中小企业发展所需资金主要通过银行贷款获得，导致融资难问题尤为突出。中小企业由于自身的信用状况不高，缺乏可用来抵押的资产，很难直接从银行获得贷款，这严重制约了中小企业的可持续健康发展。信用担保机构是中小企业与银行之间的信用桥梁，通过财政资金引导中小企业信用担保机构为中小企业提供融资担保，对解决中小企业融资难问题具有非常重要的现实意义，也是世界上许多国家的普遍做法。

1. 政策产生的背景

2003年1月1日，《中华人民共和国中小企业促进法》的正式实施对我国中小企业信用担保体系建设产生了深远影响，从法律层面上明确了中央财政预算设立中小企业科目，安排中小企业扶持专项资金，地方财政亦须比照执行，为中小企业信用担保体系建设提供了稳定、长期的扶持资金的供应渠道。同时，规定县级以上人民政府和有关部门应当推进和组织建立中小企业信用担保体系，使各地中小企业信用担保体系驶上了依法加快建设的快车道。

2005年2月，国务院发布了《关于鼓励支持和引导个体私营等非公有制经济发展的若干意见》，明确"鼓励有条件的地区建立中小企业信用担保基金和区域性信用再担保机构"。

2006年11月，国务院办公厅转发发改委、财政部等五部委《关于加强中小企业信用担保体系建设意见的通知》（国办发［2006］90号），从政策层面提出了扶持中小企业信用担保体系建设的多项措施，涉及财政风险补偿、参股、税收优惠、担保与金融合作、信用资源共享、加强服务和指导等方面。

同年，财政部在认真调查、深入研究的基础上，从中小企业发展专项资金中安排专门支出，对信用担保机构围绕中小企业开展贷款担保业务和降低收费标准进行补助，首次将中小企业担保机构纳入财政资金支持范围。

2009年4月，经国务院同意，融资性担保业务监管部际联席会议制度建立，联席会议由发展改革委、工业和信息化部、财政部、商务部、人民银行、工商总局、法制办、银监会组成，银监会为牵头单位。标志着融资性担保正式纳入国家监管体系，对规范及促进行业健康发展具有积极意义。同年，国务院下发《关于进一步促进中小企业发展的若干意见》，提出，要"设立包括中央、地方财政出资和企业联合组建的多层次中小企业融资担保基金和担保机构"，并要求"各级财政要加大支持力度，综合利用资本注入、风险补偿和奖励补助等方式，提高担保机构对中小企业的融资担保能力"，同时要"落实好对符合条件的中小企业信用担保机构免征营业税、准备金提取和代偿损失税前扣除的政策"。

2010年3月，银监会、发改委、工信部、财政部、商务部、人民银行、工商总局七部委联合下发《融资性担保公司管理暂行办法》，对融资性担保机构的监管体系、设立审批、经营范围、公司治理、资本金制度、风险管理及拨备、信息披露等都做了原则规定，对融资性担保机构进一步规范发展发挥了重要作用。

同年，财政部与工信部联合印发了《中小企业信用担保资金管理暂行办法》（财企［2010］72号），明确"中小企业信用担保资金是由中央财政预算安排，专门用于支持中小企业信用担保机构、中小企业信用再担保机构增强业务能力，扩大中小企业担保业务，改善中小企业融资环境的资金"，标志着实施几年的中小企业信用担保资金政策步入规范化、制度化轨道。

2. 政策目标与主要内容

（1）政策目标。财政支持中小企业信用担保体系的目标在于：通过对中小企业信用担保机构的引导与扶持，促进其规范经营，提高担保机构的业务能力和抵御风险能力,鼓励担保机构通过担保的杠杆作用使信贷资金更多向符合产业政策的中小企业倾斜,拓宽中小企业融资渠道,切实发挥缓解中小企业融资难的作用。

(2)政策内容。2010年4月30日,财政部、工信部联合印发《关于中小企业信用担保资金管理暂行办法》(财企〔2010〕72号)。文件对资金设立的依据、用途、对象、原则、支持方式和额度、申请要件及程序、资金申请、审核及拨付、监督检查等做出规定。

支持重点为:

①引导担保机构为符合国家产业政策的中小企业提供融资担保服务,中央财政对担保机构开展的中小企业融资担保业务,按照担保额的一定比例给予资助。

②鼓励担保机构提供低费率担保服务,对担保费率低于银行同期贷款基准利率50%的业务,按一定比例给予奖励。

③鼓励信用担保欠发达地区地方政府出资设立担保机构,促进地方中小企业信用担保体系建设。

④发挥再担保增强信用、分散风险等功能,促进再担保试点工作的开展。

(3)支持方式。

①业务补助,鼓励担保机构和再担保机构为中小企业特别是小企业提供融资担保(再担保)服务。对符合条件的担保机构开展的中小企业融资担保业务,按照不超过年担保额的2%给予补助;对符合条件的再担保机构开展的中小企业融资再担保业务,按照不超过年再担保额的0.5%给予补助。

②保费补助,鼓励担保机构为中小企业提供低费率担保服务。在不提高其他费用标准的前提下,对担保机构开展的担保费率低于银行同期贷款基准利率50%的中小企业融资担保业务给予补助,补助比例不超过银行同期贷款基准利率50%与实际担保费率之差。

③资本金投入,鼓励担保机构扩大资本金规模,提高信用水平,增强业务能力。特殊情况下,对符合条件的担保机构、再担保机构,按照不超过新增出资额的30%给予注资支持。

④其他。用于鼓励和引导担保机构、再担保机构开展中小企业信用担保(再担保)业务的其他支持方式。

符合条件的担保机构、再担保机构可以同时享受以上不限于一项支持方式的资助,但单个担保机构、再担保机构当年获得担保资金的资助额,除特殊情况外,一般不超过3 000万元。

（4）工作组织。

财政部负责担保资金的预算管理、项目资金分配和资金拨付，并对资金的使用情况进行监督检查；工业和信息化部负责确定担保资金的年度支持方向和重点，会同财政部对申报的项目进行审核，并对项目实施情况进行监督检查；各省、自治区、直辖市、计划单列市财政部门和同级中小企业管理部门负责本地区项目资金的申请审核工作。

中央财政信用担保资金政策显示出较强的示范作用，地方各级财政也纷纷加大了对中小企业的政策扶持力度，因地制宜地探索实施了准备金补助、业绩奖励、风险补偿等多种扶持方式，许多地方财政部门出资或参与出资设立贷款担保公司及再担保公司，形成了政府扶持中小企业发展的市场化机制，解决了中小企业信用担保机构资金来源困难的问题，加快了中小企业信用担保体系的建立和完善。同时，针对中小企业信用担保机构的税收优惠政策，一定程度上减轻了信用担保机构的负担，提高了信用担保机构开展业务的积极性。

3. 政策成效

（1）中小企业信用担保机构数量、业务规模快速增长，有效缓解中小企业融资难。截至2010年底，全国融资性担保法人机构6 030家，注册资本总额4 506亿元。其中，全国中小企业信用担保机构达4 817家，当年为33万户中小企业提供贷款担保1.58万亿元。在缓解中小企业融资难问题上发挥积极作用。2008年底至2009年，国际金融危机时期，为鼓励担保机构更多地开展中小企业担保业务，中央财政专门新增投放10亿元，对2008年第四季度为中小企业提供贷款担保的担保机构进行补贴。330家担保机构获此补贴，2008年第四季度业务量较第三季度业务量增长近20%。在中央财政的带动下，地方财政部门加大对中小企业政策扶持力度。2008年下半年，安徽、江苏、广东等15个省份财政部门共增加支持中小企业的各项资金100亿元，重点用于支持中小企业信用担保体系建设及鼓励金融机构增加中小企业贷款规模等。担保机构通过扩大担保服务规模、创新服务模式，努力帮助中小企业渡过难关，在2009年召开的全国中小企业信用担保机构负责人联席会议上，60家中小企业信用担保机构获得了"应对金融危机中支持中小企业表现突出的担保机构"称号。截至2010年底，中央财政累计安排中小企业信用担保资金70.4亿元。

（2）促进了中小企业信用担保机构规范管理，提高了抵御风险能力。担保资金政策明确要求，申请政策支持的担保机构业务必须符合国家有关法律、法规、业务管理规定及产业政策，同时对新增中小企业担保业务比例、放大倍数、担保费率、风险控制等均做出具体规定。从而引导和促进了担保机构建立健全风险控制机制，规范经营管理，降低经营风险，进而加大对中小企业特别是小型、微型企业融资担保的支持力度。

（3）通过财政引导，担保机构不断拓展和丰富为中小企业服务的业务品种和内容，提升了服务功能和水平。如今，我国一些优秀的中小企业信用担保机构通过业务品种创新，已能够为企业提供贷款担保、信用证担保、集合直接融资产品担保、融资顾问咨询等一站式、链条式综合融资担保服务。随着服务能力的不断提升，中小企业受益面逐步扩大。

中小企业获得资金支持后，逐步发展壮大，许多企业发展成为当地龙头企业，一些企业成功上市。对于促进产业转型升级和带动区域经济发展产生了积极影响。

（四）地方特色产业中小企业发展资金

1. 设立背景

我国中小企业普遍存在布局分散、结构趋同、经营粗放、技术落后、专业化协作程度低等问题，在与大企业及国外企业的竞争中往往处于劣势地位，更是难以抵御各种危机的冲击。国际经验及我国许多地区的成功案例显示，特色产业集群和特色产业聚集区的发展，对于发挥地域特色产业的比较优势，引导中小企业规模化集聚，专业化分工协作，加快转变发展方式，促进产业结构优化升级，提高综合竞争力具有重要意义。为促进中小企业又好又快发展，《国务院关于进一步促进中小企业发展的若干意见》明确，要"加快中小企业技术进步和结构调整"，"提升特色产业"，"引导中小企业集聚发展。按照布局合理、特色鲜明、用地集约、生态环保的原则，支持一批重点示范产业集群"。

为进一步完善中小企业资金政策体系，改进支持方式，提高政策成果，有必要围绕国家宏观政策目标，同时兼顾地方经济发展特点和要求，安排地方特色产业中小企业发展资金（以下简称特色产业资金），专门支持地方特色产业集群和地方特色产业集聚区内中小企业发展，引导各地积极发展具有比较优势的特色产业，促进形成特色鲜明、分工合理、各展所长、协调发展的产业和区域经济格局，从而带动整体产业结构调整和优化。

为规范和加强地方特色产业中小企业发展资金管理，提高资金使用效率，2010年财政部制定了《地方特色产业中小企业发展资金管理暂行办法》（财企〔2010〕103号）对资金的支持内容及方式、项目资金的申请、项目审核及资金拨付做出规定。

2. 政策目标与主要内容

（1）政策目标。支持地方特色产业集群和特色产业聚集区内中小企业技术进步、节能减排、协作配套，促进产业结构调整和优化。

（2）主要内容。

①促进中小企业技术创新和成果转化，重点支持中小企业的技术创新和科技成果转化项目。

②鼓励中小企业节能减排，包括支持中小企业生产或应用节能减排产品技术改造项目，集群和聚集区内废弃物综合治理利用项目等。

③加强中小企业与骨干企业专业化协作，包括支持主导性产业中小龙头骨干企业重点产品技术改造和改扩建，中小企业为建立和加强协作配套关系、提高专业化生产水平而进行的技术改造和改扩建。

④支持中小企业产业升级和延伸，包括现有中小企业的技术改造升级，战略性新兴产业中小企业项目建设和技术改造，产业向前端和后端延伸等。

⑤改善中小企业服务环境，提高研究开发、设计、知识产权保护、工程技术管理、商务信息交流等方面的公共服务水平。

特色产业资金采取无偿资助和贷款贴息方式，每个项目一般不超过300万元。

3. 运行模式

为鼓励地方根据当地经济发展特点和要求，积极发展具有比较优势的特色产业，地方特色产业发展专项资金按照因素法分配给地方省级财政部门，由省级财政部门按照财政部印发的资金管理办法，制定具体细则并组织实施。具体工作程序：

省级财政部门负责组织本地区特色产业资金的项目申报、评审工作，建立项目库，并在每年12月底前向财政部上报下年度的资金需求、扶持重点、扶持计划和组织实施方案。财政部按照因素法，根据当年预算和各地上报的方案等分配特色产业资金。各地根据财政部下达的预算指标和项目申报评审情况，公示结束后，提出本地区特色产业资金年度使用计划，并于当年4月底之前上报财政部备案。备案后，省级财政部门按照预算管理的有关规定及时拨付资金。

地方特色中小企业发展专项的设立，受到了各地政府和中小企业的肯定和欢迎。普遍认为，地方特色产业是区域经济特别是县域经济的主体，引导和扶持地方特色产业快速健康发展是培育壮大中小企业，促进产业结构优化升级，推动县域经济又好又快发展的重要举措。

三、现阶段我国中小企业发展状况及存在的主要问题

改革开放以来，随着我国社会主义市场经济体制逐步完善，中小企业在国民

经济和社会发展中的地位不断提高、贡献日益突出。但在中小企业创立和发展过程中，仍存在管理水平不高、公共服务不健全、政策不到位等诸多制约因素。

（一）发展现状

党的十一届三中全会开启了我国改革开放新的历史时期，30多年来，随着各项领域改革不断推进，中小企业经历了由少到多、从弱到强、不断壮大的发展历程，成为国民经济和社会发展的重要力量。

1. 繁荣了社会主义市场经济

截至2010年底，全国中小企业户数（包括私营企业及个体工商户）达4 200多万户，占全部企业户数的99%以上，创造的国内生产总值所占比重已上升到60%左右。中小企业的快速发展，为我国经济注入了活力，满足了社会多样化的消费需求，促进了社会主义市场经济体制的建立和完善。

2. 拓宽了社会就业渠道

截至2010年底，我国中小企业（包括私营企业及个体工商户）从业人数共1.6亿人。由于中小企业遍布城乡及基层，以劳动密集型企业居多，目前所提供的就业岗位已占80%以上，大大缓解了社会就业压力，对于改善民生、扩大内需，促进社会和谐稳定发挥了积极作用。

3. 扩大了财政收入来源

随着经济结构调整及企业经济效益的提升，近年来，中小企业上交税收所占比重一直保持快速增长。2010年全国约45万户规模以上中小工业企业实现税金总额1.5万亿元，比2005年增长1.9倍，占规模以上工业企业税金总额的54.3%，比重提高了近10个百分点。成为国家财政实现可持续发展、履行公共职能的重要物质基础。

4. 增强了技术创新动力

中小企业比大企业更具有技术创新的活力和优势，是技术创新的重要源泉和科研转化的主要载体。近年来，我国一大批科技型中小企业迅速发展和壮大，已由1999年的7万家增加到约16万家，成为我国技术创新和发展高新技术产业的重要生力军。有关数据显示，目前我国约有65%的专利、75%的技术创新、85%的新产品都是中小企业创造的。

5. 促进了对外贸易发展

近年来，随着我国对外开放步伐加快，外贸进出口权的逐步放开，一大批中小外贸企业应运而生，为经济发展注入了活力。据有关统计，出口额在1 500万美元以下的中小企业由2005年的12.7万家增加到2010年的20.1万家，5年来出口额增长了 84.6%。2010 年,中小企业出口额已占全部企业出口额的 1/4。

(二) 存在的主要问题

总体而言,改革开放 30 多年,我国中小企业特别是非公有制经济从无到有,在全国范围内迅速发展,取得了巨大成就,构成了我国社会主义市场经济的重要组成部分。但是我国中小企业众多,"出生易、存活难","成型快、发育慢","长成易、成长难"的状况成为我国中小企业的显著特征,尤其是近年来,中小企业在创业发展过程中面临诸多突出矛盾和问题。

1. 中小企业自身发展水平普遍较低

我国中小企业最初脱胎于计划经济向市场经济转型时期,发展历史较短,经济实力、经营理念、思想观念等相对落后,总体发展水平不高。一是资产规模偏小,经营不够规范,信用度较低。中小企业创办门槛低,经营机制灵活,但同时资产规模小、增长方式粗放、依法经营及诚信意识淡薄的缺陷也十分明显,尤其是处于初创期的小企业更是如此。二是人才短缺,经营管理水平低。中小企业规模小、实力弱,既难以吸引人才,也无力向高级人才支付高额薪酬。同时,中小企业普遍采取业主个人管理、家族管理模式,现代企业制度未能有效建立,难以适应现代经济发展需要。三是基础管理薄弱,财务制度不健全。由于领导者集权现象突出,相当部分中小企业存在财务会计管理责任不清、制度缺失、核算不规范、信息失真、监控不力等问题。四是掌握信息能力较低,市场竞争处于弱势。中小企业多数不重视管理者学习及员工培训,企业普遍对宏观社会经济形势、原材料及产品竞争状况及未来走势、国家相关法律法规政策等了解不多,财务金融杠杆很少运用,难以抢占市场先机。

2. 资源环境约束,生产要素成本上升

随着转变发展方式的进一步加快,节能减排和环境保护力度的加强,一些资源消耗高、环境污染大的中小企业面临着十分紧迫的调整压力,主要依靠"高投入、高能源、高排放"和"低成本、低价格、低利润"参与竞争的中小企业,将难以为继。同时,原材料和能源价格居高不下,劳动力成本快速上升,土地及厂房、商铺价格上涨,企业税费负担较重,汇率变动等因素叠加,进一步加重了企业的负担,大大压缩了传统中小企业特别是中小工业企业的利润空间和生存空间。

3. 金融体系滞后,中小企业融资难

一是直接融资门槛过高,中小企业很难获取。目前,我国证券市场、债券市场等直接融资渠道门槛很高,绝大多数中小企业遥不可及。世界发达国家中小企业直接融资比例占70%左右，而我国则不足20%。二是银行现行贷款指标要求将大多数中小企业拒之门外。银行出于控制风险考虑，一般要求贷款企业具有一定的资产规模、良好经营业绩及信用记录等，而中小企业特别是小企业，仍处于创业、成长期，难以具备上述条件。银行贷款要求与中小企业条件不相匹配。三是银行贷款向中小企业投放的积极性不高。当前，信贷资源紧缺，银行普遍倾向于将有限的资金放贷给风险小、成本低、收益高的大型企业等优质客户，而难以顾及单笔贷款金额小、违约风险高、综合收益率低的中小企业贷款。据统计，2010年全国2.54万家规模以下工业企业样本中，从银行融资的企业比重仅为14%。当货币政策调整，银根抽紧，中小企业尤其是小型微型企业融资难问题愈加突出，融资成本进一步增加。

4. 缺乏统筹规划，服务平台不完善

中小企业是初具雏形的经济活动单元，需要政府在发展环境方面给予更多的呵护与支持。服务平台具有开放性和资源共享性特征，可以为中小企业提供信息查询、技术创新、质量检测、创业辅导、市场开拓、人员培训、设备共享等服务，是政府改善中小企业发展环境的重要政策着力点。近年来，中小企业服务平台建设取得了一定成效，但还远不能满足中小企业的发展需求。一是服务平台缺乏统筹规划，平台发展杂乱无序。二是平台服务能力不强，行业标准缺乏。服务投入不足，公共服务规模小、功能弱，受益面窄，专业化、个性化服务提供不足，服务质量和深度有待提高，服务功能尚未充分发挥，大部分平台处于维持生存状态。服务水平参差不齐，缺乏服务标准和质量效果评价，企业"不敢用、用不起"服务的问题仍然突出。三是区域发展不平衡，欠发达地区受资金、服务资源、服务市场发育等多重因素影响，服务平台建设进展缓慢。

5. 现有政策覆盖面较窄，支持力度尚需加大

在税收政策方面，地方和企业反映，对中小企业特别是小型、微型企业的税收优惠力度不够，政策受惠面窄，部分税收优惠政策，如小型微利企业的所得税减半征收政策、财政性资金免征企业所得税政策等，操作性不强，在一些地方落实不到位。在资金政策方面，各方面普遍反映财政资金规模小，占财政支出的比重过低，与中小企业的重要地位不匹配，支持方式单一，政策惠及面窄，众多小型、微型企业难以享受，政策内容不能适应市场环境和中小企业不断发展变化的需要。

四、完善中小企业财政政策的设想

针对现阶段我国中小企业面临的突出矛盾和问题，财政部于2011年上半年进行了大量调研,形成了专题报告,得到了国务院领导同志的高度重视和充分肯定。"十一"期间,温家宝总理在温州调研时提出,要加大财税政策对小微企业的支持力度,延长相关税收优惠政策的期限,研究进一步加大政策优惠力度。10月12日,国务院常务会议研究确定了一系列支持小型和微型企业发展的金融、财税政策措施。会议明确提出,扩大中小企业专项资金规模,更多运用间接方式扶持小型微型企业。2012年2月1日,温家宝总理主持召开国务院常务会议,确定了进一步支持小型微型企业健康发展的政策措施。

(一)对现有政策逐步进行调整完善

发挥现有政策优势,支持和引导中小企业技术创新、产业升级、优化产品结构、扩大就业等。同时积极发展间接支持政策,加大中小企业信用担保资金、中小企业创业投资引导基金及服务平台建设资金等政策的资金规模,不断提高其占中小企业扶持资金总规模的比例。

(二)研究设立国家中小企业发展基金

2003年1月1日起实施的《中小企业促进法》规定,"国家设立中小企业发展基金",并明确基金由中央财政预算、基金收益、捐赠、其他资金组成。《国务院关于鼓励支持和引导个体私营等非公有制经济发展的若干意见》(国发〔2005〕3号)、《国务院关于进一步促进中小企业发展的若干意见》(国发〔2009〕36号)等进一步明确提出,"加快设立国家中小企业发展基金"。2012年2月1日,国务院常务会议明确"中央财政安排150亿元设立中小企业发展基金,主要支持初创小型微型企业"。

财政部正在会同相关部门抓紧研究制订中小企业发展基金设立方案,将最大限度地发挥中央财政资金对地方财政和社会资金的示范、引导及杠杆放大作用,鼓励地方财政、社会资本共同参与,更多地采用间接支持方式,增加对中小企业特别是小微型企业的资本供给,改善融资环境,解决市场机制配置失灵问题。并不断扩大政策辐射面,形成支持全国中小企业发展的长效机制。由此可见,设立国家中小企业发展基金是中央财政中小企业资金政策在支持方式上的重大创新和突破,具有十分重要的意义。

第三章

外经贸财政政策

导 读

改革开放以来,我国外经贸事业发展取得了举世瞩目的巨大成就,已经成为世界第二大贸易国,企业"走出去"发展战略稳步实施,正在从贸易大国向贸易强国转变。在我国外经贸极不平凡的发展历程中,财政政策发挥了极为重要的引导和扶持作用,并在实践中逐步得到充实和完善,初步形成了支持我国外经贸发展的财政政策体系,包括支持中小企业开拓国际市场、促进区域外经贸协调发展、鼓励扩大进口、支持鼓励技术出口、支持企业"走出去"、支持国际服务外包业务发展、支持茧丝绸行业发展等多项财政资金政策。本章主要介绍了上述外经贸财政政策形成的历史背景、主要内容、运行机制和未来发展方向。

一、我国外经贸财政政策概述

当今世界经济发展与全球化,使对外贸易已经从简单的商品交换、互通有无,演变成国与国之间相互依靠、相互影响的经济关系。对外贸易出口与投资、消费,已成为一国经济增长的动力引擎。我国的外经贸是指对外贸易(货物、服务)与对外经济技术合作(境外投资、劳务、工程承包等)的统称。改革开放以来,通过实施积极有效的外经贸财政政策,对我国外经贸事业飞速发展推进国民经济快速增长、实现互利共赢、全面提高对外开放水平发挥了重要的作用。

(一)新中国成立至改革开放初期的高度计划管理阶段财政政策(1949~1978年)

这一阶段为"艰难的出口创汇"时期。因西方国家的经济封锁,我国外汇储备长期处于短缺状态。改革开放前,我国对外贸易的突出矛盾是出口商品货源尤其是适销对路的出口商品货源不足。出口贸易一直受到国内生产能力的限制,以出口农副土特产品和传统丝绸、陶瓷、土畜产品等为主。大力支持外贸增加出口货源,国家财政统负盈亏,成为财政支持外贸发展的主要政策与手段。财政先后实施了扶持出口商品生产专项资金、扶持外贸发展商品生产的商贸周转金、外贸企业简易建筑费、各类外贸企业进出口产品价差补贴等。

(二)改革开放至我国加入世贸组织的体制改革阶段财政政策(1978~2001年)

这一阶段为"外贸体制改革转轨"时期,从逐步改革外贸统一经营入手,实施了"千方百计扩大出口"的政策,以获取国家极其短缺的外汇,支持国内经济建设。围绕出口创汇,国家实行外汇额度留成制度、有偿上交中央外汇人民币补偿制度、出口收汇奖励和出口供货奖励措施、重点轻纺出口企业发展基金制度等。按照《中华人民共和国对外贸易法》,先后设立了中央外贸发展基金、国家茧丝绸发展风险基金、援外合资合作项目基金等有利于促进外经贸发展的支持政策。同时,从1983年,财政对钟表、自行车等17种机电产品的出口实行退税政策起,到1994年税制改革后,实行了"免、抵、退"的全面出口退税办法。在此期间,对外经济技术合作的财政支持政策,主要分为两大类:一类是财政周转金(有偿使用资金),如"国际经济合作基金"、"援外合资合作基金"、"境外加工贸易有偿使用资金"。另一类是财政贴息,如"对外承包工程贷款贴息"、"境外加工贸易贷款贴息",这类支持政策随着财政周转金的清理整顿以及"走出去"政策的逐步完善,已相应进行了调整或取消。

(三)入世后至今迅猛发展阶段的财政政策(2001年至今)

随着我国加入WTO,多层次、多渠道、全方位对外开放格局逐步形成,进出口经营权审批制向备案制的转变,使企业能够直接参与国际市场竞争,我国外经贸事业得到空前发展。在此期间,实施了组合性的财政政策。一是为应对全球金融危机的影响,连续7次提高出口退税率。二是在加入WTO后关税政策多次调整的基础上,2010年1月1日起,我国对部分商品进出口暂定税率再次进行了集中调整。调整后,我国农产品平均税率为15.2%,工业品平均税率为8.9%,关税总水平为9.8%。我国于2001年加入WTO的降税承诺已全部履行完毕。如按2010年实际征收关税与实际进口总额折人民币计算,实际的关税征收水平仅为2.19%。三是已初步建立财政支持外经贸发展的资金政策体系。出口方面,设立了中小企业国际市场开拓资金、外经贸区域协调发展促进资金、服务外包专项资金、技术出口贴息资金等;进口方面,设立了进口贴息资金等;"走出去"方面,设立了对外经济技术合作专项资金、对外承包工程保函风险专项资金、中央国有资本经营预算境外投资资金等。

财政政策的实施,有力地支持了我国外经贸事业的健康发展。据统计,1978年我国货物进出口总额,居世界第二十九位。自2009年起,我国货物出口额居世界第一位,进口额仅次于美国居世界第二位,已经成为世界贸易大国。同时,"走出去"战略已初见成效,有效地拓展了经济发展空间。自1997年江泽民同志首次提出"走出去"开始,我国企业对外投资合作发展迅速,面对国际金融危机和欧洲主权债务危机,我国对外投资仍逆势上扬。截至2010年底,我国对外直接投资累计达3 172亿美元;对外劳务合作累计完成营业额736亿美元,累计派出各类劳务人员543万人;对外承包工程累计完成营业额4 356亿美元。

二、中小企业国际市场开拓专项资金政策

(一)产生背景

1998年亚洲金融危机爆发,在承诺人民币不贬值的情况下,我国外贸出口

下滑，外贸形势十分严峻。与此同时，我国加入世界贸易组织的谈判取得实质性进展，加入 WTO 在即。为扭转外贸出口下降的局面，在遵循世贸组织相关规则的前提下，建立我国公开化的政府支持企业出口的促进政策，原外经贸部、财政部等部委联合提出了"关于进一步采取措施鼓励扩大外贸出口的意见"。

2000 年 10 月，由财政部与原外经贸部于联合制定下发了《中小企业国际市场开拓资金管理（试行）办法》（财企 [2000] 467 号）；2001 年 6 月，两部又联合下发了《中小企业国际市场开拓资金管理办法实施细则（暂行）》（外经贸计财发 [2001] 270 号）。这些文件对中小企业国际市场开拓资金的性质、管理原则、具体使用条件与对象、申报及审批程序、资金支持内容和比例等做出了明确规定，政策支持也正式进入操作阶段。该项政策是我国第一项针对中小外贸企业发展并适应 WTO 规则公开发布、公开执行的贸易促进政策，也是第一项体现政府职能转变、由中介机构承办运行的出口促进政策。

（二）目标与主要内容

1. 政策目标

设立中小企业国际市场开拓专项资金，目的就是为了引导和鼓励我国中小企业参与国际市场竞争、积极扩大出口、降低经营风险、促进国民经济发展。

由于政策出台之时，我国对中小企业尚无具体规范性且被广泛认同的定义与标准。考虑到在我国加入 WTO 后，外贸进出口经营权将由审批制转为备案制，具备经营权的中小企业将大幅度增加，针对 1999 年出口额在 1 500 万美元以下企业占所有出口企业户数 96.3%、而出口规模仅占全国出口额 38% 的状况，该政策制定出台时，明确了其支持对象为出口额在 1 500 万美元以下的企业，并且一直沿用至 2010 年。即使是在国家有关部门中小企业标准出台后，在中小企业开拓国际市场资金使用管理上，仍然使用出口额在 1 500 万美元以下的企业标准。目的就是为了支持 1 500 万美元以下甚至没有出口的企业，提升国际市场的开拓能力。

2010 年我国进出口额在 4 500 万美元以下的企业，占有进出口业绩企业总数的 97.1%，而进出口规模占总额的比重仅 28.1%，由此反映出我国中小企业开拓国际市场的能力仍然较低。为此，根据外经贸形势发展的需要，考虑我国中小企业开拓国际市场能力的现状，2010 年，财政部和商务部重新制定了《中小企业国际市场开拓资金管理办法》（财企 [2010] 87 号），扩大了支持范围，加大了支持力度，将支持对象的标准由原来的出口额在 1 500 万美元以下提高至进出口额在 4 500 万美元以下。

2. 政策内容

（1）支持内容。中小企业国际市场开拓资金的主要支持内容包括：参加境外展览会；企业管理体系认证；各类产品认证；境外专利申请；国际市场宣传推介；电子商务；境外广告和商标注册；国际市场考察；境外投（议）标；企业培训；境外收购技术和品牌等。

（2）项目类型。项目类型分企业项目和团体项目两类：中小企业独立开拓国际市场的项目为企业项目；企、事业单位和社会团体组织中小企业开拓国际市场的项目为团体项目。

优先支持两个方面：一是面向拉美、非洲、中东、东欧、东南亚、中亚等新兴国际市场的拓展；二是取得质量管理体系认证、环境管理体系认证和产品认证等国际认证。

3. 支持方式

该政策自实施以来，一直采取部分无偿资助的方式，支持金额原则上不超过项目支持内容所需金额的50%。对中、西部地区和东北老工业基地的中小企业，以及面向拉美、非洲、中东、东欧、东南亚、中亚等新兴国际市场拓展的支持比例可提高到不超过70%。

4. 申请条件

（1）团体项目的申请须具备以下条件：

①具有组织全国、行业或地方企业赴境外参加或举办经济贸易展览会资格；

②通过管理部门审核具有组织中小企业培训资格；

③申请的团体项目应以支持中小企业开拓国际市场和提高中小企业国际竞争力为目的；

④未拖欠应缴还的财政性资金。

（2）企业项目的申请须具备以下条件：

①在中华人民共和国境内注册，依法取得进出口经营资格的或依法办理对外贸易经营者备案登记的企业法人，上年度海关统计进出口额在4 500万美元以下；

②近三年在外经贸业务管理、财务管理、税收管理、外汇管理、海关管理等方面无违法、违规行为；

③具有从事国际市场开拓的专业人员，对开拓国际市场有明确的工作安排和市场开拓计划。

5. 申请程序与方式

所有申请中小企业开拓国际市场资金的企业，均可通过网络管理系统在线申请（smeimdf. mofcom. gov. cn），具体申请方法可参见网站相关内容。

（1）中央项目组织单位组织中小企业（3省市及以上）参加境外经济贸易展览会或进行培训，可按规定向商务部和财政部提出项目申请。商务部、财政部按规定审核后，由财政部按照国库管理要求拨付资金。

（2）企业项目及地方项目组织单位组织本地区中小企业参加境外经济贸易展览会或进行培训，按规定向地方商务和财政部门提出项目申请。地方商务、财政部门按规定审核后，由地方财政部门按照国库管理要求拨付资金。

已批准支持的团体项目，参加该项目的中小企业不得以企业项目名义重复申请同一项目或内容的中小企业国际市场开拓资金支持。

（三）运行机制

中小企业国际市场开拓资金由财政部门和商务部门共同管理。商务部门负责市场开拓资金的业务管理，提出市场开拓资金的支持重点、年度预算及资金安排建议，会同财政部门组织项目的申报和评审。

财政部门负责市场开拓资金的预算管理，审核资金的支持重点和年度预算建议，确定资金安排方案，办理资金拨付，会同商务部门对市场开拓资金的使用情况进行监督检查。

省级财政部门和商务部门可根据《中小企业国际市场开拓资金管理办法》（财企〔2010〕87号），结合工作实际制定本地区市场开拓资金的具体实施办法，结合本地区实际情况，研究确定支持重点和支持额度，以加快地方财政的预算执行进度，充分发挥财政资金的使用效益。各地每年应对中小企业国际市场开拓资金的执行情况进行总结和效益评价分析。

（四）成效

中小企业国际市场开拓资金政策，对支持我国外贸出口、开拓多元化新兴国际市场、促进民营经济快速发展、提高中小企业国际竞争力等方面发挥了积极的促进作用。十年来，中小企业开拓国际市场资金，支持项目43.3万个，直接受益企业12.1万家，受益企业的累计出口额达1.7万亿美元，注册就业人口6 600万人，取得了良好的经济和社会效益。支持项目数量由2001年的5 486个增加到2010年的84 494个，增长15倍多。直接受益企业（不重复计算）由2001年的3 191家增加到2010年的44 021家，增长近14倍。在43.3万个项目中：境外展览项目128 023个，境外市场考察项目93 429个，国际市场宣传推介项目70 107个，电子商务项目40 165个，产品认证项目35 886个，管理体系认证项目32 400个，境外广告商标注册项目24 009个，企业培训项目5 006个，境外投议标项目2 075个，国际市场分析项目2 037个，境外专利申请项目（2010年新增项目）149个，境外收购技术品牌项目（2010年新增项目）33个。在中小企业开拓国际市场资金支持下，从零出口到有出口的企业占受益企业的24.2%；出口额超过1 500万美元的企业占受益企业的14.9%。同时，该政策重点支持没有海外商务经验的企业参加海外活动，实现国际化零的突破，并取得了七个第一次：有50.6%的企业第一次赴境外参展，有38.9%的企业第一次进行各类认证，有38.2%的企业第一次从事境外宣传，有32.3%的企业第一次建立企业网站，有28.2%的企业第一次参加境外考察，有15.1%的企业第一次在境外注册商标，有13.3%的企业第一次获得订单成交。

中小企业开拓国际市场资金，经过10年的发展，积累了颇具特色的管理经验，形成了一整套行之有效的独有特点：

（1）导向鲜明。在资金支持比例原则上，不超过所支持项目所需金额的50%，但为扶持中、西部地区和东北老工业基地的中小企业开拓国际市场，支持比例由50%提高到70%。这对中、西部地区和东北老工业基地的广大中小企业开拓国际市场具有重要的政策导向性。

（2）运作规范。作为我国第一个公开支持企业开拓国际市场的财政性政策措施，为我国提高外贸政策的透明度、建立符合世贸组织规则和国际通行做法的出口促进体系树立了典范。

（3）机制科学。商务部、财政部分别实行业务管理和资金管理相结合的管理体制，两者相互制约、相互协调，确保了资金的定向使用、科学管理和有效监督。

（4）支持广泛。对于企业开拓国际市场的诸多活动提供广泛支持，满足了中小企业开拓国际市场的需要。

（5）适用普遍。对遍及全国的中小企业出口提供支持，充分体现了该资金的公共性和普惠性。

（6）使用公平。第一次引入非政府机构参与出口促进资金政策的运行和管理，体现了运行过程的公开、公正和公平性。

（7）手段先进。中小企业开拓国际市场资金开发应用了网络管理系统（smeimdf. mofcom. gov. cn），集政策宣传、企业申报、项目审批、公示管理、资金拨付、情况通报于一体，既方便企业，又提高效率。

三、促进区域外经贸协调发展政策

（一）产生背景

2000年，中央实施西部大开发战略，为支持西部地区、中部地区以及东北老工业基地外经贸事业的发展，财政部、原外经贸部先后印发了《西部地区外经贸发展促进资金管理暂行办法》（［2000］外经贸计财发第612号）、《关于做好中西部地区外经贸发展促进资金管理工作的通知》（商规财［2004］102号），并明确中部地区的资金管理比照已下发的西部地区办法执行（商规财［2004］35号）；东北老工业基地外贸发展专项资金按照《商务部、财政部关于做好促进东北老工业基地外贸发展专项资金使用管理工作的通知》（商规发［2004］295号）。作为中央对地方的专项转移支付，上述文件规定了资金的使用原则和使用方向、分配原则、管理程序与要求等，主要由省级财政、商务主管部门共同制定具体资金管理办法，支持中、西部地区和东北老工业基地的外经贸事业发展。

（二）主要内容

1. 支持对象

西部地区。按照《国务院办公厅转发国务院西部开发办关于西部大开发若干政策措施意见的通知》（国办发［2001］73号）《国务院西部地区开发领导小组办公室关于对原海南黎族苗族自治区所辖市县给予有关政策支持的函》（国西办综［2003］38号）、《国务院西部开发办关于张家界市一县两区比照享受西部开发有关政策的复函》（国西办综［2006］42号），享受政策支持的西部地区包括：重庆、四川、贵州、云南、西藏、陕西、甘肃、宁夏、青海、新疆、内蒙古、广西（省、自治区、直辖市、计划单列市）等12个地区并包括新疆生产建设兵团。吉林省延边朝鲜族自治州、湖北省恩施土家族苗族自治州、湖南省湘西土家族苗族自治州，及海南省的6个民族自治县（包括琼中、保亭黎族苗族自治县，昌江、白沙、陵水、乐东黎族自治县）以及东方市、五指山市，湖南省张家界市桑植县、永定区、武陵源区，比照享受西部优惠政策。

中部地区。按照《中共中央、国务院关于促进中部地区崛起的若干意见》（中发［2006］10号），享受政策支持的中部地区包括：山西、安徽、江西、河南、湖北、湖南6省。

东北老工业基地。按照《中共中央、国务院关于实施东北地区等老工业基地振兴战略的若干意见》（中发［2003］11号），享受政策支持的东北老工业包括：黑龙江、吉林、辽宁、大连三省一市。

2008年，为贯彻"十七大"继续实施区域发展总体战略，逐步缩小我国外经贸区域发展差距，结合财政外经贸资金整合的要求，针对我国外经贸战略的发展变化,以及上述三项资金因素分配因素不完全一致等情况,财政部会同商务部将原有的西部外经贸发展促进资金、中部外经贸发展促进资金和东北老工业基地外贸发展资金整合为外经贸区域协调发展促进资金。为规范资金管理和使用,两部联合下发了《外经贸区域协调发展促进资金管理暂行办法》(财企〔2008〕118号)。

根据《国务院关于支持福建省加快建设海峡西岸经济区的若干意见》(国发〔2009〕24号)和《国务院关于推进海南国际旅游岛建设发展的若干意见》(国发〔2009〕44号),从2010年起,将海南全省及福建省、厦门市的中央苏区县、革命老区,也列入了外经贸区域协调发展促进资金支持的地区范围。

2. 政策内容

(1)支持原则:坚持符合WTO的基本规则和国际惯例;符合公共财政的要求;坚持经济效益与社会效益并重原则;符合本地区外经贸形势发展的需要;符合公开、公正、规范、科学运作原则。

(2)支持内容:企业开拓国际市场;支持企业自主创新,提高企业国际竞争力;支持进出口结构调整,促进服务贸易发展;支持开展对外经济技术合作;支持承接国际产业梯度转移;支持国际间经贸学术、人员交流合作等,促进外经贸能力建设;支持外经贸信息服务体系建设,搭建贸易促进信息平台;支持外经贸领域重大课题的研究与论证;支持贸易便利化环境建设以及其他有利于促进本地区外经贸发展的事项。

(三)运行机制

财政部门和商务部门是本地区区域协调发展资金的主管部门。商务部门负责确定区域协调发展资金的支持重点,提出资金使用计划,会同财政部门组织项目申报和评审。财政部门负责审核区域协调发展资金的支持重点和使用计划,提出区域协调发展资金的监管要求和确定拨付程序,会同商务部门对区域协调发展资金的使用情况进行监督、检查。

外经贸区域协调发展促进资金由财政部、商务部共同管理并制定资金分配原则,无偿分配有关地区的使用。中央对地方资金的分配,采取因素法切块下达地方。

有关地区财政部门会同商务部门,按照《外经贸区域协调发展促进资金管理暂行办法》(财企〔2008〕118号)的要求并结合本地区的实际情况,共同制定管理科学、程序严谨、操作性强的具体实施细则。

区域协调发展资金实行项目管理,有关地区商务部门应建立项目库,并进行科学管理。应建立专家评审委员会，受商务、财政部门委托，对项目进行评审。商务部门、财政部门根据本地区的实施细则和资金总量共同确定年度项目计划，并于区域协调发展资金下达后的 2 个月内报财政部、商务部。年度项目计划上报后原则上不得随意调整。对于违反本办法规定的项目计划，财政部、商务部可要求有关地区修改后重新上报。

项目计划及评审结果应在省级商务部门政府网站上公示。公示内容包括：项目名称、实施单位、效果目标等，以便接受有关部门和社会监督。对已获得区域协调发展资金支持的项目，应建立项目跟踪检查和效益评估制度，对区域协调发展资金项目实施全过程管理，不断完善管理实施细则，提高资金使用效率。

（四）成效

外经贸区域协调发展促进资金资金的使用安排，极大地改善了中、西部地区和东北老工业基地的投资环境，扩大了东中西部地区经济合作，缩小了区域间的外经贸发展差距，有力地促进了区域协调发展。2010 年我国中西部地区货物贸易进出口额与 2000 年相比，平均增长速度均高于全国同期增长速度，尤其是四川省、江西省、甘肃省、广西壮族自治区和云南省，2010 年货物贸易进出口额分别比 2000 年增长 10.8 倍、9.6 倍、9.5 倍、6.7 倍和 6.1 倍，远高于全国进出口增长 5.3 倍的水平。货物贸易进出口额的快速增长，不仅有效促进了当地外经贸事业发展，也对我国中西部地区进一步提高对外开放水平，积极参与境内、境外市场竞争，优化资源配置，提高劳动生产率发挥了积极作用。

四、鼓励扩大进口政策

（一）产生背景

2001 年我国加入 WTO 以来，我国对外贸易飞速发展，2004 年外贸进出口总额超过 1 万亿美元大关，成为仅次于美国和德国的"世界贸易第三大国"。2005 年、2006 年，进出口总额分别达 1.4 万亿美元、1.76 万亿美元，并连续保持两位数以上的高速增长，表明我国的综合国力逐步增强和国际竞争力逐步提高。同时，我国外汇储备也由 2004 年底的 6 099 亿美元，迅速增至 2006 年底的 10 663 亿美元，并且于 2006 年 2 月底首次超过日本成为全球第一。这也带来人民币升值压力、贸易摩擦增多等问题。为了引导和促进国内产业结构调整，提升国内企业自主创新能力，平衡国际收支，2007年国务院总理温家宝在第十届全国人民代表大会第五次会议上的《政府工作报告》中指出：要增加能源、原材料以及先进技术装备、关键零部件进口。同年9月，国家发展改革委、财政部、商务部联合印发了《鼓励进口技术和产品目录（2007年版）》（发改工业［2007］2515号），财政部、商务部也联合下发了《进口贴息资金管理暂行办法》（财企［2007］205号），并明确运用财政资金对企业以一般贸易方式进口属于《鼓励进口技术和产品目录》范围的产品给予贴息支持。

（二）主要内容

1. 政策内容

为减少行政管理成本，减轻企业上报材料的负担，提高资金兑现效率，《进口贴息资金管理暂行办法》（财企［2007］205号）第六条规定，进口贴息以进口额作为计算贴息的本金。这样规定主要考虑，在实际进口业务中，企业的银行贷款往往是综合性的，除合同有明确的约定外，一般很难分清哪笔贷款是用于进口或专项用于符合目录的进口业务；而国家进口贴息的目的是鼓励进口，是否具备符合《鼓励进口技术和产品目录》的进口才是鼓励的核心。因国家并不包揽资助所有的利息费用，只是采取部分的资助方式，降低企业进口成本，以实现鼓励和引导扩大进口的目的。因此，没有必要对企业的银行贷款合同或付息凭证进行逐一审核，直接将企业实际的进口额折算为计算贴息的本金，审核企业是否具有以一般贸易方式符合《鼓励进口技术和产品目录》内容的进口实绩，就可实现维护财政资金安全的目的。这样既便于监管，也方便企业申报。因此，即使企业没有银行借款，没有发生贷款利息支出，只要实际进口了符合国家鼓励进口的技术和产品，就可以申请享受并获得相应的贴息资助。国家鼓励进口，既鼓励企业使用银行贷款开展进口，也鼓励企业使用自有资金开展进口，更能够体现鼓励政策的公平。出于对资金安全的考虑，当年度进口贴息以企业上年度进口实绩进行考核并资助。

国家鼓励进口的技术和产品，是指国内尚未掌握的先进技术和国内尚不能研发制造或者所需制造、开采成本太高而又急需使用的设备、关键零部件及重要原材料等。

按照《鼓励进口技术和产品目录（2007年版）》，其具体内容包括四部分：第一部分是鼓励引进的先进技术，共44项，主要是指国内尚未掌握的先进装备设计制造技术、农林类先进技术、国家批准或核准的重点建设工程引进的先进技术；第二部分是鼓励进口的重要装备，共 106 项，是指国内尚不能研发制造的、各领域急需的重要装备；第三部分是鼓励发展的重点行业，共 66 项，主要是从《产业结构调整指导目录（2005 年本）》鼓励类目录，以及《国务院关于加快振兴装备制造业的若干意见》确定重点支持的 16 项重大专项中选择的重点行业；第四部分是资源性产品、原材料，共 11 项。

《鼓励进口技术和产品目录》内容并非固定不变，随着我国自主研发制造能力及生产力水平的变化而不断调整。上面介绍的是《鼓励进口技术和产品目录（2007 年版）》（发改工业［2007］2515 号）的内容。2009 年，国家发展改革委、财政部、商务部下发了《鼓励进口技术和产品目录（2009 年版）》（发改产业［2009］1926 号），对原 2007 年版目录进行了修订，主要修订内容是：

第一部分鼓励引进的先进技术：原目录 44 项，对其中的 6 项技术细化为 56 项（其中 2 项的原条目修改后继续保留），对原目录的 7 项技术进行了修改，删除 6 项，新增 90 项，无变动保留 27 项，调整后的技术目录共 178 项。

第二部分鼓励进口的重要装备：原目录 106 项，产品名称或参数有修改的有 7 项，删除 21 项，新增 62 项，无变动保留 78 项，调整后的重要装备和关键零部件目录共 147 项。

第三部分鼓励发展的重点行业：原目录 66 项，删除 28 项，新增 8 项，无变动保留 38 项，调整后的重点行业目录共 46 项。

第四部分资源性产品、原材料：原目录 11 项，增加参数要求的 3 项，删除 2 项，新增 3 项，无变动保留 6 项，调整后的资源性产品、原材料目录共 12 项。

上述发改产业［2009］1926 号文件以及财企［2007］205 号均可以分别从以下网站上查找并下载：

网址一：国家发展改革委官方网站

http：//www.ndrc.gov.cn/zcfbtz/2009tz/t20090831_299015.htm

网址二：财政部官方网站

http：//www.mof.gov.cn/zhenwuxinxi/caizhengwengao/caizhengwengao2007/caizhengwengao200712/200805/t20080519_28777.htm

《鼓励进口技术和产品目录（2011 年版）》已于 2011 年 4 月 29 日发布。有关具体内容也可以通过相关网站查阅并下载。

2. 申请条件

企业申请进口贴息，首先应该具备资格条件。财政部、商务部印发的《进口贴息资金管理暂行办法》（财企［2007］205 号）第五条，明确了企业申请进口贴息的条件。从企业资格而言，只要符合近三年没有违法违规的行为，无恶意拖欠国家政府性资金行为的企业，均可以申请。当然，申请企业必须具有以一般贸易方式符合《鼓励进口技术和产品目录》内容的进口实绩。对产品进口而言，进口实绩是指在自然日历年度（1月1日至12月31日）期间已经完成进口报关；对技术进口而言，进口实绩是指在自然日历年度（1月1日至12月31日）期间执行了技术进口合同，并取得银行出具的付汇凭证。为发挥国家财政资金的作用，对已经列入国家其他贴息计划的进口产品、技术的；技术进口合同中含有违反《中华人民共和国技术进出口管理条例》（国务院令第331号）规定的；以及《鼓励进口技术和产品目录》中"鼓励发展的重点行业"项下的设备，已经列入《国内投资项目不予免税的进口商品目录》的，不得申请进口贴息。

按照《进口贴息资金管理暂行办法》（财企〔2007〕205号）第六条的规定，企业获得的进口贴息额是以进口额作为计算贴息的本金（技术进口按付汇额），乘以进口每美元的贴息系数来确定。进口贴息系数由财政部和商务部在年度贴息资金总额内确定。具体是按照上年度实际符合《鼓励进口技术和产品目录》进口额，分先进技术、重要设备、鼓励发展的行业、资源四大类别，分别测算确定。

3. 申报要求

进口贴息政策涉及面广，财政部、商务部每年在组织申报时，均会联合发布一个《关于做好××年度进口贴息资金申报工作的通知》（以下简称"年度通知"），在明确有关要求的同时，也会明确申报的截止日期。如：2011年的"年度通知"——《关于做好2011年度进口贴息资金申报工作的通知》（财企〔2011〕62号），可以在财政部网站主页的通知公告栏中查阅并下载。

企业申请贴息应当提供《进口贴息资金管理暂行办法》第七条规定的七类资料。同时，企业在申报时，应学习领会当年度的通知要求。因为《进口贴息资金管理暂行办法》作为基本制度，只对基本的原则、程序等做出规定，而实际执行过程中会出现各种各样的问题，因此，在"年度通知"中往往会针对个别的问题进行调整或完善。如：申请技术进口贴息，从2009年起就由《办法》中规定的付汇单位变更为技术进口合同登记证书上技术使用单位。在《关于做好2011年度进口贴息资金申报工作的通知》中再次予以明确。按《办法》要求，技术进口贴息资金申请材料本应由付汇单位申报，这样做是便于审核申报材料的真实性和准确性。但经过实践，多数技术进口企业反映，技术进口最好由最终用户申报，因为很多技术进口是由代理方付汇的，而代理方有可能因种种原因，不愿意将贴息资金划转给最终用户，或者干脆不予申报，最终用户可能得不到国家的贴息资金支持。商务主管部门也认为应当对此进行更改。为了使进口贴息政策更加符合实际，财政部、商务部从2009年起，在通知中明确：技术进口贴息申请，改由最终用户申报。

所有材料在规定时间内准备好后，应在规定的申报截止时间前，报送至企业所在地的财政主管部门、商务主管部门。

（三）运行机制

在"年度通知"规定的上报截止时间内，属于中央管理企业的，向财政部（企业司）、商务部（财务司、产业司）报送；属于地方企业的，报送到所在省、自治区、直辖市、计划单列市及新疆生产建设兵团财政和商务主管部门。如果企业所在地为省级以下市、县的，应由省级财政和商务主管部门做出相应的规定。一般情况下，在财政部和商务部"年度通知"下发后，各省级财政、商务主管部门会随后转发并在相关转发的通知中予以明确。逾期各商务、财政主管机构不予受理。

财政部和商务部共同委托专门机构对地方商务和财政主管机构及中央管理企业报送的材料进行审核。对审核后符合要求的企业下达贴息资金。财政部门按照财政国库管理制度规定拨付相应资金。企业收到贴息资金后，按照现行规定进行财务处理。

财政部和商务部共同负责进口商品贴息的追踪问效工作。各省、自治区、直辖市及计划单列市商务和财政主管部门应定期对进口贴息资金的执行情况进行监督、检查，确保贴息资金及时到位，并负责于每年5月1日前向商务部和财政部联合报送上年度贴息资金使用报告。报告应包括贴息资金的拨付、使用、使用效益等情况的汇总分析和评价。

（四）作用

1. 进口贴息政策体现了国家对先进技术设备和重要原材料进口的鼓励、导向

进口贴息政策的基础是《目录》，现行《鼓励进口技术和产品目录（2009年版）》包括的都是先进技术、国内不能制造的关键设备和重要原材料，体现了国家鼓励进口意图，对国内企业进口将发挥重要引导作用。

2. 带动了一般贸易的增长，促进了贸易平衡

2010年，我国一般贸易进出口14 887.1亿美元，增长39.9%，高于当年全国进出口增速5.2个百分点，占当年我国进出口总值的50.1%。其中出口7 207.3亿美元，增长36%，高于当年全国出口总体增速4.7个百分点，占当年出口总值的 45.7%；进口 7 679.8 亿美元，增长 43.7%，高于当年全国进口总体增速 5 个百分点，占当年进口总值的 55.1%。一般贸易项下出现贸易逆差 472.5 亿美元，较 2009 年增长 9.5 倍，而 2008 年则为顺差。表明财政连续三年对符合《鼓励进口技术和产品目录》一般贸易进口的进口贴息政策，在促平衡中的作用显现。

3. 引导了产业结构调整方向，有利于促进产业结构优化升级

进口贴息政策所鼓励的都是新能源、环保、电子、数控机床等方面的先进技术，数控机床、冶炼设备、化工、纺织、发电等方面的重要设备及关键零部件，以及能源、车辆、船舶、航空、数控机床、环保、电子等重点行业。在这些领域给予进口贴息，体现了政策的导向，扶持了这些产业的发展，进而起到促进产业结构调整和优化升级的作用。

4. 提升了国内自主创新的能力，推动了装备制造业的发展

贴息资金着重强调了对研发机构、企业技术中心、重点实验室和中试基地进口设备和仪器的支持。企业在开发具有自主知识产权设计方案的基础上，通过引进先进设备和精密仪器，不仅提升了研发能力，缩短了研发周期，也加快了自主创新产品的投产进度，实现集成创新的突破，推动装备制造业的发展。

5. 提高了企业生产效率，推动了节能减排目标的实现

采用国外先进的技术设备，不仅是企业降低能耗成本、提高生产效率的内在要求，更是企业应对能源紧张、原材料价格上涨压力，提高经济效益的实际需要，同时将有助于实现节能减排的目标。

6. 缓解了稀缺资源性产品的供应紧张，促进企业积极利用海外资源

在原油价格不断上涨、国际矿产品运输费用大幅提高的环境下，对稀缺资源性产品的进口给予贴息支持，能有效降低进口成本，提高企业进口的积极性，在一定程度上缓解了我国稀缺资源不足的压力，促进了国家积极利用海外资源战略的实施。

五、支持企业"走出去"政策

（一）产生背景

"走出去"这一提法是江泽民同志 1997 年 12 月《在接见全国外资工作会议代表时的讲话》中首次提到：我们不仅要积极吸引外国企业到中国来投资办厂，也要积极引导和组织国内有实力的企业走出去，到国外去投资办厂，利用

当地的市场和资源……"引进来"和"走出去",是我们对外开放方针的两个紧密联系、相互促进的方面,缺一不可。

"走出去"形成国家战略,是在 2000 年 10 月党中央十届五中全会上通过的《关于制定国民经济和社会发展第十个五年计划的建议》,《建议》指出:实施"走出去"战略,努力在利用国内外两种资源、两个市场方面有新的突破。

(二) 主要内容

财政支持企业"走出去"的政策内容包括:(1) 对外承包工程保函风险专项资金;(2) 对外经济合作专项资金;(3) 中央国有资本经营预算境外投资资金。

1. 对外承包工程保函风险专项资金政策

2001 年,为解决企业承揽对外承包工程项目开立保函资金困难问题,财政部和商务部联合印发了《对外承包工程保函风险专项资金管理暂行办法》(财企 [2001] 625 号),2003 年又颁发了《对外承包工程保函风险专项资金管理暂行办法补充规定》(财企 [2003] 137 号)。

(1) 政策内容。对外承包工程保函风险专项资金是 2001 年取消国际经济合作资金后,为支持对外承包工程的发展设立的。主要是对符合规定的对外承包工程项目开具的投标保函、履约保函、预付款保函提供担保、垫支赔款。目前仍在执行,具体业务采取委托中国银行承办的方式运作。

(2) 申请开具保函应具备的条件。企业作为国际工程承包项目中的承包方,都可以申请使用对外承包工程保函风险专项资金开具保函。但应具备以下条件:

①经商务部批准,具有对外经济合作经营资格并在工商行政管理部门登记注册的企业法人;

②资产总额在 8 000 万元人民币(含)以上,所有者权益在 1 500 万元人民币(含)以上,连续两年盈利;

③未发生拖欠或挪用各类国家专项基金、资金及其他违法违规经营纪录;

④同一企业使用专项资金开立保函的累计余额不得超过 3 000 万美元,对承接发展前景良好、确有经济效益的特大型对外工程项目的企业不得超过 4 000 万美元。

(3) 申请开具保函的流程、程序。中央管理的在京企业向中国银行总行或北京分行提出申请,各地方企业及在地方的中央管理企业向当地或就近的中国银行授权分行提出申请。企业提出保函申请要提供：

①申请人填写开立保函申请书或开立保函合同；

②申请人提交合同相关的基础材料、《对外承包工程项目投（议）标许可证》、项目可行性分析报告；

③申请人提交银行要求的其他必需的材料。

中国银行总行及授权分行对客户资质、基础交易、相关材料进行审查，并由中国银行总行批准后开出保函。

(4) 开立保函发生赔付时的处理。在保函有效期内一旦发生受益人索赔的情况，中国银行会及时通知申请人，经担保行审核索赔单据并确认与保函索赔条款的要求相符后即履行付款责任。如申请人无力支付索赔款，可向中国银行提出使用保函风险专项资金垫支的申请。中国银行在规定的工作日内完成资金的对外垫付工作。

发生垫支赔付的企业，应在中国银行对外支付垫款之日起15日内归还垫付款，如未能按期归还，在180天内按中国银行公布的同期外汇贷款利率缴纳保函风险专项资金占用费；超过180天按中国银行公布的逾期外汇贷款利率缴纳保函风险专项资金占用费。

2. 对外经济技术合作专项资金政策

2005年，财政部和商务部将原援外合资合作项目资金、对外承包工程贴息资金、对外经济合作周转金等整合，下发了《关于印发〈对外经济技术合作专项资金管理办法〉的通知》（财企［2005］255号），每年下发当年申报的通知。

(1) 政策内容。企业从事对外经济技术合作业务都可以申请对外经济合作专项资金支持。对外经济合作业务包括：境外投资、境外农、林、渔、矿业合作、对外承包工程和对外劳务合作。

境外投资是指在我国依法设立的企业，通过新设、并购等方式在境外设立非金融企业或取得既有非金融企业的所有权、控制权、经营管理权等权益的行为。

境外农业合作是指我国企业通过开办企业、购买或租赁土地等方式在境外开展的农作物与经济作物种植、畜牧养殖、农产品加工、销售等方面的经营活动。

境外林业合作是指我国企业通过签订合同（协议）、购买林权或采伐许可证、兴办企业等方式在境外开展的林木种植、采伐、更新及木材加工、回运等方面的经营活动。

境外渔业合作是指我国企业通过签订合同（协议）、购买捕捞许可、开办企业、派出渔船等方式，在境外从事的渔业捕捞、养殖、加工、销售及相关产业的开发等方面的经营活动。

境外矿业合作是指我国企业通过在境外投资设立企业或直接以购买矿权、产能投资、专项经营许可、资源偿付等方式，从事矿产资源勘查、开发和加工等经营活动。

对外承包工程是指我国企业或者其他单位承包境外建设工程项目，包括咨询、勘察、设计、监理、招标、造价、采购、施工、安装、调试、运营、管理等活动。

对外劳务合作是指经商务部批准的有对外劳务合作经营资格的企业与国（境）外允许招收或雇用外籍劳务人员的公司、中介机构或私人雇主签订合同，并按合同约定的条件有组织地招聘、选拔、派遣我国公民到国（境）外为外方雇主提供劳务服务并进行管理的经济活动。

（2）支持方式和标准。对外经济技术合作专项资金支持方式，包括直接补助和贷款贴息两大类。直接补助包括前期费用、资源回运运保费、"走出去"人员人身意外伤害保险、境外突发事件处置费用、境外研发中心专利注册费用、外派劳务人员的适应性培训费用。

专项资金的支持标准：

对不超过项目中方投资额或合同额15%的前期费用给予支持，且支持比例不超过可享受支持的前期费用的50%；合作产品运回国内，对从境外起运地至国内口岸间的运保费，按不超过企业实际支付费用的20%给予补助。

对在境外开展对外经济技术合作业务的企业，为其在外工作的中方人员，向保险机构投保的人身意外伤害保险费用予以补助，每人最高保险金额不超过50万元人民币，支持比例不超过实际保费支出的50%。

对我国企业境外研发中心的国外专利注册费用予以补助，支持比例不超过实际注册费用的50%。

对开展对外劳务人员适应性培训的企业，根据实际培训并派出人数，每人补助不高于500元。

对累计享受3年对外经济合作专项资金贴息的项目，不再给予贴息。

（3）申请条件。

①在中华人民共和国境内依法登记注册，具有独立企业法人资格；

②已取得国家有关部门批准（核准或备案）开展对外经济技术合作业务资格的批准文件；

③近5年来无违法违规行为；

④在本通知规定的申报截止日前，已缴回拖欠的应缴还财政资金借款本金；

⑤按照《对外直接投资统计制度》（商合发〔2008〕529号）、《对外承包工程业务统计制度》、《对外劳务合作和境外就业业务统计制度》（商合发〔2008〕511号）、《商务部外交部关于印发〈对外投资合作企业在外人员相关信息备案制度〉的通知》（商合发〔2010〕419号）和《商务部关于启用外派劳务人员基本信息数据库的通知》（商合发〔2007〕36号）规定，向对外经济技术合作业务主管部门报送所开展业务的统计资料及填报相关信息。

（4）审批程序。中央管理企业可以通过集团公司（总公司）将资金申请文件直接报送财政部和商务部，地方企业可以通过省级财政部门和商务部门报送。

财政部和商务部收到中央企业和地方主管部门的申请报告后，委托商务部对外投资促进局对材料进行必备要件的初审，初审合格后移交中介机构进行审核。商务部依据中介机构出具的审核报告，向财政部提出资金拨付申请，财政部按照国库集中支付的要求拨付资金。

（三）主要成效

自21世纪初开始实施"走出去"战略，中国企业对外投资合作发展迅速，"走出去"战略已初见成效，拓展了发展空间。截至2010年底，中国对外直接投资累计达3 172亿美元，境外企业总资产超过1万亿美元；我国对外劳务合作累计完成营业额736亿美元，签订合同额760亿美元，累计派出各类劳务人员543万人；我国对外承包工程累计完成营业额4 356亿美元，签订合同额6 994亿美元。截至目前，我国各类企业在180多个国家和地区执行着5 400多个在建项目，逐步由发展中国家开始进入发达国家投资，2010年我国企业对美国和欧盟的直接投资分别实现了44%和101%的增长，在境外发展的空间大大拓展，我国与世界经济的联系越来越紧密。

六、支持国际服务外包业务发展政策

（一）产生背景

1. 背景

在经济全球化深入发展的推动下，世界服务贸易迅速发展，在世界经济中的地位日益提高。服务贸易日益成为各国关注和竞争的焦点，其发展程度已经成为衡量一个国家综合国力的重要指标。但我国服务贸易的发展水平仍处于起步阶段。2005年，中国服务业占GDP的比重为41%，远低于发达国家72%的水平，甚至低于发展中国家52%的平均水平。

"十一五"初期，以现代服务业以及研发和高端制造环节转移为主要特征的新一轮世界产业结构调整正在兴起，服务外包成为服务业全球化的重要标志。服务外包的不断扩大，不仅成为跨国公司竞争战略的核心，也改变着各国在国际产业链和价值链中的位置。承接国际服务外包成为发展中国家参与国际竞争的重要战略选择之一。

服务外包产业是智力人才密集型的现代服务业，具有信息技术承载度高、附加值大、资源消耗低、环境污染少、吸纳大学生就业能力强、国际化水平高等特点。大力发展服务外包，有利于转变经济增长方式，促进区域协调发展和两型社会建设；有利于优化出口结构、提高利用外资水平；有利于增加高校毕业生就业和扩大国内消费。支持和鼓励服务外包产业发展对贯彻落实科学发展观，实现"保增长、扩内需、调结构、促就业"等目标具有重要意义。

2. 建立过程

我国《国民经济和社会发展第十一个五年规划纲要》提出：鼓励外资参与软件开发、跨境外包、物流服务等。建设若干服务业外包基地，有序承接国际服务业转移。

2007年，国务院下发了《关于加快发展服务业的若干意见》（国发［2007］7号），并提出："把大力发展服务贸易作为转变外贸增长方式、提升对外开放水平的重要内容。把承接国际服务外包作为扩大服务贸易的重点，发挥我国人力资源丰富的优势，积极承接信息管理、数据处理、财会核算、技术研发、工业设计等国际服务外包业务。具备条件的沿海地区和城市要根据自身优势，研究制定鼓励承接服务外包的扶持政策，加快培育一批具备国际资质的服务外包企业，形成一批外包产业基地"。但我国服务外包产业发展仍存在诸多问题：

（1）外包业务量迅猛增长，但总规模偏低。国际服务外包"基地城市"，涌现出一大批国际服务外包接单企业，业务量均以年递增50%的速度增长。部分企业的国外订单已经饱和，甚至出现将业务再转包给其他公司。虽然增速较快，但总规模远远低于印度等服务外包大国。据对经商务部、信息产业部、科技部认定的11个服务外包基地城市625户从事服务外包企业的统计，2006年，我国承接国际服务外包的合同仅为29.02亿美元（其中信息技术外包ITO为25.21亿美元、业务流程外包BPO为3.81亿美元）。占国际服务外包量的比重不到6%，仅仅是印度2006年320亿美元国际服务外包的9%。

（2）企业规模较小，服务能力较低。北京市当时最大的服务外包企业——中软国际公司，员工有4 000多人，但这仅仅是印度拥有6万多人的Infosys公司的一个零头。主要原因是我国服务业整体发展滞后，国际化程度相对较低。印度已有300多家软件企业通过ISO9001流程标准国际认证，有上百家企业获得了国际公证的CMM5级认证。而我国2006年11个基地城市的625家服务外包承接企业，通过ISO27001认证的只有18家，通过ISO20000认证的只有17家，通过SAS70认证的7家，通过BS7799认证的8家，通过CMMI和CMM系列认证的企业分别为150、165家，但大都处于入门级CMM3阶段。

（3）人才短缺问题已成为制约我国服务外包业发展的瓶颈。当时我国服务外包业企业的业务量均成50%甚至成倍的增长，但适合从事国际服务外包的人才严重不足。据统计，2007年全国普通高校毕业生将达到495万人，其中IT专业人才达到10万以上。但高校IT专业应届毕业生就业率却普遍不高。一方面是庞大的待业人群，另一面却是缺乏适用人才的企业。国际服务外包企业均需花费大量资金，对拟录用的毕业生进行培训。这不仅增加了企业负担，也使企业把大量的精力用在了"非核心"业务的人才培训上。企业希望国家加大对外包人才培养的支持力度，减轻企业的培训负担，实现普通高等教育人才与外包企业人才的"无缝对接"。

（4）高额培训成本问题突出。对服务外包人才培训，因培训的目标、内容不同，其周期与成本也有不同。80%以上的培训集中在软件开发应用方面，培训周期为6个月，培训成本在6 000元左右。其他较普通的培训周期一般在3个月左右；高端人才培训一般均需在国外进行，成本在万元以上甚至更高。而专业高端培训则培训成本更为昂贵。以BPO外包业务需要的ERP技术培训为例，完成整个SAP财务管理中级课程的11天培训需26 000元的学费；完成整个ORACLE人力资源中级课程的15天培训，则需要27 750元的学费，这还不包括在相关开发技术方面的学费。

（5）单纯依靠高等教育和社会机构难以完全达到培训适用人才的目的。我国的服务外包人才培训的方式有两种：即社会培训机构、国内大专院校的定向培训；服务外包企业根据自身发展需要实行的委托定制培训。后一方式的培训往往更加有效。由于服务外包企业因接包任务的不断变化，服务外包发包方的要求也是随着社会发展各领域分工的不断细化而不断产生，要实现普通IT高等教育、社会培训机构人才与服务外包企业适用人才的"无缝对接"几乎不可能。尤其是国际服务外包领域，由于其高端人才产生的特性，以及服务外包企业ITO、BPO业务领域知识产权保护的要求，要实现人才→企业的"无缝对接"，只能将政策的支持重点落在承接服务外包企业本身。

针对上述问题，财政部、商务部联合上报国务院批准安排了承接国际服务外包业务发展专项资金，并联合下发了《关于鼓励和支持承接国际服务外包业务发展的意见》和《商务部、财政部关于做好2007年度支持承接国际服务外包业务发展资金管理工作的通知》（商财发［2007］343号），明确了资金支持的领域和重点、支持的标准和支持方式。2010年，针对服务外包发展过程中面临一些问题，财政部、商务部在深入调研的基础上，提出了进一步充实和完善政策体系、促进服务外包产业健康发展的新思路。在《国务院办公厅关于鼓励服务外包产业加快发展的复函》（国办发［2010］69号）后，又联合下发了《财政部 商务部关于做好2010年度支持承接国际服务外包业务发展资金管理工作的通知》（财企［2010］64号），支持政策体系不断完善。

(二) 主要内容

1. 政策内容

(1) 支持服务外包公共平台建设。服务外包公共平台是为中小服务外包企业提供软件开发、技术研发、设备与数据维护、软件和服务产品测试、人才培训、信息共享等公共服务的条件支持和服务系统，可以优化专业服务供给、减少重复投入、降低服务企业创新创业的成本和风险、提高运行效率。为充分发挥政策性资金的引导作用，中央财政分阶段、分批次、有针对性地对21个服务外包示范城市公共平台建设项目予以资金扶持，加大平台后续维护费用的扶持力度。从2010年起连续三年对服务外包示范城市服务外包公共服务平台建设给予500万元资金扶持，专项用于对产业带动作用强的服务外包公共平台建设，主要包括公共技术服务平台、公共信息服务平台和公共培训服务平台所需设备购置、运营及维护费用。

(2) 支持服务外包人才培训。服务外包企业每新录用1名大学以上学历员工从事服务外包工作并签订1年以上《劳动合同》的，给予企业每人4 500元的定额培训支持。为限制人员短期内无序流动，对被录用人员提前解除合同，并在原合同规定的1年期内，与其他服务外包企业或原企业签订新的《劳动合同》的不再予以资金支持。对服务外包培训机构培训的从事服务外包业务人才（大学以上学历），通过服务外包业务专业知识和技能培训考核，并与服务外包企业签订1年以上《劳动合同》的，给予培训机构每人500元的定额培训支持。

(3) 支持服务外包企业取得国际认证。对服务外包企业取得的开发能力成熟度模型集成（CMMI）、开发能力成熟度模型（CMM）、人力资源成熟度模型

(PCMM)、信息安全管理（ISO27001/BS7799）、IT 服务管理（ISO20000）、服务提供商环境安全性（SAS70）、国际实验动物评估和认可委员会认证（AAA-LAC）、优良实验室规范（GLP）、信息技术基础架构库认证（ITIL）、客户服务中心认证（COPC）、环球同业银行金融电讯协会认证（SWIFT）、质量管理体系要求（ISO9001）、业务持续性管理标准（BS25999）等相关认证及认证的系列维护、升级给予支持，每个企业每年最多可申报 3 个认证项目，每个项目不超过 50 万元的资金支持。

（4）加大对服务外包企业投资促进活动、海外市场开拓等财政资金支持力度。支持和鼓励服务外包企业参与国际竞争，积极开拓国际市场。对符合条件的服务外包企业海外市场开拓活动，可以享受中小企业国际市场开拓资金的支持。

2. 申请条件

（1）申请资金支持的企业必须具备下列条件：

①在中国境内注册、具有企业法人资格、依法备案登记的对外贸易经营者，且如实填报《服务外包统计报表制度》中规定的报表；

②近两年在进出口业务管理、财务管理、税收管理、外汇管理、海关管理等方面无违法行为；

③已与服务外包发包商签订中长期提供服务外包业务合同，企业年提供服务外包业务额不低于 50 万美元，其中向境外最终客户提供服务外包业务额占 50% 以上；

④具有服务外包承接能力及服务外包市场开拓和项目管理人员，大学（含大专，下同）毕业及以上学历员工占员工总数 70% 以上。

（2）申请资金支持的培训机构必须具备下列条件：

①具有服务外包人才培训的从业资格；

②具有符合条件的场地、设施、专业教材和师资力量；

③具有为服务外包企业提供定制培训的经验；

④具有健全的财务制度和合格的财务管理人员；

⑤所申报的培训项目原则上为非营利培训；

⑥上年度培训机构无虚报、瞒报等违规行为。

3. 申请材料

符合条件的服务外包企业和培训机构，可向所在城市商务主管部门提出资助申请，申请应提供以下材料：

（1）服务外包企业申请人才培训资金需提供下列材料：

①《服务外包人才培训资金补助申请表》；

②录用人员身份证明及大学以上学历证明复印件；
③被录用人员与服务外包企业签订的 1 年以上的《劳动合同》复印件；
④服务外包业务额不低于 50 万美元的凭证复印件；
⑤服务外包企业向境外最终客户提供服务外包业务额占 50%以上的业务凭证复印件。

（2）培训机构申请资金须提供下列材料：
①《服务外包人才培训资金补助申请表》；
②录用人员身份证明及大学以上学历证明复印件；
③被录用人员与符合资金申报条件的服务外包企业签订的 1 年以上的《劳动合同》复印件；
④有关部门提供的依法从业资格证明；
⑤每期项目的培训方案及课程安排；
⑥出具为服务外包企业提供定制培训的材料（含培训机构与服务外包企业签订的定制培训协议）；
⑦培训机构颁发被培训人员专业知识和技能培训考核合格证书复印件；
⑧被培训人员的培训费用缴费凭证复印件；
⑨每期培训项目成本、收费标准等明细情况；
⑩经省级（含服务外包示范城市）商务主管部门备案的培训机构的证明。

（3）服务外包企业申请国际认证补助资金还须提供下列材料：
①企业获得国际资质认证证书复印件；
②企业与相关国际认证评估顾问公司签订的合同协议复印件；
③企业缴纳认证费用凭证的复印件（包括认证费用发票和相对应的银行出具的支付凭证）。

（4）申请服务外包公共平台支持资金的示范城市须提供下列材料：
①服务外包公共平台支持资金的申请文件；
②本地区服务外包公共平台资金具体管理和使用办法。

（5）服务外包企业申请中小企业国际市场开拓资金支持，应按照中小企业国际市场开拓资金相关规定申报。

4. 申报程序

承接国际服务外包业务发展资金申请，采取网上和书面申请相结合的方式，并建立分级负责制，以保障资金安全。

申报企业应指定专人登录商务部"服务外包及软件出口信息管理系统"（www.fwwb.gov.cn）网站，可随时直接向商务部和所在城市商务主管部门同时填报申报材料。同时，将电子材料汇总后编制申报情况汇总表及明细表，编制索引（即将申报的材料与明细表对应编制索引），并将填报的纸质材料与电子材料核对一致，企业相关负责人签字和加盖公章后报商务、财政主管部门。

符合条件的服务外包企业的分支机构，由其具有独立法人资格的总公司向总公司所在地的商务和财政部门统一申请财政资金支持。

（三）运行机制

省级以下由商务主管部门指派专人受理申报单位的电子和纸质材料，进行对照审核，形成审核记录，报同级财政主管部门审核，并以电子和纸质两种方式上报省级商务主管部门。

省级商务主管部门对上传的电子材料与上报的纸质材料进行对照审定，形成审定记录，由指定的受理人员和商务部门主管领导签字盖章，报同级财政主管部门审定；对最终通过的申报材料进行汇总，编制索引，编写审定情况总结，填写审定部门意见表，由商务主管部门领导签字盖章后，以电子和纸质两种方式上报商务部、财政部。

省级商务和财政主管部门按照规定填写相关申请材料，在规定的时间内向商务部、财政部上报资金申请。申报材料包括《年度服务外包企业录用人员汇总表》、《年度服务外包人才培训资助汇总表》、《年度服务外包企业国际认证资助汇总表》、服务外包业务发展资金材料审定部门意见表以及相关申报材料。

财政部会同商务部聘请中介机构对各地上报的申请进行核查，确定支持金额。财政部于年度内按照预算级次将支持资金拨付至各省级财政部门，由省级财政部门按照国库管理规定拨付至服务外包企业和培训机构。

各地财政、商务主管部门要加强财政资金的审核监督管理，确保资金准确及时到位。对申办企业报送的资金拨付申请要按《档案管理法》的规定将有关纸质材料妥善保管，以备核查。

各级财政部门要加强预算资金的监督管理。严禁任何单位骗取、挪用或截留资金；不得虚报、瞒报、拒报、迟报，不得伪造、篡改服务外包统计信息。对违反规定的单位，财政部将全额收回资金，取消其以后年度申请资格，并按《财政违法行为处罚处分条例》（国务院令第427号）和《中华人民共和国统计法》予以处理；情节严重或触犯国家法律的，依法追究相关人员或单位的责任。

（四）成效

自2007年以来，支持国际服务外包业务发展政策实施效果显著，有力地促进了我国服务外包产业的发展。

一是有效促进了大学生就业。服务外包企业每新招聘 1 名大学生,连同地方配套资金总计可得到 10 000 元左右的培训支持资金,基本覆盖了企业用工培训成本,大幅度减轻了企业负担,基本满足了服务外包企业对初级人才的需求,极大地促进了大学生就业,得到了业界的普遍欢迎和高度认可。截至 2011 年 9 月,全国服务外包企业达到 15 417 家共有从业人员 286.1 万人,其中大学学历(含大专)人员 204.1 万人,占 71.4%。

二是有力地推动了服务外包产业的发展。2010 年我国承接国际(离岸)服务外包执行额 144.5 亿美元,比 2006 年合同金额增长了近 4 倍;同比增长 43.1%;2011 年前三季度承接国际(离岸)合同执行金额 145.1 亿美元,同比增长 65.6%,业务规模已超 2010 年全年。

三是提升了服务外包企业专业服务水平。各类国际资质认证在很大程度上体现了服务外包企业的专业服务水平,也是服务外包企业开拓国际市场的重要手段。2009~2011 年,财政资金支持服务外包企业获得资质认证的数量逐年增加,范围逐步扩大,2010 年支持认证 213 个,合计金额 0.45 亿元,2011 年支持认证 288 个,合计金额 0.50 亿元,同比分别增长 35.2% 和 11.4%。截至 2011 年 9 月底,我国通过各类服务外包相关资质认证的服务外包企业达 4 542 家,占企业总数的 29.46%,合计认证数量达到 7 817 个。其中,通过国际资质认证的企业达 2 416 家,获得扶持的 11 项国际资质认证总数达 3 434 个。我国的服务外包业务逐步从产业链的中低端向技术研发、工业设计与测试等高端外包业务拓展。

此外,支持国际服务外包业务发展政策有效地节约了政策资源。政策全力支持 21 个服务外包示范城市发展,充分调动了各示范城市的积极性,不少地方也积极予以配套,大力推进公共服务平台建设,吸引各类主体参与投资。各种资源的有效整合,合力支持示范城市服务外包企业发展。为实现我国国际(离岸)服务外包产业规模在 2015 年达到 850 亿美元目标夯实了基础。

七、茧丝绸行业发展风险基金政策

(一)产生背景

1. 背景

丝绸发源于中国,传承至今,已有五千多年的历史。可考证的蚕桑起源于公元前 5000 年之前的古代中国。在几千年的历史进程中,茧丝绸业作为中国重要的经济和民生产业发挥了巨大作用。丝绸织造收益曾长期是财政收入的重要来源，织绸技术代表着工业的整体发展水平，丝绸曾长期作为流通货币使用。丝绸之路作为举世闻名的贸易通道，曾为中外经贸往来、中国文化传播起到了积极的作用。可以说，丝绸的兴盛带来并代表了古代中国的强国地位。在近现代，丝绸仍是不可缺少的生活和贸易产品。明清时期，丝绸与茶叶、瓷器一起成为西方与我国贸易的主要商品；江浙一带以缫丝、织造等丝绸初加工和丝绸贸易为基础，诞生了商品经济的萌芽；丝绸产品成为中国与外国进行文化、政治交流的载体。回顾历史，丝绸产业作为中国经济和社会发展的见证者和推动者，作为中国经济、历史和文化的承载者，是当之无愧的中华瑰宝。

（1）我国茧丝绸业是产销占优、出口为主的产业。我国茧丝生产和贸易均在世界茧丝绸业占据优势地位。据统计，世界蚕桑茧生产量为80万吨左右，其中中国约为57万吨，占世界总产量的70%以上。世界桑蚕丝总产量为11万吨左右，其中中国为8.5万吨左右，约占78%。我国生丝出口占国际生丝贸易量的90%左右，远大于巴西、乌兹别克斯坦、朝鲜等其他生丝供应国。绸缎和丝绸制成品的出口量占国际贸易量的60%左右，远高于印度、意大利、韩国、法国等国，居世界首位。

丝绸产业是典型的外向型产业。目前，我国生产的生丝70%以上直接或以绸缎、丝绸制成品等形式出口。出口市场主要有美国、意大利、日本、中国香港等传统发达市场和印度、巴基斯坦等新兴市场。出口产品主要为丝绸服装、领带、头巾等丝绸制成品（约占55%），坯绸、印染绸等真丝绸缎（约占27%），及厂丝、土丝、绢纺丝等丝类产品（约占18%）。

（2）茧丝绸业是利国利民、作用独特的产业。茧丝绸产业链比较长，包括育苗、种桑、育种、养蚕、烘茧、缫丝、织造、印染、整理、成品加工等十多个环节，这些环节对于农民增收、工人就业、企业生产具有很强的带动作用，对于现代经济和城乡协调发展也有独特的示范作用。其一，种桑养蚕的经济比较效益高，可以为农民带来更高收入，有利于缩小城乡差距；其二，丝绸加工环节可大量吸收劳动人口，有利于解决农村剩余劳动力，促进工人就业；其三，桑树生命力顽强，中、西部一些沙化严重、环境恶劣、不适合粮食生产的地区也可以种桑养蚕，对帮助农民脱贫致富、加快贫困地区发展具有重要意义。

（3）茧丝绸业是低碳清洁、前景广阔的产业。茧丝绸业具有显著的生态、环保和循环发展的特点。首先，桑树作为一种经济作物，一是可以绿化环境、防风固沙、涵养水源、净化空气，二是有着极强的环境适应性，适合在一些环境较恶劣的地方种植，三是对于生态改造、低碳经济都具有十分重要的意义。其次，与化纤、棉纺等相比，丝绸初加工环节基本没有污染物排放，通过节能设备和余热、废水回收等技术的应用,基本可以实现污水零排放、余热回收80%以上,是纺织产业中较清洁的行业之一。最后,丝类作为纯动物蛋白,具有天然的亲肤性和药用功能,是理想的衣着、食品、医药和化妆品的原料。例如,丝绸以其雍容华贵、飘逸轻柔的特性被誉为"纤维皇后",以其透气保湿、防霉护肤的优势被誉为"人体第二肌肤",是其他纤维所不可替代的。随着科技的进步,蚕丝面膜、医用纤维等新型丝类产品不断被开发生产,茧丝绸产业链中桑枝、桑葚、桑叶、蚕沙、蚕蛹等伴生品的综合利用也有着广阔的市场前景。

2. 建立过程

1987年集贸工农、科研为一体的中国丝绸公司撤销后,蚕茧收购秩序开始混乱、缫丝加工能力盲目扩大,出口缺乏统一对外的协调机制、缺乏全行业的管理和法律、法规,造成在国内蚕茧大战,在国外低价倾销的状况。1996年,随着国家茧丝绸协调小组、财政部制定的《国家茧丝绸发展风险基金管理暂行办法》(国茧协〔1997〕11号)的出台,国家茧丝绸发展风险基金于1997年7月24日建立并运转。

国家茧丝绸发展风险基金是国家建立的主要用于保证国家厂丝储备制度有效实行,加强茧丝绸行业的基础性科研与开发,促进茧丝绸行业稳定、协调、健康发展的专项政府性基金。基金的主要来源有二:一是中央外贸发展基金无偿划转的3亿元;二是厂丝出口配额有偿使用收入。基金支出主要用于国家厂丝储备的利息费用和支持部分农业科学技术推广、生产经营的技术改造。

国家厂丝储备制度,由国家茧丝绸协调小组依据市场变化和茧丝价格等实际情况,通过国家储备的运作,对厂丝价格实施宏观调控。中央财政对国家厂丝储备费用给予补助。此举在一定范围内平抑了市场价格的大幅波动,对树立行业信心、打击投机行为起到了积极作用,得到国务院领导的肯定和业内人士的认可。

2006~2008年,为贯彻落实党中央、国务院关于建设社会主义新农村、继续推进西部大开发、促进中部崛起的战略方针,同时加快茧丝绸行业结构调整,财政部会同商务部实施了"东桑西移"工程,通过一批优质蚕茧基地(共106个)的建设,促进了茧丝绸产业结构由东向西的有序转移。一些蚕茧基地在西部县市落户后,不仅有力地促进了县域经济的发展,还通过蚕桑产业链的供应链、订单农业、先进技术、优良品种等理念的普及,极大地改善了当地农民对现代农业生产理念的认识,对社会主义新农村建设发挥了有效作用。

(二)主要内容

1. 政策内容

2010年,经国务院批准,财政部会同商务部对国家茧丝绸发展风险基金等进行改革，取消了国家茧丝绸发展风险基金，对促进茧丝绸行业发展、增强市场调控能力和国家厂丝储备所需的资金，在财政预算中予以安排。2011年，为进一步提升我国丝绸产品及丝绸行业发展水平，安排1亿元用于支持茧丝绸行业转型升级。为确保资金管理和使用规范，财政部与商务部联合下发了《关于做好2011年度支持茧丝绸发展专项资金管理工作的通知》（财企［2011］125号，以下简称《通知》）。

根据我们对茧丝绸行业发展现状的调研情况，针对目前行业存在的主要问题，如行业科研创新能力缺乏、生产加工技术落后、市场开拓能力较弱等，按照公共财政管理要求，我们将茧丝绸行业共性和关键技术研发、产业化建设以及创新丝绸营销模式作为2011年茧丝绸发展专项资金的主要支持方向。

2. 支持方式

我国茧丝绸产业特点是各区域发展状况极为不平衡，为充分发挥专项资金使用效益，我们按照因素法将资金切块分配到地方，由各地结合本地区茧丝绸产业发展实际情况，研究确定具体支持项目和支持金额。

3. 支持对象

《通知》中规定，享受资金支持的对象为实施技术研究和产业化建设的茧丝绸科技研发机构和企业、开展市场开拓的企业和社会团体。考虑到不同区域的茧丝绸企业发展规模差异，参照以前年度"东桑西移"项目实施企业的标准，对东部和中西部企业分别规定了不同的茧丝绸业务销售额限制。

4. 支持标准

支持标准分为三类：一是软课题项目，资助金额最高不超过20万元；二是研发性项目和推广性项目，按照不超过支持内容所需资金的70%支持，资助金额不超过100万元；三是产业化项目，按照不超过支持内容所需资金的20%支持，资助金额不超过300万元。

（三）运行机制

各省商务部门和财政部门共同做好专项资金的管理和使用工作，制定具体实施方案，负责项目的组织、审核，并拨付资金。结合目前茧丝绸行业技术装备水平和生产工艺的需要，我们在《通知》附件中列出了部分重点支持的技术和企业须提供的申请材料，供各地方制定具体实施方案时参考。考虑部分省市茧丝绸行业发展不突出，以往也从未申报过其他茧丝绸发展性项目，2011年专项资金，根据设定的因素仅分配至浙江等22省市。具体考虑的因素主要由真丝绸出口额、蚕茧产量、丝类产量和绸缎产量组成。年末，财政部将会同商务部对项目实施及验收情况进行抽查，结合各地方专项资金使用情况，研究2012年促进茧丝绸行业发展的具体政策和支持方式。

（四）成效

国家茧丝绸发展风险基金设立以来，国家厂丝储备作为稳定厂丝价格、平衡供求关系的重要手段，有效防止了茧丝绸价格大幅波动，遏止了"蚕茧大战"。同时，通过基金组织实施了国家茧丝绸发展性项目，用于蚕桑新品种的研究开发、先进养蚕技术的推广、优质蚕茧基地建设、丝绸新产品新技术的应用研究以及国内外市场的开拓。这些发展性项目围绕体现行业发展的产业政策，强化了产业基础建设和研究；充分发挥了行业内龙头骨干企业的示范带动作用，扶优扶强、集中支持；以产学研联合，促进科技创新的原则，突出桑蚕品种改良、蚕茧基地和农业基础体系建设、高新技术应用与提升产品竞争力、国内外市场开拓与行业公共平台发展及新资源综合利用开发。

为贯彻落实党中央、国务院关于建设社会主义新农村、继续推进西部大开发、促进中部崛起的战略方针，加快茧丝绸行业结构调整，从2006年开始实施"东桑西移"工程，对蚕桑基地建设项目予以专项资金支持。截至2010年底，已拨付"东桑西移"工程项目支持资金26 140万元，支持中、西部地区有基础、有条件、茧丝绸产业化经营初具规模的龙头企业建设万亩蚕桑基地及配套设施。实施"东桑西移"工程，调整了茧丝绸产业区域结构，巩固了我国茧丝绸业的国际地位，促进了中西部地区蚕农增收、生态保护和新农村建设，对行业发展产生了重大影响。

八、支持技术出口政策

（一）产生背景

为贯彻落实《国务院关于加快发展服务业的若干意见》（国发［2007］7号）提出的"把大力发展服务贸易作为转变外贸增长方式、提升对外开放水平的重要内容"的要求，保持对外贸易稳定增长，优化出口结构，促进转变外贸增长方式，根据外经贸工作总体安排，财政部会同商务部安排专项资金，推动技术出口的快速有效增长。为此，财政部与商务部联合下发了《财政部、商务部关于做好2010年度技术出口贴息资金申报工作的通知》（财企［2010］246号）、《财政部、商务部关于做好2011年度技术出口贴息资金申报工作的通知》（财企［2010］51号），对专利权转让、专利申请权转让、专利实施许可、专有技术转让或许可、技术服务、软件技术及相关信息服务出口予以支持。

（二）主要内容

1. 政策内容

2010~2011年，国家对专利权转让、专利申请权转让、专利实施许可、专有技术转让或许可、技术服务、软件技术及相关信息服务出口予以支持。财政贴息是以技术出口的美元收汇金额乘以人民币汇率作为计算贴息的本金。贴息率不高于贴息清算时中国人民银行公布的最近一期人民币一年期贷款利率。财政部和商务部在年度贴息资金总额内确定贴息系数，核定贴息金额。同一企业最高支持额不超过500万元，隶属于同一最终控制方的企业按同一企业核算。

2. 申请条件

申请单位必须是在商务部"技术进出口信息管理系统"上登记过实际出口额的技术出口企业，或是在商务部"服务外包及软件出口信息管理系统"中登记过实际出口额的软件技术及相关信息服务出口企业。申请企业近三年内没有违法违规的行为，未拖欠应缴还的财政性资金。申请贴息的出口技术应当取得银行出具的收汇凭证，且企业的技术出口收汇额在10万美元以上（含10万美元）。技术出口未列入其他贴息计划。

3. 申请材料

（1）企业法定代表人签字的贴息资金申请文件，内容包括：企业基本情况、出口技术概要等，以及申报说明；

（2）《技术出口贴息资金申请表》及电子数据；

（3）《软件技术及相关信息服务出口贴息资金申请表》及电子数据；

（4）企业营业执照；

（5）技术出口合同或软件技术及相关信息服务出口合同；

（6）银行出具的收汇凭证；

（7）涉外收入申报单；

（8）技术出口合同登记证书和技术出口合同数据表；

（9）软件技术出口提供软件出口合同登记证书；

（10）涉及专利权转让的单位需提供著录项目变更手续合格通知书。

4. 申请方式

地方企业按照规定准备申报材料（一式三份），加盖企业公章后，提交到所在省、自治区、直辖市、计划单列市及新疆生产建设兵团财政主管部门（一式一份）和商务主管部门（一式两份）（以下简称各地财政和商务主管部门）。中央管理企业集团所属企业，将申报材料（一式两份）提交到集团。集团所属企业，是指与集团合并财务报表的企业；其他单位按属地原则申报。

企业贴息资金申请文件中除包括企业基本情况、出口技术概要外，还应说明本企业近三年有无违法违规行为、是否拖欠政府性资金、该项目是否享受其他财政资助等情况。收汇凭证以非美元作为计价币种的，在填报《出口贴息资金申请表》时，应将出口额折算成美元。折算率使用国家外汇管理局公布的《各种货币对美元折算率表》汇率。

各地财政和商务主管部门、中央管理企业向财政部（企业司）、商务部（财务司、服务贸易司）报送本地区、或本系统企业贴息资金申请文件、《技术出口贴息资金申请汇总表》和《软件技术及相关信息服务出口贴息资金申请汇总表》及其电子数据。商务部、财政部组织中介机构对上报材料进行审核，并根据审核结果核定贴息金额，并按照国库资金管理要求，将资金拨付到企业。

（三）主要成效

支持技术出口政策虽然实施了两年，时间不长，但成效明显。据统计技术出口快速增长，在我国外贸出口中的比重大幅提升。2010 年全国共登记技术出口合同 39 942 份，合同总金额 145.03 亿美元，同比增长 30.07%。同时，出口结构也得到进一步优化。技术出口以计算机软件的出口、技术咨询和技术服务、专有技术的许可或转让等方式为主，2010 年我国对外签订软件出口合同金额 126.7 亿美元，同比增长 30%，占技术出口总额的 87.38%，是我国技术出口的最主要行业。其他方式的技术出口、技术咨询与服务分别为 8.4 亿美元和 6.6 亿美元，占技术出口总额的 5.8% 和 4.5%。

九、完善我国外经贸发展的财政政策

（一）我国外经贸发展存在的突出矛盾和问题

我国已跨入贸易大国的行列，随着国际经济形势变化及我国经济发展过程中战略重点的转移，从贸易大国向贸易强国迈进，成为目前乃至今后一段时期的主要战略目标。但外延式、粗放型外贸增长方式，以及出口产品结构、出口市场结构、进出口结构、一般贸易与加工贸易结构、服务贸易与货物贸易结构、外经贸区域发展等结构性问题尚未根本性改变。同时,"走出去"没有形成合力、规模较小、经济效益较差、缺乏长远规划,鼓励企业"走出去"的政策体系尚不健全。

1. 出口矛盾突出

我国外贸出口问题主要表现在:一是出口产品多为劳动密集型产品,自主知识产权、自主品牌产品较少,技术含量、产品附加值较低。以品牌为例,我国拥有自主品牌外贸企业不足20%,自主品牌外贸出口产品不足10%。二是出口市场地区分布过于集中欧盟、美国、日本等发展国家。如2010年,欧盟作为我第一大贸易伙伴和第一大出口市场,中欧双边贸易总值占当年我国进出口总值的16.1%;美国为我国第二大贸易伙伴,中美双边贸易总值为3 853.4亿美元,对美贸易顺差1 812.6亿美元。三是服务贸易发展滞后,服务贸易额远远低于货物贸易,货物贸易与服务贸易的匹配程度远低于世界平均水平。受到高端人才、技术、管理等要素的限制,服务贸易主要集中在运输、旅游、建筑等传统服务业,金融、保险、通讯服务等现代服务业发展相对滞后,在我国服务贸易中所占比重不到10%。四是区域发展不平衡,东部外贸发展快,中部增长潜力未充分发挥,东北、西部外贸发展缓慢。2010年,仅广东、江苏、上海、北京、浙江、山东和福建7省市就占全国出口额80%以上。

2. 进口相对薄弱

近年来,我国对外贸易出口额持续大于进口额,出口的快速增长与进口不相匹配,进出口贸易失衡,国际收支总额和顺差规模不断扩大。2010年我国货物进出口总值29 727亿美元,其中出口15 779亿美元,进口13 948亿美元,贸易顺差1 831亿美元。连年过大的贸易顺差,使我国外汇储备快速增长。2010年末,我国外汇储备余额已达2.85万亿美元,较2001年的0.21亿美元增长约24倍,已经连续五年全球第一。尽管央行实施了跨境贸易人民币结算试点等推进人民币国际化办法,但当前人民币国际化仅在与我有贸易逆差而非顺差较大的国别地区推行,结果却成为外汇储备增加的一个因素。持续巨额贸易顺差带来了诸多问题:一是强制性结汇制度,大量人民币投放,增大了央行回收流动性的压力,导致我国流动性偏多,面临通胀预期抬头和资产泡沫膨胀风险。因持续顺差,央行外汇储备资产不断增长,基础货币被动大量投放,货币供应量增速持续高位,使我国货币政策受制于外部,部分丧失了独立性。二是增添了保值增值的巨大压力。此次国际金融危机爆发后,美、英、日等主要储备货币发行国均实施了"量化宽松"的货币政策,主要储备货币持续贬值;

而欧洲主权债务危机也使欧元呈下跌趋势。储备货币的持续贬值，导致我国的外汇储备大量缩水。三是带来了人民币升值压力、对外贸易摩擦加剧等一系列问题。

3. "走出去"问题凸显

一是企业跨国经营管理水平总体不高，与东道国社会融合不足。我国企业在"走出去"过程中普遍缺乏长远规划和战略布局，风险防范意识不强，投资决策存在盲目性；国际化人才矛盾日渐突出，具备国际战略眼光、熟悉国际投资规则的高层次人才严重不足；在处理经济效益与社会效益、企业发展与当地社会融合的关系方面能力不足，影响国际化发展。二是体制机制不够顺畅。现行对外投资合作管理体制和工作机制尚不适应加快实施"走出去"战略的需要，未能形成统一、完整的对外投资合作政策促进体系、服务保障体系和风险防控体系，国家支持"走出去"战略的资金规模略显不足。三是支持实施"走出去"战略的配套环境仍不完善。为企业提供境外市场信息、政治、经济、文化、法律等方面的中介服务体系不健全，金融服务还跟不上企业对外投资合作的步伐，行业商协会服务和协调管理能力亟待提高；四是企业"走出去"面临的境外安全风险问题日益突出。

（二）进一步完善外经贸财政政策的设想

根据新形势的发展需要，外经贸财政政策，应以科学发展为主题，以转变外经贸发展方式为主线，以推进外经贸大国向强国转变为基本方针，以扩大内需与稳定外需相结合为出发点，紧紧围绕优化外经贸结构，稳定和拓展外需，推动进出口贸易平衡发展，加快实施走出去战略为总体思路，坚持完善支持外经贸发展体制机制，坚持敏锐把握财政政策的着力点，坚持建立健全制度办法，坚持加强资金管理与监督，顶层设计、战略引领、系统集成，构建较为完善的符合市场经济运行规律和国际惯例的支持外经贸发展的财政政策体系。

1. 保持出口的稳定增长

努力克服外部环境变化的不利影响，围绕调整对外贸易结构，转变外贸发展方式，稳步推进出口增长。（1）支持自主知识产权、自主品牌、自主设计、自主营销、高技术含量、高附加值、高效益的产品以及传统优势产业（丝绸、陶瓷、中医药等）出口，培育出口竞争新优势；（2）支持中小企业开拓国际市场，促进中小企业发展，增强企业国际市场竞争力；（3）推进贸易促进活动以及开展贸易摩擦应对和反倾销核查，优化对外贸易环境；（4）着力实施区域外经贸协调发展战略，大力促进中部、东北和西部地区的外经贸发展；（5）进一步支持服务外包产业发展，整合完善现有财政支持政策，不断提高服务外包业务技术含量和附加值，提升承接能力，鼓励培育和引进服务外包人才，创造有利于服务外包发展的政策环境；（6）推动加工贸易转型升级，优化加工贸易产业结构，推动加工贸易的梯度转移。

2. 合理扩大进口

针对我国对外贸易顺差过大的现状，必须采取必要措施，着力促进国际收支的基本平衡。深入分析对外贸易失衡的主要原因，发挥进口对宏观经济平衡和结构调整的重要作用。改变奖出限进、宽出严进的工作思路和政策体系，增加先进技术、重要设备和关键零部件、资源能源、节能环保低碳和循环经济产品进口。研究扩大支持进口资金规模，完善支持范围，发挥财政资金政策的导向作用，减少国际贸易顺差，缓解人民币升值压力，促进实现互利共赢。

3. 支持实施"走出去"战略

党中央、国务院高度重视"走出去"，实施"走出去"战略是我国对外开放向更高层次发展的客观要求，是党和政府根据新时期的经济发展状况提出的一项历史任务。积极有效地发挥财政政策的支持与导向作用，对于推动我国企业"走出去"具有十分重要的战略意义。（1）完善"走出去"财政政策。一是加大对实施"走出去"战略的支持力度，扩大支持范围；二是创新财政政策对企业"走出去"的支持方式，完善相关制度办法；三是拓展财政政策的支持方向；四是搭建支持企业"走出去"的服务平台。（2）把握"走出去"财政政策的支持重点。重点研究境外资源开发与加工、境外营销网络和知名品牌收购、中介机构等服务业走出去、境外科技研发型投资合作、境外农林渔业合作、新型工程承包与劳务合作等领域，合理确定财政政策支持的重点。（3）鼓励国内大型企业在全球开展价值链整合，进一步深化国有企业的现代企业制度改革，提升企业活力，增强企业国际市场的竞争能力。（4）加强境外企业财务管理，实施境外企业财务巡查制度，选择具有代表性的境外重点投资项目或中资企业，通过政府购买服务方式，聘请资产评估等中介机构，开展境外财务实地巡查，提高财政支持"走出去"资金的使用效益，健全资金使用的绩效评价机制。

第四章

物联网发展专项资金政策

---- 导 读 ----

物联网指通过信息传感设备，按照约定的协议，把任何物品与网络连接起来，进行信息交换和通讯，以实现智能化识别、定位、跟踪、监控和管理的一种网络。它是现有网络的延伸和应用拓展。物联网涉及信息采集、传感器网络、网络通信、智能处理、信息安全等多种技术，涵盖传感器、节点、网关、射频识别（RFID）、二维条码等感知设备和芯片、嵌入式系统等物联网感知业，通信网络设备制造与运营等物联网通信业，应用基础设施服务、软件开发与集成、应用服务等物联网服务业。

物联网是我国战略性新兴产业的重要组成部分，其发展对于促进经济发展和社会进步都具有重要的现实意义。为发挥财政政策对处于发展初期产业的培育和引导扶持作用，推动我国物联网的健康有序发展，2011年财政部出台了物联网发展专项资金政策，本章主要对物联网发展专项资金政策产生的背景、指导思想和基本原则，以及政策的目标与主要内容、运行机制等进行了阐述，并对进一步完善物联网发展专项资金政策提出了设想。

一、物联网发展专项资金政策产生的背景

（一）物联网作为战略性新兴产业的提出

2009 年，由美国华尔街次贷危机引起了一场金融危机在全球迅速蔓延开来，全球经济经历了一次大动荡，直至今日，也还没有看到危机影响彻底消失，欧洲的金融危机还在继续。面对这场金融劫难，世界各国都在深入思考未来经济的发展问题。以美国为首的西方发达国家开始意识到，依靠无节制的消费和制造金融泡沫形成的经济发展方式存在巨大隐患，缺乏可持续发展能力。以中国为代表的发展中国家也意识到，过度依靠资源能源消耗和低端劳动力优势形成的廉价出口拉动经济，同样没有可持续发展能力。为此，世界各国开始寻求可持续的经济发展道路，为金融危机后推动世界经济的平衡、可持续、强劲增长提供新的动力之源。美国提出了"智慧地球"的发展战略，欧盟提出了发展物联网的十四点行动，日本、韩国、新加坡提出了发展物联网的计划。我国提出了要发展战略性新兴产业，力图通过发展七大战略性新兴产业，优化调整产业结构，实现经济发展方式的根本转变。战略性新兴产业是以重大技术突破和重大发展需求为基础，对经济社会全局和长远发展具有重大的引领带动作用，其产业特征是知识技术密集、物质资源消耗少、成长潜力大、综合效益好。根据战略性新兴产业的特征，立足我国国情和科技、产业基础，确定了现阶段重点培育和发展节能环保、新一代信息技术、生物、高端装备制造、新能源、新材料、新能源汽车等产业。在新一代信息技术领域，物联网是关键。

物联网已成为当今世界主要国家抢占新一轮经济和科技发展制高点的重大战略。我国政府高度重视物联网的发展。2009 年 8 月，温家宝总理在无锡视察时指出，要在激烈的国际竞争中，迅速建立中国的传感信息中心，或者叫"感知中国中心"；2010 年 3 月，政府工作报告中首次明确提出"加快物联网的研发应用"；2010 年 9 月，国务院正式把物联网列为我国战略性新兴产业的重要内容，同时在国务院常务会议审议并原则通过的《国务院关于加快培育和发展战略性新兴产业的决定》中提出，要加大财税政策扶持力度，设立战略性新兴产业发展专项资金，建立稳定的财政投入增长机制，制定完善促进战略性新兴

产业发展的税收支持政策；2010年10月，《中共中央关于制定国民经济和社会发展第十二个五年规划的建议》中再次强调要"推进物联网研发应用"。可以看出，物联网已经作为战略性新兴产业上升为国家发展重点，成为我国推动未来经济社会发展的重大战略选择。

(二) 物联网的概念及特征

物联网（Internet of Things）概念是1999年在美国首先提出的。物联网概念在我国的出现，也是在1999年，当时中科院已在传感网方面做了一些研究，取得了一些科研成果，建立了一些适用的传感网。2005年，国际电信联盟（ITU）正式采用了物联网的概念。国际金融危机后，物联网的概念已经覆盖所有的媒体，开始为人们所广泛接受。

物联网与传感网有什么区别？严格来讲，二者没有本质区别，其实是一回事，只是从两个不同角度的称谓而已。传感网主要是从专业技术角度来讲的，其涵盖的范围比较窄，也不太容易理解。而物联网主要是从应用服务的角度来描述的，其涵盖的范围更加宽泛，与老百姓的生活更加贴近，也更容易理解。为便于大家理解，业界更多的是采用物联网的概念。到目前为止，学术界对物联网的定义还存有一些争议，但总的来说，基本内涵算是比较清晰的。

那么，什么是物联网？物联网的本质是对物理世界的智能感知和控制，顾名思义，就是人与人、人与物、物与物全面互联的网络。由于物没有能够标识的"身份证"，因此物与信息是分离的，难以进行管理和跟踪。物联网时代就是要使所有物都有自己的"身份证"，通过感知和识读对数据信息进行自动采集，并通过无线传输实现信息化的智能管理，即物品从哪里来到哪里去都可以查询。简言之，物联网是对现有信息产业技术成果的继承和发展，是新一代信息技术的高度集成和综合应用，是通信网和互联网的拓展应用和网络延伸，它利用感知技术与智能装置对物理世界进行感知识别，通过网络传输互联，进行计算、处理和知识挖掘，实现人与人、人与物、物与物之间的信息交互和无缝链接，达到对物理世界实时控制、精确管理和科学决策的目的。

物联网拥有自身独特的技术和产业特征，具有创新性强、产业链条长、辐射面广、带动力强的基本特点，是不同于其他新一代信息技术的新兴技术产业领域。物联网通常由感知层、网络层和应用层组成，包括数据采集、传感器网络组网和协同信息处理、网络通信传输、中间件、应用集成、信息安全等技术。物联网产业包括传感器、射频识别（RFID）为主的感知制造业，通信网络设备制造、传感器网络设备制造以及机器到机器（M2M）网络设备制造等为主的基础网络制造业，和提供网络传输、信息处理以及运营服务等的应用服务业等。

(三) 物联网与互联网的区别

互联网是指将两台计算机或两台以上的计算机终端、客户端、服务端通过计算机信息技术的手段互相联系起来的结果，人们可以与远在千里之外的朋友相互发送邮件、共同完成一项工作。

物联网则不同，它是以有效的应用为主，主要通过传感器、射频识别等方式获取物理世界的各种信息，结合互联网、移动通信网等网络进行信息的传送与交互，采用智能计算技术对信息进行分析处理，从而提升对物质世界的感知能力，实现智能化的决策和控制。同时，物联网目前更多的是依赖于"无线网络"技术，各种短距离和长距离的无线通信技术是物联网产业发展的主要基础设施。

互联网着重信息的互联互通和共享，解决的是人与人的信息沟通问题；物联网则是通过人与人、人与物、物与物的相连，解决的是信息化的智能管理和决策控制问题。物联网比互联网技术更复杂、产业辐射面更宽、应用范围更广，对经济社会发展的带动力和影响力更强。

(四) 发展物联网的重要意义

如前所述，物联网是新一代信息技术的高度集成和综合运用，已被国务院作为战略性新兴产业上升为国家发展重点。发展物联网，具有重要的政治、经济和社会意义。

1. 发展物联网是实现技术自主可控、保障国家安全的迫切需要

物联网在智能信息化网络中处于关键地位，承担核心数据采集、传输和处理，过分依赖国外技术将对我国国家安全带来重大隐患。大力发展自主可控的物联网技术，积极推动产业自主发展，将有力保障我国国防安全、经济安全和社会安全。

2. 发展物联网是促进产业结构调整、推进两化融合的迫切需要

物联网是信息技术改造提升传统产业最关键、最重要的手段。努力把握各行各业对物联网技术的应用需求，大力推动物联网技术在传统产业中的应用，能够有效促进产业结构调整、深度实现两化融合。

3. 发展物联网是发展战略新兴产业、带动经济增长的迫切需要

物联网产业是后金融危机时代经济发展的接续产业和战略性新兴产业，潜力大、成长快、带动力强、附加值高。因此，加快实现物联网技术突破和产业发展，增强经济可持续发展能力和可持续竞争力，对进一步提升我国国际经济地位具有重要意义。

4. 发展物联网是提升整体创新能力、建设创新型国家的迫切需要

物联网涵盖计算机技术、现代通讯技术、新材料技术、智能控制技术等前沿尖端技术，技术关联度高、辐射力强，对带动相关学科和技术创新具有举足轻重的作用。因此，全面增强物联网自主创新能力，抢占技术和人才制高点，提高科技对经济发展的贡献率，对建设创新型国家作用深远、意义重大。

（五）我国物联网发展现状

我国物联网与国际基本同步，处于发展初期，已初步具备一定的产业、技术和应用基础，呈现出良好的发展态势。

1. 产业发展初具基础

2010 年，我国物联网市场保持快速增长态势，市场规模达到 1 933 亿元。低频和高频射频识别（RFID）产业相对成熟，市场规模 105.3 亿元；敏感元件与传感器产业初步建立，全国有 1 688 家企事业从事传感器的研制、生产和应用，在生物传感器、化学传感器、红外传感器、图像传感器、工业传感器等领域有较强的专利实力和竞争优势。拥有全球最大、技术先进的公共通信网和互联网，通信设备制造业具有较强的国际竞争力，移动机器对机器（M2M）终端数量接近 1 000 万，已成为全球最大的移动 M2M 市场之一。

2. 技术领域取得突破

我国在芯片、通信协议、网络管理、协同处理、智能计算等领域已取得初步成果。在超高频 RFID、通讯技术以及各类新型传感器等领域取得核心技术的突破性进展。2010 年，我国发布了全球首颗二维码解码芯片，研发了具有国际先进水平的光纤传感器，自主研发的 LTE 也已通过全球 20 多个地区的验证。

3. 标准研制取得进展

近年来，我国在传感器网络接口、标识、安全、传感器网络与通信网融合发展、泛在网体系架构等相关技术标准的研究具有进展，已具备攻坚物联网国际标准的能力，是传感器网络国际标准化工作组（WG7）的主导国之一。

4. 应用推广初见成效

目前，我国物联网应用以示范性质居多，应用行业已经扩展到电力、交通、环保、安防、物流、医疗、家居等领域，新的应用模式正日趋成熟。例如，在安防领域，防入侵、视频监控以及智能家居等细分领域的物联网应用取得良好的效果；在医疗领域，面向病房、手术室、保健室等应用场景的物联网产品及解决方案正在日趋成熟。除此之外，物联网在智能楼宇、路灯监控、动物溯源、环境监测等方面也开展了广泛的应用。

尽管我国物联网在产业发展、技术研发和标准研制、应用拓展等领域已经取得了一些进展，面对激烈的国际竞争，应当清醒地认识到，我国物联网发展还存在一系列瓶颈和制约因素。主要表现在以下几个方面：核心技术和高端产品受制于人；产业规模小，缺乏骨干龙头企业；高端综合集成服务能力不强，应用水平较低，且规模化应用少；信息安全技术亟待加强等。目前亟须在物联网核心关键技术、标准体系创建、应用服务和产业化等方面率先取得突破。

（六）设立物联网发展专项资金

为贯彻落实党中央、国务院的有关文件精神，紧紧抓住我国物联网发展与国外基本同步、同处于起步阶段的历史机遇，全面推进我国物联网发展，加大财政政策的扶持力度，尽快形成有利于我国物联网发展的财政政策体系，保障我国物联网产业在新一轮国际竞争中不落后在起跑线上，已成为我国当前面临的一项紧迫任务，否则，将丧失这一难得的历史机遇，很难摆脱核心技术、产业发展等方面受制于人的被动局面。因此，必须加快构建支持我国物联网发展的财政政策体系，不断加大对我国物联网发展的财政支持力度，财政部根据国务院关于发展我国战略性新兴产业的决定精神，自2011年起设立物联网发展专项资金。

二、物联网发展专项资金政策的指导思想与基本原则

物联网发展专项资金是由中央财政预算安排，用于支持物联网研发、产业化、标准研制、公共平台建设、示范应用和服务等方面的专项资金。物联网发展专项资金采取项目支持方式，有别于以往的政府立项并下达项目计划的支持方式，通过制定年度项目指南和下发年度项目申报通知，确定年度支持重点，对正在进行或准备实施的项目通过专家评审进行择优支持，不立项、不做项目批复和验收，但要对项目的实施情况、资金的使用情况进行监督检查。物联网发展专项资金突出以企业为主体、以市场为导向、产学研用相结合的技术创新战略，根据市场发展和需求情况择优支持项目。

（一）指导思想

物联网发展专项资金政策的指导思想是围绕物联网发展需求，统筹规划，整合资源，以企业为主体，推动产学研合作，推进物联网关键核心技术和重点产品的研发与产业化，促进物联网应用示范和推广，加快标准研究与制订和公共服务

平台建设，促进物联网发展。物联网发展专项资金政策突出强调了支持企业自主创新的要求，坚持公开、公正、公平，确保专项资金的规范、安全和高效使用。同时，专项资金鼓励和支持企业以产业联盟组织形式开展物联网研发及应用活动。

（二）基本原则

物联网发展专项资金政策的基本原则是：

1. 突出发展重点

以物联网关键核心技术及重点产品的研发和产业化为重点，开展重点领域的应用示范和推广，兼顾标准研制和公共服务平台建设，促进物联网行业健康有序发展。

2. 注重统筹规划

符合国家宏观经济政策、产业政策和区域发展政策，围绕物联网发展需求，统筹规划、整合资源，鼓励和支持企业以产业联盟组织形式开展物联网技术研发及应用示范。

3. 强化政策引导

培育技术创新能力强，具有自主知识产权、自主品牌和国际竞争力的大企业，引导企业加快技术创新，促进科技成果转化和引进技术的消化、吸收和再创新，加快产业的培育和发展。

对于物联网技术研发与产业化、标准研究与制定、应用示范与推广、公共服务平台等项目的遴选原则为：

（1）研究开发项目和产业化项目应具备较高的技术含量、较强的技术创新性，项目产品有较大的市场容量、较强的市场竞争力，项目方案合理可行，具有较好的社会经济效益。研究开发与产业化项目周期一般为一到两年。

（2）应用示范项目应具有可复制性，具备良好的推广应用价值。应用示范项目周期一般为两到三年。

（3）标准研究与制订及平台类项目应有利于提升物联网发展的公共服务能力，提升物联网技术创新和产业化的效率与效益。平台建设项目周期一般为两到三年。

三、物联网发展专项资金政策的目标与主要内容

（一）政策目标

通过财政资金的引导和扶持作用，务实推进物联网健康发展，真正实现整

体推进、重点突破的战略发展目标。促进物联网关键核心技术研发，提升自主创新能力，推动 RFID、传感器、网络通信、应用软件、中间件、信息安全等技术的研发取得重要进展；加强关键标准研究与制定，加快构建较为完善的标准体系；促进产业链条的建立与完善，培育和壮大物联网企业；引导运营模式创新，在重大应用示范与推广等方面取得良好成效；有效整合现有公共服务资源，提升物联网公共服务能力，加快形成创新驱动、协同发展、辐射面宽、带动力强的物联网发展格局。

（二）政策内容

物联网发展专项资金政策明确将物联网的技术研发与产业化、标准研究与制定、应用示范与推广、公共服务平台等五大方面的项目确定为资金的支持范围。

1. 技术研发与产业化项目

技术研发与产业化项目是指物联网关键核心技术、共性技术以及重点产品研发和产业化的项目。

重点支持：

（1）高端传感器技术研发与产业化。重点支持高精度低成本低功耗传感器技术，新材料新功能新能源新结构传感器、MEMS（微机电系统）微型传感器、智能化传感器、多功能集成化传感器等。

（2）RFID 技术研发与产业化。重点支持低功耗、低成本、高可靠、远距离 RFID 芯片，低成本标签天线和封装技术，高速高可靠、多功能多接口、多制式模块化 RFID 和多读写器，嵌入式、智能化、可重组 RFID 中间件等。

（3）传感器网络和节点技术研发与产业化。重点支持组网通信和协同处理技术，传感器与 RFID 融合的智能标识控制技术，集成传感、标识与通信等功能的核心芯片与应用终端，低功耗、小型化、多功能、高性能、集成化传感节点，物联网网关设备，极端环境传感器节点设备和传感器网络中间件产品。

（4）物联网通信技术研发与产业化。重点支持物联网网络架构技术，低功耗低成本近距离通信设备与芯片、RFID 与移动通信集成终端、智能自组织网络技术、M2M 网络与通信设备、感知识别与移动通信融合网络技术和产品等。

（5）基础性架构和系统技术研发与产业化。重点支持面向物联网计算的一体化软件体系结构与可重构技术，物联网应用中间件，云计算体系架构与计算资源虚拟化控制技术，海量数据存储处理等。

（6）关键支撑技术研发与产业化。重点支持核心芯片、嵌入式操作系统、微纳器件、微能源、新材料、测试仪器仪表等。

2. 应用示范项目

应用示范项目是指以物联网应用的试点示范以及物联网应用示范区和产业基地建设等为主要内容的项目。

重点支持：

（1）无锡国家传感网创新示范区建设项目。重点支持示范区内物联网关键核心技术研发、标准研制、产业化和应用等。

（2）智能工业应用示范项目。重点支持在汽车制造、食品生产加工、冶金、石化、煤炭等行业开展物联网应用示范。

（3）生产性服务业智能化应用示范项目。重点支持在物流、金融等生产性服务行业应用示范。

（4）智能农业应用示范项目。重点支持农业资源与生态环境监测、精细农牧业生产、农产品质量安全监测管理等物联网应用示范。

（5）智能城市应用示范项目。重点支持智能交通、智能家居、智能医疗和卫生保健、环境保护、公共安全保障等物联网应用示范。

（6）智能电网应用示范项目。重点支持利用物联网进行电网智能化升级改造应用示范项目。

3. 标准研究与制订及平台建设项目

指物联网的标准研究和制订项目，以及以推动物联网科技投融资、知识产权、产学研合作、信息共享、综合配套等为目的的物联网公共服务平台建设项目。

重点支持：

（1）标准研究与制定。标准体系研究、关键技术标准制定、编码标准制定和若干应用标准制定，标准验证、测试和仿真。

（2）公共技术和中介服务平台。提供科技投融资、产学研合作、成果转化、知识产权、信息共享、政策咨询、市场推介、人才培训、综合配套等服务。

（3）物联网应用系统验证平台。对物联网行业应用进行系统性评估、测试和验证。

（4）统一标识管理与解析平台。支持标识规划、注册、认证、关联信息管理和生命周期管理，支持基于 DNS 机制的标识解析，支持目录查询和服务等。

（三）支持方式

在支持方式上，采用无偿资助或贷款贴息两种方式。无偿资助方式主要支持以自有资金为主投入的项目，贷款贴息方式主要支持以银行贷款为主投入的项目。原则上，物联网技术研发、标准研究与制定、公共服务平台类项目，以无偿资助方式为主；物联网产业化、应用示范与推广类项目以贷款贴息方式为主。

(四) 监督管理

为确保物联网发展专项资金使用的规范、安全、有效，物联网发展专项资金政策从项目申报到专项资金的使用，都制定了严格的管理规定。

在项目实施体制方面，地方工业和信息化部门与同级财政部门联合评审形成推荐上报名单，财政部门与工业和信息化部门，各司其职，各管一段，有力地避免了资金分配权力的过度集中。

在项目申报方面，地方工信部门与同级财政部门联合评审形成推荐上报名单。在项目评审方面，专项资金项目的确定采取严格的专家评审机制。在专项资金使用方面，规定了地方主管部门对专项资金使用情况和项目实施情况进行监督检查，同时要求项目承担单位要在项目完成后一定期限内向地方主管部门报送项目完成情况及专项资金的使用情况，地方主管部门要向财政部、工信部报送项目完成情况及专项资金使用情况的总结报告。

具体监督管理的规定是：

各级财政部门与同级工业和信息化主管部门应加强对专项资金使用情况和项目实施情况的监督检查，对专项资金使用情况和项目实施进展情况采取定期或不定期检查。

中央级项目承担单位应在项目完成后 3 个月内向财政部、工业和信息化部报送项目完成情况及专项资金的使用情况；地方级项目承担单位应在项目完成后 3 个月内向省级财政部门与工业和信息化主管部门报送项目完成情况及专项资金的使用情况；省级财政部门会同同级工业和信息化主管部门于项目完成后 6 个月内向财政部、工业和信息化部报送项目完成情况及专项资金使用情况的总结报告。

此外，物联网发展专项资金政策对相关违法违纪行为做出了处罚规定：对弄虚作假骗取专项资金、不按规定用途使用专项资金的单位，财政部依据《财政违法行为处罚处分条例》(国务院令［2005］第 427 号) 的有关规定进行处罚，并取消三年内的申报资格。项目因故中止 (不可抗力因素除外)，财政部将收回全部或部分专项资金。

四、物联网发展专项资金政策的运行机制

物联网发展专项资金明确由财政部、工信部各司其职，各负其责，共同

管理。

财政部负责专项资金的预算管理、项目资金分配和资金拨付,并对专项资金的使用情况进行监督检查。

工信部负责确定专项资金的年度支持方向和支持重点,会同财政部组织项目评审,确定项目支持计划,并对项目实施情况进行监督检查。

物联网专项资金政策实施的具体流程主要有以下几个步骤:

(一)工业和信息化部会同财政部根据国家宏观经济政策、产业政策以及行业发展规划,组织研究编制年度项目申报通知(指南),明确专项资金年度支持方向和支持重点。

(二)省级工业和信息化主管部门具体负责所辖区域的项目组织工作,计划单列企业集团和中央管理企业直接向工业和信息化部和财政部申报,国务院有关部门直属单位通过主管部门申报。

(三)项目申报单位根据年度项目申报通知(指南)要求编制项目资金申请报告,并将项目资金申请报告和相关项目材料上报所在省市工业和信息化主管部门和财政部门。

(四)省级工业和信息化主管部门会同同级财政部门对所报项目材料组织初审,将审核汇总后的项目推荐名单和申请材料上报工业和信息化部和财政部。

(五)工业和信息化部会同财政部建立专家评审机制,组织技术、财务、市场等方面的专家对申报项目进行评审或委托专业咨询机构进行评估,提出年度项目支持意见。

(六)财政部根据年度项目支持意见,确定项目资金支持方式,下达专项资金预算,并根据规定及时拨付资金。同时,工业和信息化部下达年度项目支持计划。

(七)项目承担单位收到专项资金后,按国家统一的财务会计制度规定处理。

五、完善物联网发展专项资金政策的设想

物联网是促进信息化和工业化深度融合的有效途径,是推动经济结构调整和经济发展方式转变的重要手段,对于促进人民生产生活方式转变、构建和谐社会具有重要的战略意义。在20世纪40年代计算机诞生和20世纪90年代互联网面世两次信息化浪潮中,我国均落后在西方发达国家的起跑线上,致使到

今天还处于被动地位，追赶的路程艰辛而漫长。表现在核心技术上，我们错过了创新的机遇期，致使长期受制于国外标准及知识产权的牵制；表现在产业上，虽然我们也有联想、百度、腾讯、阿里巴巴、浪潮这样一批大型企业，但与IBM、Intel、微软、谷歌这样的国际巨头相比差距甚远。要充分吸取前两次信息化浪潮落后的教训，紧紧抓住新一轮信息化浪潮的战略机遇期，全面促进我国物联网发展，保障我国物联网在新一轮国际竞争中赶上或超过西方发达国家水平。

目前，全球物联网相关的技术、标准、产业、应用都处于起步阶段，我国物联网发展与国际基本同步，初步具备了一定基础，部分领域已形成一定的产业规模，虽然还存在着核心技术不足、产业规模小而散、缺乏龙头骨干企业、信息安全隐患尚未引起足够重视等问题，但支持我国物联网发展已形成共识，国务院领导对此项工作非常重视，正在积极全面推进我国物联网的发展。特别是我国正处在全面建设小康社会的关键时期，面对物联网带来的机遇和挑战，必须按照科学发展观的要求，把握世界新科技革命和产业革命的历史机遇，抓住我国加快培育和发展战略性新兴产业的契机，加强统筹规划，促进协同发展；加强自主创新，注重应用牵引；加强监督管理，保障信息安全；加强政策扶持，优化发展环境。

财政是国家宏观调控的重要组成部分，是党和政府履行职能的物质基础、体制保障、政策工具和监管手段，其本质特征是要满足社会公共需要，引导市场机制发挥作用，弥补市场失灵或失效。要高度重视财政政策对于促进物联网发展的重要作用，进一步完善财政政策体系，扩大物联网发展专项资金规模，增加对物联网的投入力度，形成全方位、宽领域、多层次支持我国物联网发展的财政政策体系，更好地发挥财政政策对于我国物联网发展的推动作用，加快形成"创新驱动、协同发展、辐射面宽、带动力强"的发展格局，为我国物联网的全面发展并在新一轮国际竞争中占据有利位置奠定坚实基础。

在技术研发和标准化方面，要充分依托骨干企业，发挥高等院校和科研院所在人才和技术方面的优势，促进形成以企业为主体，产学研用相结合的物联网技术创新体系。要以赶超国际先进水平的技术领域为重点，集中多方资源，协同开展重大技术攻关和应用集成创新，尽快突破高端传感器、物联网中间件、超高频和微波RFID、近距离无线通信、智能分析处理等核心关键技术，形成完善的物联网技术体系。大力推进物联网标准体系构建，加强物联网总体标准、共性标准、关键技术标准以及国内行业应用标准的研制，形成完善的多层次标准体系，为物联网发展提供基础和保障，提升物联网持续创新能力。

在产业化方面，着力培育和发展一批有国际竞争力的龙头企业，大力发展一批"专、精、特、新"的中小企业，鼓励和支持建立产业创新联盟，不断完善产业公共服务体系，支持产业基地和特色产业园区的建设，形成具有较强竞争力的物联网产业集群。重点发展核心产业，大力扶持支撑产业，积极带动关联产业，促进产业链的形成和完善，形成以关键核心技术为支撑的、大企业带动小企业的协同发展态势。

在应用示范方面，面向经济社会发展的重大战略需求，以重点行业和重点领域的先导应用为引领，抓好一批示范效应突出、带动性强、关联度高的典型应用示范。在生产流通领域，重点支持物联网在矿山安全、工业控制、农业、林业、物流等领域的应用，推进工业化和信息化的深度融合；在社会管理和民生服务领域，重点支持物联网在公共安全、医疗卫生、家居生活、环境保护等领域的应用示范；在基础设施领域，重点支持物联网在交通、电力等领域的应用示范。促进形成可持续发展的应用模式，逐步扩大物联网应用规模，提升我国经济社会各领域信息化服务水平。

物联网深刻地改变了人们的生产生活方式，蕴含着巨大的创新空间和经济价值，要把握这一机遇，充分发挥财政的职能作用，一方面加大财政投入，支持物联网核心技术研发、标准制订、公共服务，全面提升我国物联网产业的核心竞争力；另一方面要发挥财政的杠杆调节作用，引导和带动社会资本向物联网产业集聚，逐步形成市场牵引物联网产业发展的良性机制。通过财政政策与市场机制共同发挥作用，全面推进我国物联网的快速健康发展，既是党中央、国务院的战略要求，也是培育和发展战略性新兴产业的重要手段，更是财政部门义不容辞的责任，我们要充分认识推进我国物联网发展的重大战略意义，充分发挥财政职能作用，全面推进我国物联网发展。

首先，要加快建立健全推进我国物联网发展的财政政策体系。我国目前与物联网相关的财政政策主要有促进软件与集成电路发展的增值税和营业税减免、研发投入加计扣除等税收优惠政策、科技重大专项、电子信息产业发展基金、产业技术研发资金等，对发展物联网而言，这些政策不仅比较零散，而且针对性不强，也未能形成支持物联网的政策合力。为贯彻落实国务院关于加快发展战略性新兴产业的决定精神，全面推进我国物联网发展，中央财政从2011年起设立了物联网发展专项资金，突出强调要贯彻国家技术创新战略，体现以企业为主体、市场为导向、产学研用相结合的原则，重点从技术研发与产业化、标准研究与制订、应用示范与推广、公共服务平台建设等四大方面对我国物联网发展给予支持。同时，针对政策设计比较零散、支持合力不足等突出问题，我们将加强现有财政政策间的协调配合，不断优化调整财政支出结构，合理配置政策资源，建立持续稳定增长的财政投入机制。同时要研究相关税收优惠政策，发挥政府采购引导市场需求的突出作用，加快形成以物联网发展专项资金为主导的财政政策体系，营造全面推进我国物联网发展的良好政策环境。

其次，要明确财政政策支持我国物联网发展的原则和重点。在市场经济条件下，财政政策必须坚持公正性、公平性、公益性，始终把贯彻落实国家发展战略重点放在财政工作的重要位置。在财政政策的设计上，必须体现统筹兼顾与突出重点，必须注重自主创新和国际合作。要充分发挥财政公共政策定点调控的优势和作用，既要把握好财政政策的方向、力度和节奏，保持财政政策的稳定性和连续性，又要结合物联网发展的基本规律和特点，提高财政政策的针对性、有效性和灵活性。在当前情况下，要充分考虑我国物联网尚处于发展初期这个特点，财政政策必须全方位、宽领域、多层次地对我国物联网发展给予全面支持，既要发挥核心技术创新驱动作用，又要发挥示范带动和应用牵引作用；既要注重培育龙头骨干企业，又要注重发展中小企业；既要支持东部发达地区，又要兼顾中、西部欠发达地区，尽快形成我国物联网发展的技术创新体系和产业发展态势。

再次，要调动社会资本向物联网产业集聚。物联网是一个跨学科、跨领域、跨行业的综合系统工程，技术领域复杂，创新性强，产业链条长，单纯依靠财政投入，显然是不可能的，也是不现实的，迫切需要创新财政支持方式，发挥财政资金"四两拨千斤"的作用。应充分发挥财政政策的杠杆作用，鼓励和引导市场机制更好地发挥配置资源的基础性作用，调动各类社会资本持续加大对物联网的投入。财政资金安排要充分体现国家战略意图和政策取向，为各类社会资本支持物联网发展树立信心。同时，支持物联网企业借助资本市场，多渠道、多层次地鼓励产业投资基金、创业风险投资基金、私募基金等各类社会资本向物联网集聚。对于一些大型产业化项目，鼓励物联网企业引入战略投资者，走现代产融结合的道路。此外，要加强国际合作，处理好当前和长远的关系，学习借鉴国际先进的经验和做法，逐步完善政策。

最后，要强化财政政策与战略规划和产业政策间的协调配合。目前，国家有关部门正在研究制定《无锡国家传感网创新示范区规划》、《促进我国物联网健康发展的指导意见》、《国家物联网"十二五"发展规划》等政策文件，这些政策文件的制定将进一步明确我国物联网发展的指导思想、目标任务、重点方向和政策措施。财政部将加强与有关部门的沟通协调，强化财政政策与战略规划、产业政策的衔接配合，做好财政政策的顶层设计与总体规划，尽快形成财政政策与战略规划、产业政策密切配合、良性互动、共同推进我国物联网发展的政策机制。各地财政部门要结合本地实际，加强与本地区相关产业政策的互动研究，因地制宜，研究制定推进本地区物联网发展的财政政策。要按照财政科学化、精细化管理的理念和要求，加强财政资金管理，保障财政资金的安全、规范和有效使用。

第五章

厂办大集体改革政策

导　读

　　国有企业兴办集体企业（厂办大集体）是我国特定历史时期的社会经济发展的产物。随着社会主义市场经济体制的建立，厂办大集体已成为制约国有企业发展的重要因素。为深化国有企业改革，切实维护职工合法权益，改善民生，2003年我国启动了厂办大集体改革。2005年，财政部等中央部委联合制定了厂办大集体改革的试点政策，几年来，通过在东北部分城市和部分中央企业的试点，厂办大集体改革取得了初步成效。为进一步做好厂办大集体改革工作，财政部等部门在总结试点经验的基础上，形成了在全国范围内开展厂办大集体改革工作的政策建议并上报国务院。2011年4月，经国务院常务会议通过，国务院办公厅下发了《关于在全国范围内开展厂办大集体改革工作的指导意见》，全面推进厂办大集体改革。本章对厂办大集体改革政策产生的背景、形成过程、目标、基本原则和主要内容等进行了解读。

一、厂办大集体改革政策产生的背景

随着国有企业改革的深入,厂办大集体已经不适应国有企业改革发展的要求,国家出台了一系列政策推进厂办大集体的改革。

(一)厂办大集体改革的原因

厂办大集体是特定历史时期,为解决特殊的社会矛盾,应运而生的特殊产物。1978年,轰轰烈烈的"上山下乡"运动停止后,大批知识青年陆续返城,给社会造成空前的就业压力。为尽快解决回城知识青年和国有企业职工子女等城镇青年的就业问题,维护社会稳定,1980年,全国劳动就业会议对"国营企业利用自己的条件,采取全民办集体的形式,解决职工子女就业问题"加以了肯定,提倡"在国营企业扶植下,创办集体企业"。之后,国有企业兴办集体企业(以下统称为厂办大集体)的模式在全国范围内普遍推开。

厂办大集体作为国有企业的依附物,一般具备以下四个特点:一是20世纪七、八十年代以后,以安置返城知青、国有企业职工子女就业为目标;二是由国有企业批准并资助兴办(包括提供创立资金、厂房、设备和其他生产资料,派出管理干部和技术人员等),工商注册登记为集体所有制企业;三是依附主办国有企业生存,主要为国有企业提供配套产品和劳务服务;四是领导干部由主办国有企业管理。

厂办大集体的产生,在特定的历史时期,为发展地方经济和安置社会就业发挥了重要作用。但是,到了20世纪90年代,随着社会主义市场经济体制的建立,国有企业开始步入实质性的改革阶段,厂办大集体逐渐被剥离国有企业"母体"怀抱,推向市场。由于厂办大集体"先天不足",存在规模小、冗员严重、机制不活、管理不善等诸多问题,多数厂办大集体在市场竞争中难以生存发展,大量企业停产,职工失业。同时,由于厂办大集体与国有企业的天然"血缘"关系(即产权不清),国有企业难以与之彻底了断关系,成为制约国有企业改革发展的重要因素,厂办大集体必须进行改革。

厂办大集体主要分布在东北、华北、西北及部分中部省份,大约涉及20余省区。其中:东北三省的集中度最高,从全国来看,厂办大集体普遍存在的问题是：资产质量差，亏损关停面大，关停企业超过60%；社会保障问题突出，普遍存在参保面不足、缴费基数低和拖欠保费严重等情况，职工缺乏基本生活保障；在职职工离岗率超过60%，且年龄老化，专业技能水平相对较低，再就业困难；厂办大集体与主办国有企业之间的关系十分复杂，突出表现为产权关系复杂、债务关系复杂和人员关系复杂等。而作为老工业基地的东北地区，以上问题更为集中和突出。

(二) 厂办大集体改革政策的建立过程

2003年10月，中共中央、国务院在东北地区等老工业基地振兴战略中首次提出，"妥善解决厂办大集体问题"。自此，国有企业改革的最后一场攻坚战——厂办大集体改革正式拉开帷幕。

1. 研究出台试点政策

由于东北地区的厂办大集体问题十分突出，为深化国有企业改革和发展，保障职工权益，维护社会稳定，2003年，党中央、国务院在实施东北地区等老工业基地振兴战略中，明确提出要妥善解决厂办大集体问题。考虑到厂办大集体长期处于无序管理状态，底数不清。东北地区厂办大集体更是面广人多，情况复杂，改革直接关系到社会稳定。为稳妥起见，2004年12月，国务院领导同志主持召开会议，确定按照"先试点，再推开"的原则，逐步解决东北地区厂办大集体问题。2005年，先在东北三省各选择1~2个城市或部分中央企业进行厂办大集体改革试点。在部门的职责分工方面，由财政部牵头制定试点政策，具体组织实施则以国资委为主。

为切实贯彻国务院会议精神，积极稳妥地推进东北地区厂办大集体改革试点工作，2005年，财政部会同国资委、原劳动保障部等部门，开展了东北地区厂办大集体调查摸底和实地调研工作，广泛听取了东北三省人民政府（包括省内部分城市人民政府）和部分中央企业对解决厂办大集体问题的意见和建议。在此基础上，形成了东北地区厂办大集体改革试点的政策建议。2005年，经国务院常务会议审议通过，国务院批复同意财政部、国资委和原劳动保障部联合上报的《东北地区厂办大集体改革试点工作的指导意见》（国函〔2005〕88号，以下简称《试点意见》），批准选择东北地区部分城市和中央企业开展厂办大集体改革试点，取得经验后在全国全面推开。

2. 认真执行试点政策

《试点意见》作为厂办大集体改革的纲领性文件，它的出台，在东北三省乃至全国引起强烈反响。按照《试点意见》的要求，东北三省结合本省实际，积极开展了厂办大集体摸底调查、试点城市的申报和配套办法的制定工作。经省级人民政府同意并报国家国资委、财政部和原劳动保障部核准,厂办大集体改革试点城市最终确定为:吉林省长春、四平、白山市和黑龙江省哈尔滨市。据统计,四个试点城市参与改革的厂办大集体共计 2 003 户,职工 55 万人,其中在职职工 44 万人;厂办大集体资产总额 83.5 亿元,负债总额 100.2 亿元,净资产 –16.7 亿元。

除试点城市外,部分中央企业也以集团公司为主体积极申请开展了试点工作,进展较为顺利。目前,中国石油化工集团公司、攀枝花钢铁(集团)公司、中国葛洲坝集团公司、中国东方电气集团有限公司四户中央企业所属 523 户厂办大集体的改革工作已基本完成,妥善安置厂办大集体职工约 6 万人。

3. 积极总结试点经验

经过各方努力,试点工作取得了一定成效,为在全国范围内开展厂办大集体改革工作奠定了基础。

(1)试点政策得到检验。《试点意见》的主要政策措施:一是充分借鉴国有企业改革经验,采取重组改制、关闭或依法破产等多种途径,使厂办大集体与主办国有企业彻底分离,妥善安置职工,切实维护职工权益。二是在资产和债权债务处理方面,厂办大集体长期使用的主办国有企业资产可划拨用于安置厂办大集体职工;厂办大集体与主办国有企业之间的债权债务可进行轧差处理,轧差后厂办大集体拖欠的债务可予以豁免等。三是在职工安置方面,要与在职集体职工解除劳动关系,并依法支付经济补偿金;职工要按国家规定接续各项社会保险关系,享受相应的社会保障待遇。四是在改革成本分担方面,厂办大集体改革成本由企业、地方财政和中央财政共同分担。对厂办大集体净资产不足以支付经济补偿金的,差额部分所需资金由中央财政予以补助。其中,对地方国有企业兴办的厂办大集体,中央财政补助 30%;对中央企业及中央下放企业兴办的厂办大集体,中央财政根据企业效益等具体情况确定补助比例,原则上不超过 50%。

从试点情况看,地方政府、企业和职工普遍认可和欢迎《试点意见》,认为政策措施基本涵盖了企业改革和职工安置的各个方面,指导性、操作性强。

(2)积累了在全国推开的经验。虽然厂办大集体改革面临不少困难,但经过试点探索出了有针对性的解决办法,积累了经验。吉林、黑龙江两省及试点城市人民政府均成立了由主要领导同志负责的组织机构,抽调了专门的工作人员,研究制定了相应的工作制度和试点实施办法,配套安排了部分资金。在实际工作中抓住难点问题,注重解决职工困难,将企业改革同维护职工权益同步推进。针对职工反映强烈的基本养老保险问题，试点城市普遍研究出台了相关办法，切实将厂办大集体职工纳入基本养老保险范围，维护了职工权益。同时，考虑到财力有限，试点城市在工作中立足实际、灵活操作，充分调动各方面积极性，取得了良好的效果。

（3）全面推开改革需解决的难点问题暴露比较充分。尽管试点工作取得一定成效，但由于种种原因，改革进展比预期的慢，改革中的难点问题得到了比较充分的暴露。

①厂办大集体承受能力差，地方政府资金压力大。一是厂办大集体承受能力差，地方政府资金压力大。厂办大集体普遍困难，70%~80%需要关闭或破产清算，企业自身基本没有有效资产可以利用，改革承受能力差。尤其是"三无"厂办大集体（无主办企业、无资产、无生产经营活动）较多，本应由厂办大集体、主办企业、地方政府和中央财政四方面共同承担的经济补偿金，变成由地方政府和中央财政"两家抬"，在中央财政补助比例既定的情况下，地方财政压力增大。

②厂办大集体改革成本超出预期。二是厂办大集体改革成本超出预期。由于厂办大集体长期管理比较混乱，基础资料缺失，企业底数很难摸清。《试点意见》下发后，东北三省对厂办大集体进行了全面调查，发现职工人数、企业困难程度都远远超出预期，加上最低工资标准不断上涨、工龄增加等因素的综合影响，改革成本压力极大。地方政府在自身财力困难的情况下，很难筹集到充足的改革资金，多次要求中央财政加大支持力度。

③操作层面的具体困难影响改革进度。三是操作层面的具体困难影响改革进度。一是厂办大集体企业性质的界定、职工身份的确认和资产清查、审计评估等工作需要投入大量的时间和精力；二是多数厂办大集体处于"门关人走"的状态，在实际工作中，寻找职工、征求意见、逐一发放经济补偿金耗时很长等等。

4. 研究出台在全国范围内开展厂办大集体改革的相关政策

《试点意见》印发后，特别是在东北开展改革试点以来，厂办大集体改革的各项政策已向社会公布，随着时间的推移，职工对改革的企盼更为迫切，广大职工积极要求加快改革，尽早享受国家惠民政策。同时，经过四年多的试点，地方政府对开展厂办大集体改革的认识普遍提高，非试点地区改革动力增强，中西部地区部分城市也多次要求按照《试点意见》的有关规定尽早开展改革工作。此外，随着我国经济的不断发展，各级政府和中央企业的经济实力处于历史最好阶段，彻底解决厂办大集体这一历史遗留问题的条件基本具备，时机基本成熟。

在此基础上，为切实贯彻国务院的有关要求，财政部会同国资委、人力资源社会保障部和原振兴东北办等有关部门，密切跟踪试点城市和中央企业的改革情况，多次实地调研和召开座谈会，了解试点存在的问题和有关方面对试点政策的意见。在广泛征求意见的基础上，针对试点工作实际情况和反映的问题，对《试点意见》的政策内容进行了认真梳理，在保持《试点意见》主体框架和政策基本不变的基础上，补充和完善了相应政策条款，调整简化了工作程序，形成了在全国范围内开展厂办大集体改革工作的政策建议，并正式请示国务院。2011年4月，经国务院常务会议通过，国务院办公厅下发了《关于在全国范围内开展厂办大集体改革工作的指导意见》（国办发〔2011〕18号，以下简称《指导意见》）。

二、厂办大集体改革政策的总体目标与基本原则

在前期试点工作的基础上，《指导意见》明确了厂办大集体改革政策的总体目标和基本原则。

（一）总体目标

厂办大集体改革，需要解决的核心问题有两方面：一是在企业层面，要将厂办大集体与主办国有企业彻底分离，通过公司制改革或关闭破产等多种方式，使厂办大集体这种特殊的企业组织形式彻底退出历史舞台。二是在职工层面，要采取切实有效的措施，妥善安置职工，切实维护职工的合法权益。厂办大集体职工的劳动关系和身份是计划经济用工制度的产物。长期以来，厂办大集体与国有企业一样，用工制度固化，已经演变为事实上的终身制。职工成了"企业人"，生老病死都与企业息息相关，职工对企业有着强烈的依附性。厂办大集体改革，要通过补偿或安置方式，使职工真正走向市场，实现厂办大集体职工由"企业人"向"社会人"的质的转变。

综合以上两方面因素，《指导意见》明确提出，厂办大集体的总体目标是：从2011年开始，用3~5年的时间，通过制度创新、体制创新和机制创新，使厂办大集体与主办国有企业彻底分离，成为产权清晰、面向市场、自负盈亏的独立法人实体和市场主体；职工得到妥善安置，职工合法权益得到切实维护。

（二）基本原则

厂办大集体作为特定历史时期的特殊产物，一是企业类型和发展状况千差

万别,情况复杂;二是各类矛盾凸现,改革难以从根本上解决所有问题;三是改革成本压力大,企业改革承受力弱。为此,《指导意见》确定的厂办大集体改革的基本原则是:坚持从实际出发,着力化解主要矛盾,解决重点问题;坚持分类指导,通过多种途径安置职工,处理好劳动关系和社会保险关系;坚持统筹兼顾各方面的承受能力,由厂办大集体、主办国有企业、地方财政和中央财政共同分担改革成本。

三、厂办大集体改革政策的主要内容

《指导意见》明确了厂办大集体改革政策的内容,对厂办大集体的改革方式、有关资产和债权债务的处理、职工安置和劳动关系处理、改革成本的承担、社会保障政策、工作要求等都做了具体的规定。

(一)厂办大集体的改革方式

国有企业主辅分离、辅业改制是国有企业改革的重大举措,在实际工作中取得了良好的成效。厂办大集体从本质上而言,与国有企业的辅业性质类似。在改革政策的设计上,也充分借鉴了国有企业辅业改制的改革政策。即:对具备条件,能够重组改制的厂办大集体,可按照公司法和原国家经贸委等八部委《关于国有大中型企业主辅分离辅业改制分流安置富余人员的实施办法》(国经贸企改[2002]859号)等有关法律法规和政策规定,通过合资、合作、出售等多种方式,改制为产权清晰、面向市场、自负盈亏的独立法人实体;对不具备重组改制条件或亏损严重、资不抵债、不能清偿到期债务的厂办大集体,可实施关闭或依法破产。

(二)有关资产和债权债务的处理

厂办大集体与国有企业之间没有清晰的产权关系,但厂办大集体生产经营所必需的初始资金、土地、厂房和生产设备,大多由主办国有企业无偿资助。无偿资助一般分为两种情况:一是将资产无偿转让给厂办大集体;二是主办国有企业仍拥有资产的所有权,但允许厂办大集体无偿使用。在改革政策的设计中,考虑到厂办大集体资产质量差,《指导意见》允许主办国有企业无偿让渡部分资产及土地使用权,用于帮助安置厂办大集体职工。主要政策包括:

1. 厂办大集体长期使用的主办国有企业的固定资产,可无偿划拨给厂办大集体,用于安置职工

2. 厂办大集体使用的主办国有企业的行政划拨土地，经所在地县级以上人民政府批准，可将土地使用权与主办国有企业分割后确定给厂办大集体以划拨方式使用

不符合划拨用地目录条件的，应依法办理土地有偿使用手续。土地出让收益可用于安置职工。

3. 在债权债务的处理方面，《指导意见》分三个层面予以了明确

（1）厂办大集体与主办国有企业之间在规定的时间内发生的债权、债务可进行轧差处理。轧差后主办国有企业欠厂办大集体的债务，由主办国有企业予以偿还；轧差后厂办大集体欠主办国有企业的债务，在厂办大集体净资产不足以安置职工时，由主办国有企业予以豁免，并按规定程序报批后冲减国有权益。例如：某厂办大集体与主办国有企业之间存在往来款项，厂办大集体应偿还主办国有企业借款100万元，主办国有企业应付厂办大集体货款30万元，两者轧差，厂办大集体应偿还主办国有企业借款70万元，如果厂办大集体净资产不足以安置职工，则主办国有企业豁免此项借款，由此产生的损失可报批冲减国有权益。

（2）厂办大集体拖欠职工的工资等债务，要按照实事求是的原则依法认定，制订债务清偿计划，通过资产变现等方式积极筹集资金偿还。

（3）厂办大集体拖欠的金融债务，要明确债权债务关系，落实清偿责任，不得以改制为名逃废债务。

（三）职工安置和劳动关系处理

厂办大集体改革，核心问题之一是要依法妥善处理在职集体职工的劳动关系。

《指导意见》明确规定，厂办大集体改制、关闭或破产的，应依法妥善处理与在职集体职工的劳动关系。与在职集体职工解除劳动关系的，应依法支付经济补偿。

关于经济补偿的支付标准，按照《劳动合同法》的有关规定，企业与职工解除劳动关系，根据职工在本单位工作年限，每满1年发给相当于1个月工资的经济补偿金。其中，工资计算标准是指企业正常生产情况下职工解除劳动合同前12个月的月平均工资；企业长期停产歇业，无法计算前12个月的平均工资水平的，按所在地人民政府颁布的最低工资标准计发。

考虑到厂办大集体和主办国有企业之间人员关系复杂，即厂办大集体的领导干部和技术骨干多由主办国有企业派驻，厂办大集体的部分集体职工又因为种种原因被派往主办国有企业工作。为理顺人员关系，合理划分主办国有企业和厂办大集体的责任，《指导意见》规定，对在主办国有企业工作10年以上、已经与主办国有企业形成事实劳动关系的厂办大集体在职集体职工，主办国有企业要与其进行协商，依法与其签订劳动合同，或按照厂办大集体在职集体职工的安置政策予以安置；对在厂办大集体工作或服务的主办国有企业职工，已与厂办大集体签订劳动合同的，可按照厂办大集体在职集体职工安置政策予以安置；未与厂办大集体签订劳动合同的，由主办国有企业妥善安置。

此外，由于厂办大集体成立时间较早，不少职工已接近退休年龄，再就业困难，为切实保障职工的利益，《指导意见》规定，对距法定退休年龄不足5年（含5年）或工龄已满30年、再就业有困难的厂办大集体在职集体职工，可实行企业内部退养，发放基本生活费，并按规定继续为其缴纳社会保险费，达到退休年龄时正式办理退休手续；对再就业有困难且接近内部退养年龄的厂办大集体在职集体职工，在解除劳动关系时，经企业与职工协商一致，可以签订社会保险缴费协议，由企业为职工缴纳基本养老保险费和职工基本医疗保险费，代替支付经济补偿金或生活补助费。

（四）改革成本的承担

厂办大集体可用净资产支付解除在职集体职工劳动关系的经济补偿金。净资产如有剩余，剩余部分作为主办国有企业持有改制企业的股权，也可向改制企业的员工或外部投资者转让，转让收益归主办国有企业所有。净资产如不足以支付，差额部分所需资金由主办国有企业、地方财政和中央财政共同承担。其中，中央财政采取"补奖结合"的办法，大力支持厂办大集体改革工作。

1. 中央财政承担的改革成本

对地方国有企业兴办的厂办大集体，中央财政补助50%；对中央下放地方的煤炭、有色、军工等企业兴办的厂办大集体，中央财政补助100%；对中央企业兴办的厂办大集体，中央财政将根据企业效益等具体情况确定补助比例，原则上不超过50%。主要考虑：（1）中央企业厂办大集体经营状况总体好于中央下放和地方企业厂办大集体，厂办大集体自身及主办企业有一定的改革承受能力。（2）中央下放企业主要是煤炭、有色、军工企业，因资源枯竭或长期亏损，大多经批准实施了政策性关闭破产，所兴办的厂办大集体已成为"三无"企业。考虑到这些企业长期困难，职工无稳定收入来源，也未参加基本养老、医疗保险，且所在地方财政实力薄弱，改革所需经济补偿金由中央财政全额承担。（3）地方厂办大集体普遍困难，同时还有大量的"三无"厂办大集体，地方政府改革成本压力较大，提高中央财政补助比例，有助于统筹解决厂办大集体职工安置问题。

2. 建立激励机制，调动地方政府的改革积极性

为进一步调动地方政府的积极性，尽快完成厂办大集体改革工作，避免改革成本的进一步扩大，对厂办大集体改革工作进度快、实施效果好的城市，中央财政给予奖励政策，即以 2014 年为基准，每提前 1 年完成，中央财政对地方厂办大集体的补助比例提高 10 个百分点。具体内容是：在 2011 年底前完成改革工作的，中央财政对地方厂办大集体的补助比例由 50% 提高到 80%；在 2012 年底前完成改革工作的，补助比例由 50% 提高到 70%；在 2013 年底前完成改革工作的，补助比例由 50% 提高到 60%。2014 年及以后完成改革的，不予奖励。

3. 明确中央财政补助资金可以统筹用于安置厂办大集体职工

试点情况表明，厂办大集体职工要求解决的主要问题：一是支付解除劳动关系的经济补偿金；二是长期欠费、断保的在职职工要求补缴保费接续养老保险关系，未参保的在职职工要求参加基本养老保险；三是未参保退休人员提出"要社保不要低保"等。由于厂办大集体情况多种多样，不同职工群体的诉求不尽相同，调整政策难以做到统一规定，因此，《指导意见》取消了中央财政补助资金的使用限制，允许各地根据实际情况，将中央财政补助资金统筹用于厂办大集体职工安置，推动厂办大集体改革。

（五）社会保障政策

厂办大集体职工与企业解除劳动关系后，就业扶持政策执行国家现行规定；各项社会保险关系按规定接续，符合条件的，享受相应的社会保险待遇；厂办大集体的困难职工，凡符合城市居民最低生活保障条件的，按规定纳入最低生活保障范围，切实做到应保尽保。

厂办大集体普遍困难，参保面低、缴费基数低、欠缴保费情况严重，为妥善解决社保问题，切实维护职工权益，针对欠费和未参保情况，《指导意见》采取了以下解决措施：

1. 关于欠费问题

厂办大集体与职工解除劳动关系前，欠缴的各项社会保险费用，应足额补缴。个人欠缴部分由个人补齐；企业欠缴部分，经有关部门认定后，可制订补缴计划，分期补缴，但企业缴费划入职工个人账户部分和职工个人缴费部分应一次性补齐。关闭、破产的厂办大集体确实无法通过资产变现补缴的基本养老保险欠费，除企业缴费中应划入职工养老保险个人账户部分外，可按有关规定报经批准后核销。

2. 关于未参保问题

对未参加基本养老保险的厂办大集体在职集体职工和退休人员，各地要根据实际情况，采取切实措施，按照自愿原则，纳入基本养老保险范围，并根据未参保人员的负担能力和年龄情况合理确定缴费标准。

（六）改革工作要求

1. 高度重视，加强组织领导

厂办大集体改革工作涉及面广，情况复杂，工作难度大，各有关地方人民政府和中央企业要高度重视，加强组织领导，成立由有关负责同志牵头的改革工作领导小组，明确职责分工，周密安排，积极配合，在确保稳定的前提下，积极稳妥地完成改革工作。

2. 认真制订改革方案，确保稳妥实施

实施厂办大集体改革的城市和中央企业要制订切实可行的改革方案和维护社会稳定的措施。中央企业厂办大集体改革方案的制订，应与所在地人民政府充分协商，妥善衔接，慎重决策。

在审批程序方面，地方国有企业厂办大集体改革方案由相关省（区、市）人民政府审批，报财政部、国资委、人力资源社会保障部备案；中央企业厂办大集体改革方案由国资委、人力资源社会保障部联合审批，报财政部备案。

3. 严格履行改革程序，做实做细各项工作

厂办大集体改革必须严格执行国家有关规定，认真履行企业改革的各项工作程序，做细做实企业性质界定、职工身份确认、资产清查、审计评估等各项工作。要通畅各种职工诉求表达渠道，充分听取职工和工会意见，不断完善企业改革方案。企业资产、负债等主要财务指标的财务审计、资产评估结果，要向广大职工公开，接受职工民主监督。要严格审批制度，凡未按程序批准或决定的，一律不得实施改革。

在具体组织实施时，改革需要履行的主要工作程序包括：（1）界定改革范围；（2）企业资产清查、审计及评估；（3）核实职工的劳动关系，摸清各类人员构成；（4）制订企业改制或清算方案、职工安置方案、企业内部债务处理方案等；（5）召开职代会或职工大会，审议相关重大事项，并形成决议；（6）企业改制或清算方案的申报批准；（7）企业改制或清算方案的实施，包括妥善处理职工的劳动关系、规范处置企业资产等。

四、厂办大集体专项补助资金的拨付和监督管理

为切实支持厂办大集体改革工作,《指导意见》下发后,财政部积极制定下发了两个资金管理办法:一是针对地方国有企业和中央下放地方管理的煤炭、有色、军工等企业(以下简称中央下放企业)兴办的厂办大集体,下发了《财政部关于厂办大集体改革中央财政专项补助资金管理问题的通知》(财企〔2011〕114号,简称《地方通知》);二是针对中央企业兴办的厂办大集体,下发了《财政部关于中央企业厂办大集体改革中央财政专项补助资金管理问题的通知》(财企〔2011〕231号,简称《中央通知》),对中央财政补助资金的申报方式、补助方式、监督检查办法等做了明确规定。具体如下。

(一)补助方式

厂办大集体改革的实施主体分别是地方人民政府和中央企业。考虑到地方国有企业和中央下放企业兴办的厂办大集体资产质量差、停产歇业现象普遍、离岗职工众多,地方政府面临着较大的改革成本压力,为确保地方改革工作的顺利进行,《地方通知》和《中央通知》采取了不同的中央财政补助资金拨付方式,前者采取"先预拨,后清算"的方式,后者采取"先改革,后拨付"的方式。即:对地方国有企业和中央下放企业兴办的厂办大集体实施改革的,中央财政按应承担补助金额的70%的比例预拨补助资金,改革工作完成后,中央财政依据各省上报的清算报告和专员办的审核意见,据实清算并拨付补助资金(包含奖励资金)。同时,考虑到改革面临的复杂性,为缓解地方政府的现金流压力,明确补助资金的清算有两种方式供选择:一是以城市为清算主体,在城市厂办大集体改革工作整体完成后,一次性进行资金清算;二是根据城市厂办大集体改革的工作进度,分年度进行清算。对中央企业兴办的厂办大集体实施改革的,改革工作完成后,中央财政根据中央企业集团公司上报,据实拨付补助资金。

(二)监督管理

为加强对补助资金的管理,两个文件中均规定:一是对各省财政部门上报的资金清算报告或中央企业集团公司上报的资金申请报告,由财政监察专员办事处出具审核意见,作为中央财政补助资金清算或拨付依据;二是要求补助资

金实行专账管理,统筹用于安置厂办大集体职工;三是财政部对补助资金使用管理情况进行不定期或重点监督检查,对虚报冒领、挤占挪用的,将给予处罚。

五、厂办大集体改革在全国范围内有序推进

厂办大集体改革是深化国有企业改革的必然要求,也是维护职工权益,改善民生的重大举措。《指导意见》下发后,全国财政系统积极开展了贯彻落实工作。一是及时制定下发了两个资金管理办法,对中央财政补助资金的补助方式和监督检查方式予以明确。二是及时举办了全国财政系统厂办大集地改革工作培训班,部党组成员、部长助理刘红薇出席了培训班并对各地财政部门加快推进厂办大集体工作提出了明确要求。财政部企业司全面详细解读了厂办大集体改革政策和相关资金补助办法。

培训班结束后,各地财政部门按照省委、省政府的统一部署,积极主动地采取切实措施,抓紧开展相关贯彻落实工作。据了解,目前,承担厂办大集体改革工作任务的主要省份工作进展情况是:内蒙古、陕西、甘肃、湖北等省已正式下发了全省厂办大集体改革工作实施方案,正在积极开展改革政策培训、地市改革方案的申报和审批等工作;吉林、辽宁、黑龙江、安徽、河南、四川等省的财政部门已经会同国资、劳动保障等部门制定了厂办大集体改革工作实施方案,目前拟报送或已报送省政府,待正式批准后下发;山东、云南、重庆等省份已经召开了动员和布置会,正在会同有关部门研究制定相关实施方案;其余省份的财政部门也进行了深入的调查摸底,并积极督促和配合有关部门推进改革工作。

第六章

中央企业分离办社会职能政策

导 读

中央企业分离办社会职能政策是指将中央企业在计划经济特定历史条件下举办的与企业生产经营没有直接关系的社会公益及生活后勤服务单位移交地方管理的行为。1993年,中央企业分离办社会职能政策提上日程;2004年正式开始组织实施中央企业分离办社会职能政策。为推动中央企业分离办社会职能政策工作,国家先后出台了一系列政策,这些政策的落实为切实降低中央企业负担,提高中央企业竞争力,维护企业和社会稳定,促进国有企业改革发挥了重要的作用。本章对中央企业分离办社会职能政策的背景、内容、目标、运行机制、作用等进行了解读,对进一步完善中央企业分离办社会职能政策提出了建议。

一、中央企业分离办社会职能政策的产生

中央企业办社会是计划经济时期的历史产物,随着社会主义市场经济体制的确立,中央企业办社会已经不符合国有企业改革的方向,在这种形势下,我国开始研究中央企业分离办社会职能的政策,逐步建立完善了中央企业分离办社会职能的政策体系。

(一) 产生背景

计划经济时期,社会主义工业化建设如火如荼,在当时政府职能不到位,教育、医疗等社会事业发展不配套的情况下,国有企业为解决职工后顾之忧,逐步兴办了大量的学校、公检法、医院等社会职能机构。在当时这既是企业正常经营的基本条件,也是维护职工队伍稳定的需要,具有一定的客观必然性。

伴随着多年的发展,国有企业办社会职能机构逐步形成了种类繁多、形式多样的格局。按照性质划分,企业办社会职能机构可归纳为政府事务类、社会公益类、职工生活服务类三种类型。政府事务类职能单位包括:普通中小学、公检法机构等。社会公益性职能单位包括:医院、消防、大中专院校及职业教育、供水供电供暖等公共设施,以及公共交通、道路建设及维护、社区环卫等市政建设机构。职工生活服务类职能单位包括:幼儿园、托儿所、浴室、食堂、物业公司等其他社会职能单位。

计划经济时期,企业办社会职能维护了职工的稳定,对保障企业正常生产经营起到了重要作用。随着社会主义市场经济体系的建立和完善,国有企业改革的不断拓展深入,企业办社会职能问题已成为国有企业发展的体制性障碍。主要表现在以下几个方面:一是在市场经济的新形势下,国有企业既要参与市场竞争,追求经济效益,又因为承担着办社会职能,要兼顾社会效益,存在着双重目标,不能与外资企业、民营企业公平竞争。二是国有企业按规定向国家缴纳税费后,再承担兴办中小学等经费支出,增加了负担,影响了企业自我积累和自我发展能力。三是企业在从事日常生产经营活动的同时,又要负责中小学、公检法等社会职能单位各项事业的正常开展,日常管理事务多,不利于企业集中精力从事生产经营。因此,实施中央企业分离办社会职能工作,是贯彻

落实党中央、国务院关于深化国有企业改革方针的重大举措；是加快中央企业改革发展的一项战略任务；是国有企业平等参与市场竞争的必要措施；是转变政府职能、提高社会资源利用效率的客观需要；是维护社会稳定的客观要求，十分必要。

(二) 建立过程

从1995年考虑先从优化资本结构试点城市开展这项工作以来，中央企业分离办社会职能政策研究工作，先后经历了宏观指导阶段、调查摸底阶段、提出总体思路和试点方案阶段，以及组织实施四个阶段。

1. 宏观指导

1993年党的十四届三中全会明确提出要分离企业办社会职能，将这项工作提上了议事日程。1995年原国家经贸委、财政部、卫生部、劳动部印发了《关于若干城市分离企业办社会职能分流富余人员的意见》（国经贸企〔1995〕184号），以推动这项工作。2000年，国务院转发了原国家经贸委《国有大中型企业建立现代企业制度和加强管理的基本规范（试行）》（国办发〔2000〕64号），进一步提出了分离企业办社会职能的工作要求。2000年7月，原国家经贸委又向国务院第71次总理办公会议作了汇报，建议再发一个文件进行部署。但由于当时对企业办社会职能情况还不清楚，汇报中除学校、医院外，公检法水电气等的分离问题还没有研究，最终没有能够出台。在此期间，分离企业办社会职能工作进展不明显，部分地方企业开始小范围启动分离工作，中央企业基本没有开始。这一阶段工作是由原国家经贸委牵头的。

2. 调查摸底和分析研究

2001年，财政部领导要求企业司对分离企业办社会职能工作开展专题调查研究，并先后组织对8个省市和石油、石化、电力、煤炭、冶金、建材、施工及军工等行业的20户典型企业，进行调研和测算，基本摸清了负担情况、各地做法及工作难点，提出了中央企业先试点后推开、逐步分批实施的意见，为推进中央企业分离办社会职能工作打下了良好的基础。2002年，企业司组织力量继续开展深入研究。一方面，通过2002年决算，对全国企业办社会职能情况进行全面摸底。另一方面，对黑龙江省企业办社会职能负担情况进行典型调研，进一步确认了先试点后推开的工作思路。这一阶段工作是由财政部牵头的。

3. 总体思路形成及试点工作

在大量调查研究和分析基础上，根据中央企业办社会职能问题的实际情况，财政部会同国资委等部门反复研究，形成了中石油、中石化和东风汽车三户企业试点方案和"分三步走"的中央企业分离办社会职能工作总体安排建议。国务院办公厅于2004年初印发了《国务院办公厅关于中央企业分离办社会职能试点工作有关问题的通知》（国办发〔2004〕22号）文件，这标志着中央企业分离办社会职能工作正式启动。这一阶段工作也是由财政部牵头的。

4. 正式开始组织实施

2004年开始，按照分批实施的原则，财政部企业司在组织实施3户企业试点工作的同时，积极研究制定第二批中央企业分离办社会职能工作实施方案，主要做了以下工作：

（1）2004年初，邀请8户中央企业主要负责人进行座谈，财政部主管部领导亲自到会，研究制定了第二批方案的指导思想和具体原则。

（2）根据2003年决算数据及3户试点情况，对经费补助政策作了适当调整，研究提出了第二批实施方案。并在成都先后召开了部分中央企业和部分地方财政厅局长座谈会，广泛征求意见。会后对方案作了修改，形成正式上报方案。

（3）2004年9月财政部企业司草拟了《国务院办公厅关于第二批中央企业分离办社会职能工作有关问题的通知》（代拟稿），与国资委联合上报国务院审批。

（4）12月下旬，黄菊副总理正式听取财政部和国资委关于第一批试点企业工作完成情况和第二批实施方案的汇报，同意了第二批实施方案，明确以国务院办公厅名义印发。2005年新年伊始，《国务院办公厅关于第二批中央企业分离办社会职能工作有关问题的通知》（国办发〔2005〕4号，以下简称"国办发4号文件"）正式印发。

二、中央企业分离办社会职能政策的指导思想和基本原则

党中央、国务院对解决企业办社会职能问题十分重视，多次做出明确指示，其核心思想就是要分离企业办社会职能，切实减轻企业负担。党的十四届三中全会提出，要"减轻企业办社会职能负担"。2000年，国务院在转发原国家经贸委的《国有大中型企业建立现代企业制度和加强管理的基本规范（试行）》（国办发〔2000〕64号）中，进一步提出了分离企业办社会职能的工作要求。党的十五届四中全会提出："分离企业办社会的职能，切实减轻国有企业的社会负担。位于城市的企业，要逐步把所办的学校、医院和其他社会服务机构移交地方人民政府统筹管理，所需费用可在一定期限内由企业和政府共同承担，并逐步过渡到由政府承担，有些可以转为企业化经营。独立工矿区也要

努力创造条件,实现社会服务机构与企业分离。各级政府要采取措施积极推进这项工作。"党的十六届三中全会再次强调:"继续推进企业转换经营机制,深化劳动用工、人事和收入分配制度改革,分流安置富余人员,分离企业办社会职能,创造企业改革发展的良好环境"。

根据国务院对中央企业分离办社会职能问题的有关批示意见,为积极推进国有企业分离办社会职能工作,切实减轻企业负担,从体制、机制上解决国有企业遗留问题,财政部、国资委联合向国务院上报了中央企业分离办社会职能工作意见,经国务院批准,确定了中央企业分离办社会职能工作先试点再逐步推开的"两步走"基本原则。具体为:第一步,选择中石油、中石化、东风汽车3户企业进行试点。第二步,将中央直管企业中有办社会职能的74户企业纳入第二批实施企业范围(铁道、农垦企业除外)。主要是考虑到铁道部已在全国范围内组织开展分离企业办社会职能工作,2004年内大部分已与地方签署协议,基本完成了移交工作。农垦、森工等部门的未脱钩企业,由于地处偏远地区,长期政企不分,实施分离的具体时间一时还难以确定。

三、中央企业分离办社会职能政策的目标与主要内容

为切实减轻中央企业的负担,实现中央企业分离办社会职能,中央企业分离办社会职能政策明确了实施的时间目标和具体内容。

(一) 政策目标

为切实增强国有企业竞争力,从体制上解决与市场经济要求背离的,长期困扰企业改革发展的历史包袱,做大财政"蛋糕",完善政府职能,财政部党组按照新时期的理财思想,从支持企业改革与发展的大局出发,确立了力争用3~5年的时间基本解决中央企业办社会职能问题的政策目标,切实降低国有企业负担。

(二) 政策内容和支持方式

根据《国务院办公厅关于中央企业分离办社会职能试点工作有关问题的通知》(国办发〔2004〕22号)、《国务院办公厅关于第二批中央企业分离办社会职能工作有关问题的通知》(国办发〔2005〕4号,以下简称"国办发4号文件")文件精神,中央企业分离办社会职能工作主要政策要点包括分离范围、移交方式、经费承担方式等,具体如下:

1. 根据国有企业主办社会职能的性质不同，采取不同的分离方式

对中央企业主办的应由政府职能承担的全日制中小学和公检法机构，由中央统一组织实施，一次性分离，所需经费设立三年过渡期，过渡期内由中央财政与企业共同承担，过渡期后全额由中央财政承担。社会公益类和生活服务类等社会职能分离问题，由企业与地方人民政府根据实际情况协商确定，鼓励企业办社会职能机构通过市场化改革进行分离。

2. 从 2004 年 1 月 1 日起，在中石油、中石化、东风汽车公司开展试点工作，将上述 3 户企业所属的全日制普通中小学和公检法等职能单位，一次性全部分离并按属地原则移交地方管理

从 2005 年 1 月 1 日起，全面推进中央企业分离办社会职能工作，将中国核工业集团等 74 户中央企业所属的全日制普通中小学和公检法等职能单位，一次性全部分离并按属地原则移交地方管理。

3. 移交地方管理的中小学、公检法机构，按照"移交资产无偿划转"的原则，实行成建制移交

符合有关职（执）业资格条件的移交人员，经地方政府核定后，纳入移交范围。中小学离退休教师纳入移交人员范围。

4. 移交地方政府管理的中小学、公检法及中小学离退休教师的经费补助，按照就高不就低的原则，经中央财政核定后，由中央财政通过划转地方财政补助基数予以解决

（三）监督管理

第二批中央企业分离办社会职能工作涉及的企业多，情况复杂，工作难度大，财政部、国资委会同教育部、公安部、劳动保障部、人事部、中编办以及高法院、高检院等有关部门，加强对第二批中央企业分离办社会职能工作的跟踪、指导，协调地方人民政府和有关中央企业做好移交单位的交接工作，认真审核移交协议，坚决反对和制止弄虚作假，移交人员要求提前张榜公告，移交资产要求双方逐项核对，尤其在交接过程中，必须严格执行财经纪律和各项规章制度，防止国有资产流失。移交经费专款专用，各地方财政监督检查单位随时进行检查指导，采取措施进一步强化财政监督，确保财政资金规范、安全、有效运行，确保移交机构的正常运转和社会稳定。

四、中央企业分离办社会职能政策的运行机制

各省（自治区、直辖市）、计划单列市财政部门按照《财政部关于印发

〈第二批中央企业移交地方管理办社会机构经费补助对账表〉的通知》（财企[2005] 20 号）的要求，根据移交双方共同核对确认的移交机构、人员及经费补助等情况，分别与有关中央企业集团联合向财政部报送对账结果的书面报告。总体对账工作已完成的省份，可采取一次性申报的方式，涉及中央企业较多的省份，可以成熟一个，报送一个。财政部对各省（自治区、直辖市）、计划单列市财政部门和中央企业联合上报的对账结果进行审核、批复，批复意见作为各省（自治区、直辖市）、计划单列市人民政府与有关中央企业签订正式协议的依据。财政部、国资委对有关省（自治区、直辖市）、计划单列市财政厅（局）和中央企业集团的联合申请文件（附双方签订的正式移交协议）进行审核后，联合批复资产划转、经费补助基数数额，明确过渡期间经费承担数额及移交前有关中央企业拨付资金的结算办法。有关中央企业依据财政部、国资委的批复意见及时办理与所在地政府的各种移交手续。财政部通过一般转移支付将补助经费划转各省（自治区、直辖市）、计划单列市。

五、中央企业分离办社会职能政策的成效

按照国务院关于中央企业分离办社会职能工作的统一部署，在财政部、国资委等有关部门的精心组织、积极推动及中央企业和地方政府的积极配合和大力支持下，中央企业分离办社会职能工作进展顺利，到 2007 年底，基本完成中央企业分离办社会职能工作任务。2008～2010 年，对移交中的遗留问题进行了梳理，妥善解决了先期移交、停办学校离退休教师的移交及个别企业漏报的中小学和公安机构的移交问题。截至目前，共移交普通中小学 2 084 个，公安机构 655 个；移交在职教师 149 064 人，离退休教师 110 892 人，公安人员 21 335 人；核定经费补助基数 98.61 亿元。

中央企业分离企业办社会职能成效显著：一是应由政府承担的中小学教师和公安人员待遇得到了落实；二是真正从体制上、机制上为国有企业减轻了负担，增强了国有企业竞争力，确保了机构平稳移交；三是有利于地方政府依据当地经济发展情况，合理配置教育、治安管理资源，更好地维护企业和社会的稳定。

六、进一步完善中央企业分离办社会职能政策

由于中央企业办社会问题的长期性、多样性和复杂性，随着 2004 年第一批 3 户企业试点和 2005 年全面推开分离企业办社会职能工作，部分历史遗留

问题及统一政策以外的个案问题逐步暴露出来，财政部会同有关部门做了大量工作，妥善解决了先期移交、铁路企业分离办社会职能及职教幼教退休教师待遇问题，逐步形成了较为完善的分离企业办社会职能政策体系。

（一）妥善解决先期移交机构及留在企业的离退休教师待遇问题

妥善解决先期移交机构及其留在企业的离退休教师待遇问题。自党的十四届三中全会提出要减轻企业办社会职能负担以来，国家相继出台了一系列文件，鼓励企业分离办社会职能，但由于国家没有出台统一政策，基本由企业根据自身实际情况与当地政府协商解决，分离范围、分离方式差别较大，绝大部分企业只移交资产和在职人员，过渡期结束后，所需经费由地方全额承担。特别是离退休教师仍留在企业，享受企业职工待遇，尤其是部分企业效益差，留在企业的离退休教师待遇差，且与中央统一组织实施的分离办社会职能政策反差较大。为妥善解决先期移交机构及这部分教师的待遇问题，2005年，财政部会同国资委研究下发了《财政部　国资委关于中央企业先期移交办社会职能机构有关政策问题的通知》（财企〔2005〕116号），明确先期移交机构留在企业的离退休教师移交地方管理，移交机构及退休教师所需经费比照第二批中央企业分离办社会职能政策执行。

（二）进一步支持铁路企业分离办社会职能工作

根据国务院办公厅下发的《关于第二批中央企业分离办社会职能工作有关问题的通知》（国办发4号文件），铁道部所属企业分离办社会职能工作仍按原计划继续进行，有关人员移交及经费承担等问题，由铁道部和各地政府按照已签署的协议予以落实。

移交范围：铁路企业移交范围包括中小学校、幼儿园、职业学校、医院；中央企业分离办社会职能工作移交范围是全日制中小学和公检法机构。

移交经费核定：铁路企业以移交前三年平均（或上年）负担的日常经费为基数，由原铁路企业给予三年的经费补贴；中央企业分离办社会机构经费经财政部核定后，由中央财政通过划转基数解决。

由于铁路企业分离办社会职能移交范围和移交政策与中央企业办社会职能移交范围和移交政策有较大差异，尤其是中小学，同一地区享受不同的移交政策，给移交工作和稳定带来不利影响，地方政府对此反映强烈。为减轻地方政府财政负担，维护政策的公平和统一，妥善解决移交人员的待遇问题，对铁路企业移交中小学所需经费，中央财政根据与铁路部门及各地核实的移交人数，以各地第二批移交中核定的人均补助标准为基础,经适当调整测算,从 2007 年起纳入经费补助基数,通过中央和地方财政年终结算办理。2007 年为 28.32 亿元,随着协议逐步到期,2010 年及以后为 38.17 亿元。

(三) 妥善解决国有企业职教幼教退休教师待遇问题

国有企业办普通中小学退休教师待遇问题解决后,特别是 2005 年以来,国有企业办职教幼教教师纷纷攀比已移交地方并落实待遇的普通中小学退休教师,要求按《关于妥善解决国有企业办中小学退休教师待遇问题的通知》(国办发〔2004〕9 号) 解决待遇问题,为此群访不断。党中央、国务院对此高度重视,经反复研究,并经国务院常务会议审议通过,国资委、财政部等部门联合印发《关于妥善解决国有企业职教幼教退休教师待遇问题的通知》(国资分配发〔2011〕63 号),明确提出:对于纳入范围的国有企业职教幼教退休教师,其基本养老金加企业统筹外项目补助低于当地政府办同类教育机构同类人员退休金标准的,其差额部分以加发退休教师生活补贴的名义予以补齐;实际发放额高于当地同类教育机构同类人员退休金标准的予以保留,仍按照现有渠道发放;解决国有企业职教幼教退休教师待遇问题所需资金由地方财政承担,中央财政安排专项资金,按照各地国有企业职教幼教退休教师人数和财力状况给予补助。为贯彻国务院关于解决国有企业职教幼教退休教师待遇问题的精神,进一步做好生活补贴的发放工作,财政部对享受生活补贴的国有企业办职教幼教条件、补贴口径、经费补助方式等问题作了认真分析和研究,制定了《中央财政解决国有企业职教幼教退休教师待遇专项补助资金管理办法》(财企〔2011〕255 号)。文件明确:专项补助资金是为支持按属地原则以发放生活补贴方式,解决国有企业职教幼教退休教师待遇低于地方政府举办的同类教育机构同类人员退休金问题而设立的专项经费;地方各级政府在实施解决国有企业职教幼教退休教师待遇过程中,如国家统一出台提高退休人员基本养老金标准,涉及退休教师可按照统一的标准进行调整;提高中央企业所办各类职教幼教教育机构退休教师的生活补贴由中央财政全额补助,地方国有企业所办各类职教幼教教育机构退休教师的生活补贴,中央财政按东部 20%、中部 50%、西部 80% 给予适当补助。

第七章

尾矿库闭库治理资金政策

导 读

尾矿库是矿山必须配套的生产设施,是一个重大的污染源和危险源,按照国家相关规定,企业停止生产或关闭破产后,必须实施闭库及维护库区长期安全稳定。但由于现行政策性关闭破产政策没有专门规定尾矿库闭库责任和治理资金来源,多数破产企业尾矿库存在难以移交、治理和维护责任主体不清,长期处于无人管理状态。为贯彻落实国务院有关安全生产的精神,妥善解决关闭破产企业遗留问题,2008年,财政部组织开展了关闭破产企业尾矿库(坝)专项调查工作,在经过多省的实地调研基础上,于2009年下半年会同国家安监局联合发布了《中央下放地方政策性关闭破产有色金属矿山企业尾矿库闭库治理安全工程项目和补助资金管理暂行办法》,中央财政预算安排专项资金20亿元,力争用3年左右时间完成尾矿库闭库治理工作。2010年财政部又下发了相关通知,以加强尾矿库闭库治理工程项目概算申报、审核和专项资金管理工作。本章对尾矿库闭库治理资金政策的目标、主要内容、支持方式、监督管理、运行机制及取得的成效等做了具体的解读和介绍。

一、尾矿库闭库治理资金政策产生的背景

（一）产生背景

尾矿库是矿山生产必须配套的设施，库内堆存的尾矿和尾矿水均含有大量有毒有害化学物质，是重大的污染源和一个具有高势能的人造泥石流的危险源。按照国家安全生产监督管理规定，企业停止生产或关闭破产后，必须实施闭库及维护库区长期安全稳定。中央下放有色金属企业的尾矿库大部分为20世纪50年代设计并投入使用，由于受历史、政策、地域、行业和体制性诸多因素影响，加上受经济条件所限，为了减少生产成本，缩短建设工期，大部分尾矿库依山傍水而建，且普遍建在上游地区，山谷型、傍山型、河谷型尾矿库占尾矿库总数的80%。一些尾矿库在当初建设施工时，地质勘探不够，对库区岩溶发育形成的溶洞、溶槽和大的张裂隙只进行过简单处理，丰水季节经常出现严重的渗水、漏砂现象。尾矿库区设计也没有清浊分流，河床水直接经尾矿库溢流井流出，水质被严重污染，重金属含量超标。受自然和人为等多种因素的干扰，尾矿库周边的生态环境遭到严重破坏，水土流失严重，山体滑坡、塌方以及泥石流等地质灾害发生的风险逐年加大。

由于现行政策性关闭破产政策没有专门规定尾矿库闭库责任和治理资金来源，多数破产企业尾矿库难以移交，治理和维护的责任主体不清，尾矿库长期处于无人管理状态。一些库内超容堆放和乱采滥挖的现象严重，一旦遇到较强的地震、暴雨、洪水等灾害侵袭，容易酿成垮坝事件，直接威胁着人民群众的生命财产和生态环境的安全。

（二）建立过程

为贯彻落实《国务院办公厅关于加强矿山安全生产工作的紧急通知》（国办发明电［2008］35号）精神，认真吸取山西襄汾"9·8"溃坝事故造成的重大人员伤亡和财产损失的惨痛教训，妥善解决关闭破产企业遗留问题，2008年，财政部组织开展了中央下放地方政策性关闭破产企业尾矿库（坝）专项调查工作。财政部会同国家安监总局等部门就开展有色金属尾矿库闭库治理工作

进行了认真研究，分别到广西、河南、湖北、湖南、安徽等省和中央下放有色关闭破产企业尾矿库实地调研，并听取了中国矿冶研究总院、中国五矿邯邢矿务局、湖北大冶有色集团、安徽铜陵有色集团等部分企业对尾矿库治理的建议。2009年下半年，财政部会同国家安全生产监督管理总局联合起草印发了《中央下放地方政策性关闭破产有色金属矿山企业尾矿库闭库治理安全工程项目和补助资金管理暂行办法》（财企〔2009〕120号），中央财政预算安排专项资金20亿元，力争用三年左右时间完成中央下放地方政策性关闭破产有色金属矿山企业尾矿库闭库治理工作。2010年财政部下发了《关于中央下放地方政策性关闭破产有色金属矿山企业尾矿库闭库治理安全工程项目概算审核有关问题的通知》（财企〔2010〕2号）文件，以加强尾矿库闭库治理工程项目概算申报、审核和专项资金管理工作。

二、尾矿库闭库治理资金政策的指导思想和基本原则

（一）指导思想

深入贯彻党的十七大精神，深入贯彻落实科学发展观和"安全发展"指导原则，坚持"安全第一、预防为主、综合治理"方针，以闭库治理、防范事故，保障人民生命财产安全、保护生态环境为主要目标，扎实推进尾矿库安全和环境隐患治理工作，妥善解决中央下放政策性关闭破产有色矿山企业遗留的问题。

（二）基本原则

在尾矿库闭库治理工作中，坚持安全、环保第一，把尾矿库（坝）安全工程治理放在首位，按照谁的责任，谁治理的原则，落实中央下放政策性关闭破产有色企业尾矿库闭库治理责任，督促有关地方政府及企业主管部门制定闭库工程治理方案，积极推进各项前期工作，落实治理项目资金，加强工程项目监督，确保闭库治理工程达到预期目标。

三、尾矿库闭库治理资金政策的目标与主要内容

（一）政策目标

对中央下放政策性关闭破产有色矿山企业遗留的废弃尾矿库实施闭库治

理，中央财政给予适当补助资金，计划于 2011 年底前全部结束。

（二）主要内容

1. 尾矿库闭库治理项目范围

中央下放地方政策性关闭破产有色金属矿山企业遗留的未实施闭库治理、经鉴定属于危库险库病库、且未由重组企业或其他企业使用的尾矿库。

2. 闭库工程项目责任主体

现由原关闭破产企业上级集团公司（单位）管理的尾矿库，该集团公司（单位）为治理责任单位；已经移交所在地政府或其他企业管理且未使用的尾矿库，其接收单位为治理责任单位；企业整体关闭破产、目前无主管单位的尾矿库，由辖区县级以上（含县级）人民政府负责确定治理责任单位。

3. 闭库工作程序

尾矿库闭库工作主要包括闭库前的工程地质勘察、安全工程施工评价、闭库设计与施工、闭库安全验收、闭库后的管理等程序。

（1）地质勘察：验证尾矿堆积坝的稳定性，为闭库设计提供依据。闭库勘察一般由具有相应资质的冶金（黑色、有色）勘察研究院承担。

（2）安全评价：企业应当根据尾矿库设计资料，在尾矿库闭库前，委托具有相应资质的评价机构进行尾矿库安全评价。安全评价报告结论应包括：①尾矿坝稳定性是否满足要求；②尾矿库防洪能力是否满足要求；③尾矿库安全度；④尾矿库与周边环境的相互影响；⑤提出安全对策。

（3）闭库设计：企业应当根据尾矿库设计资料，在尾矿库闭库前，委托具有相应资质的设计单位进行尾矿库闭库设计。设计单位在进行尾矿库闭库设计时，应当根据评价机构的安全评价结论和建议，提出相应的治理措施，保证闭库后尾矿库符合国家有关法律、法规、标准和技术规范要求。闭库设计包括尾矿坝整治与排洪系统整治两部分。

（4）闭库施工：企业应当将尾矿库闭库设计报相应的安全生产监督管理部门审查批准。未经审批或审批不合格的，不得进行尾矿库闭库施工。企业应当根据安全生产监督管理部门批准的闭库设计，分别委托具有相应资质的施工和施工监理单位承担。

（5）闭库验收条件：①尾矿库已停止使用；②闭库安全评价报告已报安全生产监督管理部门备案；③尾矿库闭库设计已经安全生产监督管理部门批准；④有完备的闭库工程施工记录、竣工报告、竣工图和施工监理报告等；⑤其他相关事项。

（6）闭库后的管理：尾矿库闭库的安全管理由原生产经营单位负责。对解散或关闭破产的生产经营单位，由生产经营单位的出资人或上级主管部门负责。无上级主管部门或出资人不明确的，由县级以上人民政府指定管理单位。闭库后的尾矿库，必须做好坝体及排洪设施的维护。未经论证及批准，不得储水。严禁在尾矿坝和库内进行乱采滥挖、违章建筑和违章作业。未经设计论证和批准，不得重新启用或改作他用。

4. 工程项目申报

尾矿库治理责任单位负责委托有相应资质的安全评价机构和环境影响评价机构，编制尾矿库闭库安全评价报告和环境影响评价报告，并按规定报送并取得安全监管、环境保护部门的审核批复。尾矿库治理责任单位负责委托有相应资质的设计单位编制尾矿库闭库设计，并报省级安全监管部门审批同意。对审核通过的尾矿库闭库设计方案，责任单位编制资金申请报告，并报省级财政部门初审。初审通过的项目由省级财政部门和安全监管部门联合上报财政部、安全监管总局。财政部会同安全监管总局对省级财政部门、安全监管部门上报的通过初审的尾矿库闭库治理安全工程项目申请报告进行合规性审核，对通过审查的项目下达核准和资金补助通知。

5. 闭库治理安全工程项目概算

尾矿库闭库安全工程是指涉及尾矿库坝及库内以内体整治施工项目，主要包括尾矿坝体整治、排洪（排水）系统整治、取砂回填、库区滩面整治（含尾矿库监测设施）等施工项目。中央财政对闭库治理概算中的安全工程项目费用给予适当补助，工程其他项目费用由地方政府或上级企业集团公司、重组企业负责筹措。

（三）支持方式

中央财政对尾矿库闭库治理安全工程项目资金，区别不同情况给予适当补助。一是现由原关闭破产企业上级集团公司（单位）或接收单位管理的尾矿库，中央财政补助70%；二是对企业整体关闭破产或无主管单位的尾矿库，中央财政补助90%；三是特别困难地区［国家级贫困县或少数民族自治县（旗）］，由中央财政全额负担。

（四）监督管理

尾矿库的安全程度直接关系到人民群众生命财产和生态环境的安全，各级领导和政府有关部门应高度重视尾矿库闭库治理工作，落实工程项目责任制和项目其他配套资金，保证工程建设经费足额到位，严格按计划保质保量完成尾矿库闭库治理工程项目。安全生产监督管理部门负责尾矿库治理项目实施的监督工作；相关各级财政部门对中央财政专项资金使用情况进行监督检查。对于违反规定，虚报冒领、截留、挪用尾矿库治理资金或其他违规行为，中央财政将追回补助资金。同时，按照国务院《财政违法行为处罚条例》（国务院令第427号）规定进行处理。

四、尾矿库闭库治理资金政策的运行机制

按照财企［2009］120号文件要求，对符合中央财政补助范围和条件的尾矿库闭库治理项目，由省级安全监管部门、财政部门分别向安全监管总局、财政部报送申请项目资金材料。省级财政部门向财政部报送申请尾矿库闭库治理安全工程项目补助经费的请示，需附《尾矿库闭库治理工程设计方案》、经省级财政部门审核的《尾矿库闭库治理安全工程项目概算报告》，以及所在地县级人民政府出具的尾矿库闭库治理责任单位授权文件等相关材料。

尾矿库治理项目设计方案由国家安全监管总局组织技术专家评审，通过评审的项目，由安全监管总局出具审核意见函。财政部依据安全监管总局出具审核意见和尾矿库闭库治理工程费用标准等，核定补助资金并及时下达批复文件。

尾矿库治理责任单位要按照国家建设工程项目管理的规定，建立健全项目管理的各项规章制度，不得擅自改变主要治理内容和治理标准。同时必须委托有相应资质的施工单位进行工程施工，与工程施工单位签订专门的安全管理协议，明确各自的安全管理职责，严格执行建设项目安全环保设施的相关规定，确保施工安全和工程质量。

尾矿库闭库治理安全工程项目竣工后，由省级安全监管部门组织竣工验收，尾矿库治理责任单位要按照国家有关规定妥善保管项目有关档案和验收材料。

五、尾矿库闭库治理资金政策取得的成效

2009年下半年，中央财政设立尾矿库闭库治理专项补助资金，预算安排20亿元，用于支持有关地方政府对中央下放有色金属政策性关闭破产矿山遗留的尾矿库实施闭库治理工程。截至2010年4月，中央财政已6批次下达中央下放政策性关闭破产有色金属矿山尾矿库闭库治理工程项目补助资金累计

14.95亿元，涉及全国11个省（自治区）82座危险尾矿库。其中：辽宁2座补助0.42亿元，山西2座补助1亿元，湖南23座补助2.34亿元，湖北1座补助0.18亿元，安徽5座补助3.76亿元，江西9座补助1.18亿元，广东10座补助1亿元，广西1座补助0.13亿元，贵州12座补助2.5亿元，甘肃14座补助2.1亿元，新疆3座补助0.33亿元。

目前，有关各省市正在积极有序开展关闭破产有色金属矿山尾矿库闭库治理工作。湖南省各级领导高度重视尾矿库闭库治理工作，现已下达22座尾矿库闭库治理工程项目资金1.84亿元，现7座正进行闭库治理施工，其中最大的桃林铅锌矿渔尾潭尾矿库闭库已经竣工验收；其余15座加紧进行施工前相关准备工作，很快开工。安徽省为彻底消除尾矿库安全隐患，力争达到尘土不飞扬和"还库为原貌、还库为林田"的目标，制定了铜陵有色5座尾矿库治理周密计划，目前已完成工程费用1.52亿元。占总工程费用5.37亿元的28%，占中央财政补助资金3.76亿元的40%。甘肃、山西、辽宁等省相关部门成立了专门领导机构和工程项目组，正在抓紧方案完善论证和施工队伍招标等前期准备，各项工程近期将陆续开工。

第八章

关闭小企业专项资金政策

导　读

多年来，我国中小企业发展中存在着总体素质不高、增长方式粗放、结构不合理等问题，特别是一些小煤矿、小炼油、小水泥、小玻璃、小火电等"五小"企业，劳动生产率低下，产品和技术含量不高，资源浪费和工业污染严重，安全隐患突出，严重制约着我国经济结构调整和经济发展方式转变。为推动地方关闭小企业工作，促进经济结构调整，优化资源配置，2001年，中央财政首次设立了关闭小企业中央财政专项补助资金。2006年和2010年又两次重新修订印发了《中央财政关闭小企业专项补助资金管理办法》，不断加大关闭小企业的力度。2010年中央财政预算安排专项资金15亿元，采取以奖代补的形式，支持和鼓励地方政府，对存在产能过剩、资源能源浪费、环境污染、安全隐患突出、布局不合理等问题的各类所有制小企业实施行政性关闭，同时，专项资金也可缓解地方财政的压力，帮助地方统筹解决关闭小企业涉及的职工安置等问题，维护职工合法权益和社会稳定。本章重点介绍了关闭小企业财政政策的主要内容、运行机制以及政策实施多年来取得的成效和作用。

一、关闭小企业资金政策产生的背景

改革开放以来，我国中小企业发展迅速，已成为推动经济社会发展的重要力量，是地方政府解决就业岗位、增强财政收入的重要源泉。由于我国中小企业发展中存在着总体素质不高、增长方式粗放、结构不合理等问题，相当一部分中小企业设备老化，生产技术水平、劳动生产率低下，产品质量和技术含量不高，资源浪费和工业污染严重，安全隐患突出，特别是小煤矿、小炼油、小水泥、小玻璃、小火电等（以下简称"五小企业"）本小利大，靠大口吞噬资源，无所顾忌的排放废物，使稀缺有限的资源得不到充分利用，严重制约着经济结构调整、经济增长方式转变和中小企业科技创新发展。

为此，1999年9月22日，党的十五届四中全会通过了《中共中央关于国有企业改革和发展若干重大问题的决定》，《决定》中提出"对浪费资源、技术落后、质量低劣、污染严重的小煤矿、小炼油、小水泥、小玻璃、小火电等，要实施行破产、关闭。"2001年3月15日，九届全国人大第四次会议批准的《国民经济和社会发展第十个五年计划纲要》，其中提出"综合运用经济、法律和必要的行政手段，关闭产品质量低劣、浪费资源、污染严重、不具备安全生产条件的厂矿，淘汰落后设备、技术和工艺，压缩部分行业过剩和落后的生产能力。"

为推动地方关闭"五小企业"工作，促进经济结构调整，优化资源配置，2001年，中央财政设立关闭小企业中央财政专项补助资金，并会同原国家经贸委制定印发了《关闭小企业中央财政专项补助资金管理办法》（财企[2001]504号），对关闭国有小企业比较集中、职工安置任务较重且财政比较困难的地区，中央财政给予适当的补助资金，主要用于关闭国有小企业的职工安置等，受当时财力制约，关闭"五小企业"资金每年预算安排资金不超过1亿元；分管工业的原国家经贸委负责落实关闭小企业实施情况，完成质量标准等工作。2003年国家经贸委撤销后，关闭国有小企业及资金补助由财政部单独负责实施。2006年，财政部重新修订并印发了《中央财政关闭小企业专项补助资金管理办法》（财企[2006]339号），对地方各级政府实施行政性关闭国有五小企业，中央财政给予适当补助资金，主要用于关闭"五小企业"的职工安置、消除安全生产隐患、补助地方财力等，每年预算安排资金在 2 亿元内。

为贯彻落实《国务院关于进一步加大工作力度确保实现"十一五"节能减排目标的通知》（国发［2010］12 号）、国家发改委《关于做好中小企业节能减排工作的通知》（发改企业［2007］3251 号）等文件精神，加大关闭五小企业力度，促进节能减排，2010 年，财政部会同工业信息化部重新修订印发了《中央财政关闭小企业专项补助资金管理办法》（财企［2010］231 号，以下简称新《管理办法》），预算安排专项资金 15 亿元，以奖代补的形式，支持和鼓励地方政府依据国家有关法律法规和产业政策，对存在产能过剩、资源能源浪费、环境污染、安全隐患突出、布局不合理等问题的各类所有制小企业实施行政性关闭，同时，也缓解地方财政压力，帮助地方统筹解决关闭小企业涉及的职工妥善安置等问题，维护职工合法权益和社会的稳定。

二、关闭小企业资金政策的指导思想与基本原则

（一）指导思想

以邓小平理论、"三个代表"重要思想为指导，贯彻落实科学发展观，以人为本，依法依规关闭落后小企业，使小企业从主要依靠数量扩张转变为更加注重质量提高，从主要依靠粗放型增长转变为更加注重节约资源、保护环境，走低消耗、少排放、能循环、可持续的中国特色新型工业化道路，实现国民经济又好又快发展。

（二）基本原则

处理好政府和市场的关系，提高资源配置效率和政府宏观调控水平，充分发挥财政、工信主管部门的职能作用，引导地方政府综合运用经济、法律和必要的行政手段关闭落后小企业，维护职工权益，提高财政资金使用效益。

三、关闭小企业资金政策的目标与主要内容

（一）政策目标

设立关闭小企业中央财政补助资金，促进地方政府根据国家有关法律法规和产业政策，对存在产能过剩、资源能源浪费、环境污染、安全隐患突出、布

局不合理等问题的各类小企业实施的行政性关闭。

（二）政策内容

新《管理办法》共分五章，规定了中央财政关闭小企业补助资金（以下简称"关小资金"）的享受对象和条件、申请程序、资金审核和分配、资金管理和监督等内容，明确了地方财政、工信部门在关闭小企业工作中的职责和工作程序，使"关小资金"做到规范审核使用，切实发挥"关小资金"的作用。

1. 补助范围和对象

关闭小企业指地方政府根据国家有关法律法规和产业政策，对存在产能过剩、资源能源浪费、环境污染、安全隐患突出、布局不合理等问题的各类小企业实施的行政性关闭。中央财政对完成年度关闭小企业计划的各省份，采取以奖代补的形式给予适当的补助（奖励）资金。

2. 关闭小企业计划的编制和下达

各省工业信息化主管部门按照工信部确定的年度工作任务和重点，会同同级财政部门，结合当地实际，确定本地区关闭小企业工作目标，并落实到具体企业，编制本地关闭小企业年度计划，并会同财政部门联合向工信部、财政部报送下一个年度关闭小企业计划报告。工信部、财政部对各地上报的年度关闭小企业计划组织审核，经审核符合中央财政补助条件的关闭小企业名单，由两部委联合批复下达。

3. 资金申请和分配

各省级财政部门会同工业信息化主管部门分批向财政部、工信部报送本年度关闭小企业补助资金申请报告。财政部、工信部原则上按批次集中审核，工信部负责审核关闭小企业的实施情况及资金补助建议，财政部对符合条件的小企业按补助标准下达关闭小企业补助资金。

4. 资金使用和监督

关闭小企业补助资金主要用于关闭企业职工安置等支出。财政部、工信部不定期对各地完成关闭小企业计划完成情况和补助资金的使用情况进行检查，发现弄虚作假、虚报冒领、截留、挪用财政资金或其他违规行为的，要追回资金，并依法依规处理。

新《管理办法》与2006年印发的《中央财政关闭小企业专项补助资金管理办法》相比，增加了以下内容：

第一，扩大关闭小企业的行业范围。原《管理办法》"关小资金"的适用范围主要是小煤矿、小炼油、小水泥、小玻璃和小冶炼等行业。但从当前实际情况看，轻纺行业的小造纸、小印染、小皮革等行业，落后产能问题也十分突出。新《管理办法》将轻纺行业也纳入支持的重点。

第二，扩大享受补助政策的涵盖面。现行关闭小企业补助政策，支持对象一直延续的是国有小企业，非国有小企业不在支持补助的范围。但从实际情况看，目前多数地方的国有小企业已经改制为民营企业或少量的国有控股企业，淘汰落后产能更多涉及的是民营企业，需要安置的职工也较多（约占总数的74%），所以落后民营企业已成为关闭小企业工作的重点和难点。因此，新《管理办法》支持的对象，将涵盖各类所有制小企业，以突出中央财政的公共财政职能。

第三，发挥工业等行业主管部门的作用。新《管理办法》充分发挥工业主管部门的职能和作用，要求各地政府根据国家产业政策，科学编制落后小企业关闭退出计划，避免失业和社会稳定问题集中释放，给企业退出设立一定的缓冲期。让列入关闭计划的小企业及早动手，自行妥善处理固定资产、剩余产品、原辅材料、清理债务、安置职工，谋划其他生路等问题，减少关停矛盾和财产损失，实现平稳退出。各省级财政、工业信息化主管部门负责各地关闭落后小企业年度计划的完成情况及实施效果，按要求每年定期向财政部、工业信息化部申请关闭小企业补助资金，补助资金可统筹用于解决相关小企业关闭中的困难问题。

四、关闭小企业政策的运行机制

关闭小企业是地方政府根据国家法律法规和产业政策要求，对小企业实施的行政性关闭，工作的实施主体和责任主体是相关小企业，政府部门履行监管职能并协助关闭的小企业，妥善处理关闭工作中的困难和问题。过剩产能、严重污染生态环境、浪费资源能源和安全隐患大的小企业，应认真履行社会责任，积极主动采取各种措施，实施转产或关闭退出市场，依法清算，并妥善安置企业职工。对不主动转产或退出的上述小企业，地方政府及有关部门应综合采取法律及行政手段，将其纳入限期关闭的范围和年度关闭计划项目。对按期完成关闭计划小企业年度计划的小企业，地方政府可申请中央财政专项补助（奖励）资金。中央财政会同工业信息化部对各地申请补助资金材料进行审核并给予适当的补助资金，专项资金主要由地方政府统筹用于关闭困难小企业的职工安置等支出。各级财政、工信部门重点应抓好"四个环节"的工作，即计划申报环节、上报资金申请报告环节、资金分配使用环节、实施关闭和监督检查环节。

（一）计划申报环节

在制定年度"关小资金"计划工作中，应以具体企业为基础，根据推进节能减排、淘汰落后、抑制产能过剩、促进产业结构调整和优化升级等要求，提前做好企业动员，合理安排关闭进度，认真组织计划申报材料。总体要求是：企业须合法设立，行业要突出重点，关停确有必要，附件必须齐全。

行业要求：严格按照工信部和财政部确定的年度工作任务和重点做好申报组织工作，原则上不得超出行业范围。

企业要求：计划关闭企业为拟在下年度（具体时间：当年 10 月 1 日起至下年度 9 月 30 日止）根据有关要求需实施行政性关闭的现有企业，已经关闭的企业不得列入关闭计划。

真实性要求：企业需提供相关证照材料证明其合法性和职工人数真实性。各级工业和信息化主管部门负责说明拟关闭的原因，并对企业提供的证照材料进行完整性和真实性审核。

（二）上报资金申请报告环节

在上报资金申请报告工作中，应以上年度批复的计划为基础，按照计划内批复的企业，结合实际关闭的情况，并组织好相关材料。总体要求是：材料完整、列入计划、确认关闭、人数真实。

1. 材料完整

包括企业基本情况表、职工花名册（附表 3、附表 4）等所需材料是否齐备。

2. 列入计划

企业属工信部、财政部批复的计划之内的企业，计划外企业原则上不列入补助资金申请的范围。

3. 确认关闭

须提供企业工商注销等证明，或由当地县级及以上政府出具的已经关停证明。

4. 人数真实

即申报材料所附职工花名册有当地劳动部门或工业主管部门公章。一般说来，企业人数相对企业过去的产值、生产规模应具有合理性。对大中型企业的关闭不在资金补助范围之列。

（三）资金分配使用环节

因列入关闭计划的小企业生产规模和财务状况不同，以及所在地区财力存在差异，新《管理办法》对中央财政补助资金的使用没有采取"一刀切"的规定，而是笼统提出中央财政补助资金主要用于有关企业安置职工等方面。各地财政部门要会同工信部门制定切实可行的中央财政补助资金使用和管理办法，履行好公共财政职能，分配好和使用好中央财政专项资金，集中资金重点解决小企业关闭过程中涉及职工安置且企业自身难以解决的困难问题，避免"撒胡椒面"。对按期完成关闭且妥善安置职工，或关闭后积极转产吸纳再就业职工等方面突出的小企业，可给予一定的资金奖励。关闭小企业专项资金出现结余应结转下年使用，不得平衡地方财力。

（四）实施关闭和监督检查环节

省级工业和信息化主管部门负责组织协调解决本地"关小资金"工作中的有关问题，并定期组织监督检查。每年资金下达使用后，应总结经验，发现问题，并及时与工信部、财政部进行沟通。工信部、财政部每年将抽查部分地区"关小"工作进展情况，保证财政资金合法合规使用。对发现弄虚作假、虚报冒领、截留、挪用财政资金或其他违规行为的，要追回资金，并依法依规处理。

五、关闭小企业政策的作用及成效

关闭落后小企业是一项复杂的系统工程，涉及到很多利益格局的调整，政策刚性强，实施难大，困难矛盾多，是事关国家产业结构调整的全局性工作。中央财政关闭小企业补助专项资金，虽然资金总量不大，但切实发挥了财政资金的引导作用，保证了关闭小企业工作的平稳推进。"关小资金"的作用主要体现在以下几个方面：

（一）提高了地方政府关闭小企业的积极性

"关小资金"用于补助（奖励）地方政府，促进落后小企业的关闭，缓解地方政府的财政困难，逐步建立了小企业退出救助机制，妥善安置关闭小企业失业职工，帮助职工另谋出路，解决了部分困难小企业关闭中的实际困难问题。

（二）保证了关闭小企业有序开展

由于中央财政每年都安排一定的"关小资金"，各地政府可依据实际情况，科学合理编制和实施小企业退出计划，避免失业问题和社会稳定问题集中释放，为企业退出设立了一定的缓冲期。让被关闭的企业及早动手，妥善处理固定资产、剩余产品、原辅材料、清理债务、安置职工，谋划其他生路等问题，使企业在自身范围内减少损失，实施自救，减少关停矛盾，实现平稳退出。

（三）提高了关闭小企业工作的质量

现行"关小资金"是依据各地上年申报已完成的关闭小企业数量、规模、失业人数和影响税收收入等因素，经审核后分配和下达的，避免了关闭小企业关而不停现象。同时，也避免了关闭统一标准的"一刀切"，对符合国家产业政策，有市场前景且达到节能、环保的小企业，国家给予鼓励政策以促进其发展。

2001～2010年，中央财政累计拨付地方关闭小企业专项资金共计32亿元。据不完全统计，全国各地完成关闭纺织、煤炭、化工、冶金、建材、制糖、火电等小企业累计34万户，安置职工536万余人。

六、完善关闭小企业资金政策建议

加快转变经济发展方式，推动产业结构优化升级，加强能源资源节约和生态环境保护，增强可持续发展能力，这是关系国民经济全局紧迫而重大的战略任务，也是国家"十二五"规划奋斗的目标。小企业在国民经济发展中占有较大的比重，是吸纳人员就业的主力军。尽快建立小企业"优胜劣汰"、"适者生存"的市场机制、淘汰落后小企业退出机制，大力发展科技型、创新型和资源环境友好型小企业，是实现经济发展方式转变和经济结构调整的有效途径。为此，今后一段时期要进一步完善"关小资金"政策。一是中央财政不断加大支持关闭落后小企业的力度，确保各地关闭小企业计划如期完成，促进淘汰落后产能、节能减排总体目标的实现。二是根据国家经济结构调整的总目标，进一步优化"关小资金"的投向，会同工信部门加快关闭淘汰落后小企业工作步伐，引导小企业由主要依靠增加物质资源消耗向主要依靠科技进步、劳动者素质提高、管理创新、节能减排转变。三是积极推进项目库建设，加强监督，并适时引入绩效评价机制，进一步提高财政资金使用效率。

第九章

大中型水库移民后期扶持政策

导　　读

　　新中国成立以来，全国兴建的一大批水库在防洪、发电、灌溉、供水、生态等方面发挥了巨大效益，对促进国民经济和社会发展起到了重要作用。党中央、国务院历来高度重视水库移民工作，改革开放以来，国家先后设立了库区维护基金、库区建设基金和库区后期扶持基金等，用于解决水库移民的生产生活问题。经过多年努力，大中型水库移民的生活水平逐步提高，库区经济社会发展取得了明显进步。2006年，国务院制定颁布了全国统一的大中型水库移民后期扶持政策，按照工业反哺农业；城市支持农村；东部地区支持中西部地区的原则，通过电力加价设立大中型水库移民后期扶持基金。本章主要介绍了全国统一的大中型水库移民后期扶持政策的形成背景、政策目标、主要内容和实施成效。

一、国家调整大中型水库移民后期扶持政策的背景

新中国成立以来，全国兴建了大大小小的水库约8.5万座，其中大中型水库3 000多座。这些水库中在防洪、发电、灌溉、供水、生态环境保护等方面发挥了巨大效益，对促进国民经济和社会发展起到了重要作用。多年的水库建设，形成了数以千万计的移民，这些水库移民为国家的经济建设作出了重大贡献。党中央、国务院历来高度重视水库移民工作，尤其是改革开放以来，国家为了解决水库移民的生产生活问题，先后设立了库区维护基金、库区建设基金和水库移民后期扶持基金等。经过多年努力，水库移民的生产生活水平逐步提高，库区社会总体保持了稳定。但是，由于扶持政策不统一、扶持标准偏低，水库移民生产生活总体仍很困难，主要表现在：一是水库移民贫困面大，贫困程度深，在当地经济发展中处于边缘化状态。二是水库移民耕地匮乏，生存空间狭小，发展能力严重不足。三是库区和移民安置区基础设施落后，普遍存在"行路难、饮水难、用电难、上学难、就医难"问题。2005年底至2006年初，由国家发展改革委、财政部、水利部等部门组成联合调查组，对全国大中型水库移民生产生活现状进行了调研，根据当时的调研结果统计，近一半移民属于绝对贫困和低收入人群，移民成为我国农村中困难较大的弱势群体，移民对现状生活的不满，已成为影响社会稳定的一个重要因素，在个别区域还引发了群体性事件。

水库移民的贫困是因工程建设而衍生的次生性贫困。随着经济社会发展，移民工作以及当时的移民政策与新时期国家经济建设和现代化进程的矛盾越来越突出，甚至影响到区域社会稳定。要从根本上改变水库移民的生产生活现状，扭转移民工作的被动局面，必须下大决心，转变"重工程、轻移民"的思想观念，同时要调整政策，完善法规，理顺体制，加大对移民后期扶持的投入力度，在解决移民温饱问题的基础上，解决移民的长远生计和发展问题。

2006年，经国务院常务会议和中央政治局常委会议研究决定，调整完善水库移民后期扶持政策，实施全国统一的大中型水库移民后期扶持政策，并颁布了《国务院关于大中型水库移民后期扶持政策的意见》（国发［2006］17号）。

调整完善大中型水库移民后期扶持政策，是帮助水库移民脱贫致富和促进库区经济社会发展的需要；是保障新时期水利水电事业持续健康发展的需要；是落实科学发展观和构建社会主义和谐社会的需要，也是推进社会主义新农村建设的需要。

二、历史上水库移民后期扶持政策的几次调整

改革开放以来，为妥善解决水库移民问题，中央制定出台了一系列政策，扶持水库移民发展生产、改善生活。

一是设立库区维护基金。1981年，财政部、原电力工业部下发了《关于从水电站发电成本中提取库区维护基金的通知》，按照每度电1厘钱的标准从原电力工业部直属水电站发电成本中提取库区维护基金，专项用于水库维护和解决库区的遗留问题。资金不实行统一管理，具体由大区电管局和省属电力局集中掌握，按照量入为出、专款专用的原则，根据库区的实际情况安排使用。

二是设立库区基金。为解决1985年底以前中央直属水库移民遗留问题，1986年，国务院办公厅转发原水力水电部《关于抓紧处理水库移民问题报告的通知》（国办发［1986］56号），决定在原库区维护基金1厘钱的基础上，每度电增提4厘钱，设立库区基金。资金管理上，成立以水利部为主，原国家计委、财政部参加的库区建设基金会，增提的4厘钱基金，由库区建设基金会统一掌握。

三是设立水库移民后期扶持基金。为解决1986~1995年间投产和1996年以前国家批准开工建设的大中型水电站水库移民问题，重点是解决库区移民生产生活设施建设滞后等遗留问题，1996年，原国家计委、财政部、原电力工业部和水利部联合印发了《关于设立水电站和水库库区后期扶持基金的通知》（计建设［1996］526号），按照年人均200~400元的标准从发电成本中提取水库移民后期扶持基金，共提取10年，但最高标准不超过每度电5厘钱。具体标准和资金管理由各省电力局、水电厅、水利厅负责。

四是设立库区建设基金。为加快解决中央直属水库移民遗留问题，2002年，国务院办公厅转发水利部等部门《关于加快解决中央直属水库移民遗留问题若干意见的通知》（国办发［2002］3号），决定从2002年至2007年，用6年时间，解决水库移民温饱问题，重点是加强移民安置区的基础设施建设，改善移民的生产、生活和生存条件。标准是6年人均1250元。

尽管从1981年开始，国家为解决水库移民问题相继出台了一系列政策措

施，但由于政策不统一、标准偏低，也缺乏相应的配套措施，经过20多年的努力，库区经济发展依然缓慢，部分移民依然生活在贫困当中。2006年，党中央、国务院审时度势，及时调整完善水库移民后期扶持政策，实施全国统一的大中型水库移民后期扶持政策。

三、调整完善大中型水库移民后期扶持政策的原则

调整完善大中型水库移民后期扶持政策坚持以下四个方面的原则：

1. 坚持三个"统筹兼顾"的原则

即坚持统筹兼顾水电和水利移民、新水库和老水库移民、中央水库和地方水库移民的原则。主要考虑，无论哪一种类型的水库移民，都为服从国家建设大局做出了贡献、做出了牺牲，都应纳入后期扶持范畴，否则会造成新的不平衡。

2. 坚持把解决温饱问题与长远发展问题相结合的原则

解决水库移民问题的三个主要任务中，温饱问题靠每人每年发放几百元的后期扶持资金可以基本解决，相比较而言，解决基础设施薄弱和长远发展问题是更为艰巨的任务，为此还要制定专项规划，采取综合配套措施，逐步解决长远发展问题。

3. 坚持中央统一制定政策、地方政府负全责的原则

移民工作涉及面广，政策性强，直接关系到方方面面的切身利益，必须由中央统一制定移民政策；同时，各地情况又千差万别，必须对移民实行属地管理，省级人民政府要对本行政区划内包括外省迁入的全部移民的后期扶持工作负总责。

4. 坚持工业反哺农业、城市支持农村、东部地区支持中西部地区的原则

首先，在过去相当长时期内，我国经济建设采取了"先生产、后生活"的做法，农业为工业发展提供了资金积累，事实上，我国水库大多建在农村和江河上游，受影响的主要是农业和农民，受益的主要是工业和城市、下游地区。因此，在制定大中型水库移民后期扶持政策时，必须统筹兼顾，按照全面协调可持续发展的要求，坚持工业反哺农业、城市支持农村、东部地区支持中西部地区的原则，给移民和库区以更多的扶持，这也是贯彻落实科学发展观在水库移民工作中的具体体现。

其次，改革开放以来，全国水库移民生产生活状况虽然有所改善，但从总体上看与全社会平均水平还存在一定差距。这里既有移民扶持政策不完善、支

持力度不够的原因，也有移民居住地自然条件较差、地区经济发展不平衡的原因。

长期以来，水库移民积累的矛盾较多，因此，在调整大中型水库移民后期扶持政策时，必须从全局出发，既要切实解决好移民的困难和问题，又要保持扶持标准的统一性，防止出现差异和攀比，保障整个农村稳定和社会和谐。

根据以上原则，国家决定通过电力加价设立大中型水库移民后期扶持基金，对全国大中型水库农村移民实行统一的后期扶持政策，即统一扶持范围、扶持标准、扶持期限等，对纳入大中型水库后期扶持范围的移民，给予每人每年600元的补助，连续扶持20年。考虑到各地情况不一、移民意愿不一，在扶持方式上，采取一个"尽量"、两个"可以"的方式，中央财政统一拨付的年人均600元补助资金，能够直接发放到移民个人的尽量发放给移民个人，也可以采取项目扶持，还可以实行两者结合的方式（即部分直补到人，部分用于项目扶持）。具体由各级人民政府确定，并编制切实可行的水库移民后期扶持规划。但基本前提是，无论采取哪种方式，都必须充分尊重移民意愿，并听取移民村群众的意见。

四、大中型水库移民后期扶持政策体系、主要任务、政策目标和政策措施

（一）政策体系

调整完善后的水库移民后期扶持政策体系主要包括以下几个方面：

1. 设立大中型水库移民后期扶持基金

资金来源上包括三个方面的内容：一是由通过省级电网公司销售电量加价筹集的资金，按照全国统筹、东部支持中西部的原则，全国平均征收标准为每度电7.2厘钱，东部地区征收标准为每度电8.3厘钱；二是中央财政定额拨款2.4亿元；三是由中央财政拨款补足的因征收增值税而减少的水库移民后期扶持基金。全国统筹的这部分资金除满足年人均600元的定额补助资金外，因电量增加形成的结余资金，专项用于支持库区和移民安置区经济社会发展规划实施和解决库区和移民安置区突发性事件（主要是不可抗力的自然灾害）的结余资金。

2. 设立大中型水库库区基金

从大中型水库发电收入中按照每度电不高于8厘钱的标准征收，这部分资

金地方统筹，由地方政府结合中央财政拨付的大中型水库移民后期扶持结余资金，专项用于支持实施库区及移民安置区基础设施建设和经济发展规划，支持库区防护工程，移民生产生活设施维护，解决水库移民的其他遗留问题。

3. 设立地方小型水库基金

为妥善解决小型水库移民的困难和新政策出台以前后期扶持项目续建问题（主要是六年规划项目），由各省、自治区、直辖市人民政府通过提高本地区区域内全部销售电量（扣除农业生产用电）的电价筹集，提价标准为每度电不超过0.5厘钱。

（二）主要任务

解决水库移民问题主要有三个层面的任务：一是部分移民依然生活在贫困中，尚未解决温饱问题，那么首要的任务是解决部分移民的温饱问题；二是库区基础设施问题，由于库区和移民安置区大多地处偏远，普遍存在"行路难、饮水难、用电难、上学难、就医难"问题，那么在解决温饱问题的基础上，要解决库区基础设施问题；三是移民的长远生计及库区经济社会的长远发展问题。解决水库移民问题三个层面的任务中，温饱问题靠每人每年发放几百元的后期扶持资金可以基本解决，相比较而言，解决基础设施薄弱、移民的长远生计及库区经济社会的长远发展问题是更为艰巨的任务。

（三）政策目标

根据水库移民三个层面的任务，做好水库移民后期扶持工作的政策目标相应的分为阶段性目标（近期目标）和长远目标：近期目标，解决移民温饱问题以及生产生活中存在的"五难"等突出问题，为移民的长远生计和库区经济社会的长远发展打下基础；长远目标，使移民的生产生活逐步达到原有水平或达到当地农村的平均水平。

（四）政策措施

按照国务院文件精神，在提高后期扶持标准帮助解决水库移民温饱问题的同时，进一步加大扶持力度，解决库区和移民安置区的长远发展问题。一是加强库区和移民安置区基本口粮田及配套水利设施建设；二是加强交通、供电、通信和社会事业等方面的基础设施建设；三是加强生态建设和环境保护；四是加强移民劳动力就业技能培训和职业教育；五是多方筹集资金，加大项目扶持力度，除大中型水库移民后期扶持结余资金、大中型水库库区基金外，现有政府性资金，包括预算内基本建设投资、扶贫资金、农业综合开发资金以及政府部门安排的各类建设基金和专项资金，要向库区和移民安置区倾斜。同时，鼓励社会捐助和企业对口帮扶，拓宽资金渠道，加大对库区和移民安置区的扶持力度。

需要指出的是，解决移民温饱问题的项目扶持与解决移民长远发展的项目扶持有所区别。主要是：第一，资金来源渠道不同。前者来源于大中型水库移民后期扶持基金；后者的来源是多渠道的，包括向库区和移民安置区倾斜的各类政府性投资、后期扶持结余资金、大中型水库库区基金，以及社会捐助和企业对口帮扶。第二，使用范围不同。前者只能用于解决移民村群众生产生活存在的突出问题，项目选择上必须是移民和移民村组的群众能够直接受益的小项目，原则上不规划跨村组的大项目。后者由地方政府统筹用于解决库区和移民安置区基础设施建设和长远发展问题。第三，项目确定的方式不同。前者必须经过移民村绝大多数移民同意后确定；后者由地方政府以移民村为基本单位，按照优先解决突出问题的原则确定。

但两种项目扶持，都要坚持以规划为前提，坚持民主程序，尊重和维护移民群众的知情权、参与权和监督权。因此，必须做好两个规划之间的衔接，充分发挥扶持资金效益。

五、大中型水库移民后期扶持政策的主要内容

（一）扶持范围

大中型水库移民后期扶持政策的扶持范围为全国大中型水库的农村移民。对实行统一城乡户口制度改革政策的地区（河北、辽宁、江苏、浙江、福建、山东、湖北、湖南、广西、重庆、四川、陕西等12省、区市），农村移民是指户口制度改革前户籍为农业户口，且现在仍从事农业生产的水库移民。城镇移民（包括农转非移民）的生产生活困难纳入城镇社会保障体系筹解决。

（二）移民人口的核定

为合理统计移民人数，实事求是解决移民遗留问题，在移民人口核定上，将农村移民分为水库原迁人口和现状人口。以2006年6月30日为界，在此之前已完工水利水电项目移民（简称"老水库移民"）按现状人口核定，即规划水平年搬迁人口加自然增长人口；2006年6月30日前已开工建设但未完工的

水利水电移民及新开工水利水电移民（简称"新水库移民"）按原迁人口核定，即按规划搬迁人口核定。中央对各省（区、市）2006年6月30日大中型水库移民后期扶持人数一次核定，不再调整。

需要特别提出，区分现状人口和原迁人口的主要原因是：由于受当时经济条件的限制，老水库移民生产和生活安置水平相对较低，对移民后代的影响较大，因此，规定2006年6月30日前已完工项目搬迁的水库移民扶持人口为现状人口。2006年7月1日，国家开始实行新的移民政策，特别是新修订的《大中型水利水电工程建设征地补偿和移民安置条例》颁布实施后，水库移民前期补偿补助标准将得到较大的提高，移民住房和基础设施建设将得到更大的改善，移民搬迁后能够较快恢复和发展生产。所以，2006年7月1日起搬迁的水库移民，后期扶持人口为原迁人口。

2006年7月1日后开工建设的大中型水库，其新增移民人口为批准的移民安置规划确定的规划水平年农村移民人口。具体按照实际动迁的农村移民人口核定，每年核定一次。

（三）扶持期限

老水库移民，从2006年7月1日起，按照年人均600元的标准连续扶持20年；新水库移民，从其完成搬迁之日起连续扶持20年。

（四）外迁移民的扶持管理

由于库区人多地少的矛盾比较突出，为减少库区人口的承载压力，国家鼓励农村移民外迁安置。外迁农村移民分两种情况：一是政府统一组织外迁；二是投亲访友、自主外迁。为便于政策的落实，对外迁农村移民的后期扶持坚持属地管理原则，即由移民现户籍所在地人民政府统一负责。具体操作上，首先要核实移民身份和移民人数，对于政府统一组织外迁的，无论是迁出地还是迁入地移民管理部门均有详细记载，移民身份和移民人数核实上易操作。对于跨省自主外迁移民，由移民现户籍所在地提出申报，经现户籍所在地省级人民政府统一汇总发函或派人到迁出地省级人民政府进行移民身份和移民人数核对。移民迁出地人民政府要本着认真负责的态度，积极予以配合，尽快核实移民身份，并将移民身份证明提供给移民现户籍所在地人民政府。核定后的外迁农村移民纳入迁入地进行统一扶持。中央财政按照核定的移民人数将后期扶持资金统一拨付移民迁入地省级财政，由当地政府按规定落实移民后期扶持政策。省内跨县自主外迁的移民人口核定登记工作参照上述原则办理。

(五) 扶持方式

中央规定的大中型水库移民后期扶持方式是"一个尽量，两个可以"，即后期扶持资金能够发放给移民个人的应尽量发放给移民个人，用于移民生产生活补助；也可以实行项目扶持，用于解决移民村群众生产生活中存在的突出问题；还可以采取两者相结合的方式。

采取直补到人的方式，可以使移民直接受益，且中间操作环节少。前提条件是，能够准确地界定移民身份，同时，实际操作中不要引发移民村原住民的攀比。

采取项目扶持的方式，可以统筹解决移民村群众生产生活中存在的突出问题，使移民和安置区群众共同受益。前提条件是，项目的选择要能够确保移民长期受益，项目的确定要经绝大多数移民同意，资金的使用与管理要公开，接受群众监督。

采取直接发放给移民个人和实行项目扶持相结合的方式，既能够使移民直接受益，又能统筹解决移民村群众生产生活中存在的突出问题，使移民和安置区群众共同受益。前提条件是，能够合理确定直补到人和项目扶持的比例，兼顾移民和移民村群众的利益，移民资金的使用要公开透明，接受群众监督。

但无论采取何种方式，必须遵守以下三点：一是充分尊重移民的意愿，并听取移民村群众的意见；二是必须做到公开、公平、公正；三是确保库区和移民安置区的和谐稳定。

后期扶持方式的确定，直接涉及移民及安置区原住居民的切身利益。地方各级人民政府要严格按照国发〔2006〕17号文件的规定，在充分尊重移民意愿并听取移民村群众意见的基础上，因地制宜地确定后期扶持方式，扶持方式确定后应张榜公布，接收群众的监督，不得用行政命令方式武断决策，避免引发新的矛盾。对移民与原住村民矛盾易发的村组，地方各级人民政府一定要切实负起责任，把工作做细，加强指导、监督、协调和服务，妥善处理好移民与安置区原住村民之间的利益关系。

(六) 资金筹集

大中型水库移民后期扶持基金采取全国统筹、分省（区、市）核算的方式，由企业、社会、中央与地方政府合理负担。资金筹集方式主要有三种：一是提高省级电网公司在本省（区、市）区域内全部销售电量（扣除农业生产用电）的电价，提价收入专项用于水库移民后期扶持，具体提价幅度以2005

年省级电网公司销售电量（扣除农业生产用电）和核定的移民人数为基数测算后确定。为了减轻中西部地区的负担，移民人数较少的河北、山西、内蒙古、吉林、黑龙江、贵州、云南、西藏、甘肃、青海、宁夏、新疆12个省（区）的电价加价标准根据本省（区）的移民人数一次核定，原则上不再调整；如上述12个省（区）2006年7月1日以后搬迁的纳入扶持范围的水库移民所需后期扶持资金出现缺口，由中央统筹解决；移民人数较多的中西部地区省（区），如安徽、江西、河南、湖北、湖南、广西等及东部省份实行统一的电价加价，即按省级电网公司售电量平均每度电加价8.3厘钱。考虑到西藏自治区的特殊性，实际执行中，对西藏自治区未开征大中型水库移民后期扶持基金，西藏自治区水库移民后期扶持资金由中央财政统筹解决；二是对提高电价收入征收增值税而减少的后期扶持基金，中央财政根据中央分成比例拨款补足；三是继续保留中央财政原每年安排用于解决中央直属水库移民遗留问题的资金。

需要指出，解决小型水库移民的生产生活困难问题的扶持资金来源与大中型水库移民有所不同。小型水库是自建、自管、自用、自利的工程，与大中型水库相比，工程占地较少，移民人数不多，一般地方政府都就近调整土地，进行了安置。所以，对于小型水库移民，不纳入国家统一的后期扶持范围。各省、自治区、直辖市人民政府可通过提高本省（区、市）区域内全部销售电量（扣除农业生产用电）的电价筹集资金，统筹解决小型水库移民的困难等问题。提价标准不超过每千瓦时0.5厘钱，具体方案报发展改革委、财政部审批后实施。

六、资金的使用管理

根据国发〔2006〕17号文件的有关规定，中央财政对大中型水库移民后期扶持基金的拨付使用主要分为两大部分进行管理：一是按照每人每年600元标准发放的部分；二是每年筹集的大中型水库移民后期扶持基金，按照每人每年600元标准分配后结余的资金。以2010年为例，中央财政当年筹集大中型水库移民后期扶持基金209亿元，当年全国纳入后期扶持范围的大中型水库移民共2 365万人，按每人每年600元标准共拨付各省（区、市）及新疆生产建设兵团后期扶持基金141亿元，当年形成结余资金68亿元。

（一）年人均600元部分资金的使用管理

为加强大中型水库移民后期扶持基金的使用管理，报经国务院批准，财政部研究制定了《大中型水库移民后期扶持基金征收使用管理暂行办法》。根据国发［2006］17号文件精神及本办法有关规定，每人每年600元标准发放的后期扶持基金，由中央财政按照经全国水库移民后期扶持政策部际联席会议核定的大中型水库移民人数和季平均150元的标准，按季及时拨付各省级财政部门和新疆生产建设兵团。具体扶持方式由地方人民政府和新疆生产建设兵团根据国发［2006］17号文件的规定和各地实际情况，因地制宜确定，能够直接发放给移民个人的尽量发放到个人，用于移民生产生活补助，也可以实行项目扶持，解决移民村群众生产生活中存在的突出问题，还可以采取两者结合的方式。需要强调的是，中央统一制定的扶持范围、标准和年限，任何部门、地方都不得随意改变，充分体现了中央统一后期扶持政策的严肃性和权威性。

（二）结余资金的使用管理

根据国发［2006］17号文件精神及经国务院批准的《大中型水库移民后期扶持结余资金使用管理暂行办法》，结余资金的80%部分，由中央财政按照中央统一核定的移民人数及各地对全国统筹后期扶持基金的贡献率进行分配，专项用于支持实施经批准的库区和移民安置区基础设施建设和经济发展规划，解决移民遗留问题；结余资金的20%部分，专项用于库区和移民安置区临时性、突发性事件的应急处置补助支出。

1. 80%部分资金的使用管理

根据《大中型水库移民后期扶持结余资金使用管理暂行办法》规定，年度大中型水库移民后期扶持结余资金的80%部分，由财政部会同国务院移民管理机构，按照各省（区、市）经核定的农村移民人数情况及对全国统筹后期扶持资金的贡献情况，切块分配下达各省（区、市）。具体分配方法：

同时，对未按库区和移民安置区基础设施建设和经济发展规划实施项目以及未完成年度后期扶持基金征收计划的地区，不予拨付或适当扣减结余资金。由于国务院移民管理机构尚未成立，目前全国水库移民后期扶持相关工作由全国水库移民后期扶持政策联席会议制度代行，大中型水库移民后期扶持结余资金的分配由财政部提出分配方案，会签全国水库移民后期扶持联席会议制度主要成员单位发展改革委和水利部后拨付。

每年第一季度，各省（区、市）移民管理机构应编制上年度结余资金使用决算，报同级财政部门审批。各省（区、市）财政部门应在每年4月底前审批上年度结余资金使用决算，并将批复结果上报财政部和国务院移民管理机构备案。结余资金年度预算上报资料主要包括：一是本省（区、市）结余资金年度预算申请文件；二是结余资金年度预算申请表（附表1）；三是经批准的本省

(区、市）库区和移民安置区基础设施建设和经济发展规划实施情况。如果各省（区、市）有下列情形的，中央财政不予安排结余资金：一是未按本办法规定申报结余资金年度预算或未编制上年度结余资金使用决算；二是截留、挪用结余资金；三是虚报结余资金扶持项目；四是其他违反相关法律法规的行为。

2. 应急资金的使用管理

根据《大中型水库移民后期扶持结余资金使用管理暂行办法》规定，中央按年度结余资金的20%预留部分资金，专项用于解决库区和移民安置区临时性、突发性事件应急处置补助支出。库区和移民安置区发生临时性、突发性事件时，各省（区、市）财政部门会同同级移民管理机构，向财政部提出申请，同时抄报国务院移民管理机构，由财政部会同国务院移民管理机构审批后下达资金。由于国务院移民管理机构未成立，目前全国水库移民后期扶持相关工作由全国水库移民后期扶持政策联席会议制度代行，大中型水库移民后期扶持结余资金的分配由财政部提出分配方案，会签全国水库移民后期扶持联席会议制度主要成员单位发展改革委和水利部后拨。2008年，中央财政通过大中型水库移民后期扶持结余资金，安排南方冰雪灾害和汶川地震灾害应急支出3.8亿元，2009~2010年，分别安排支出5.2亿元和8.05亿元，帮助河北、辽宁、吉林、黑龙江、江苏、浙江、安徽、江西等地库区和移民安置区应对地震、台风、冰雹、雪灾、暴雨、旱灾等自然灾害及灾后恢复重建，确保了库区和移民安置区的社会稳定。

需要说明的是，大中型水库移民应急补助资金专项用于因雨雪、干旱、台风、地震等不可抗力引发的库区和移民安置区突发性、临时性的自然灾害的补助，人为因素造成的库区和移民安置区临时性、突发性事件不属于应急资金补助范畴。

后期扶持资金作为政府性基金，按照"收支两条线"原则纳入中央财政预算管理。一是建立健全规章制度，强化监督。二是各省移民管理机构要设立专门的财务管理机构，配备专门的财务会计人员。三是地方移民管理机构应建立移民个人或家庭档案，以及对移民发放资金的账册和账户，确保后期扶持基金按规定用途使用，严禁挤占、截留和挪用。四是各级财政、审计和移民管理机构按职责分工，加强对后期扶持资金征收、拨付、使用的监督和管理，不定期对移民后期扶持资金征收、拨付、使用情况进行检查、审计，以确保资金及时足额征缴和合理使用。

（三）大中型水库库区基金的使用管理

为促进库区和移民安置区经济及社会发展，根据《国务院关于完善大中型水库移民后期扶持政策的意见》（国发［2006］17号）的相关规定，国家将原库区维护基金、原库区后期扶持基金及经营性大中型水库承担的移民后期扶持资金进行整合，设立大中型水库库区基金（以下简称库区基金），并颁布了《大中型水库库区基金征收使用管理暂行办法》（财综［2007］26号），规定大中型水库库区基金从有发电收入的大中型水库发电收入中筹集，根据水库实际上网销售电量，按不高于8厘/千瓦时的标准征收，其中，大中型水库是指装机容量在2.5万千瓦及以上有发电收入的水库和水电站。由于各地情况相差较大，为便于操作，同时要求相关省、自治区、直辖市财政部门会同同级投资主管部门、价格主管部门、水行政主管部门、移民主管机构，结合本地实际情况，制定本地区库区基金征收使用管理实施细则上报财政部，由财政部会同发展改革委、水利部、国务院移民主管机构批准后执行。大中型水库库区基金列入发电成本，按规定不征收企业所得税。应缴纳库区基金的大中型水库应在每月终了后7日内，按规定上交库区基金。大中型水库库区基金属于政府性基金，实行分省统筹，纳入财政预算，实行"收支两条线"管理。

1. 省级辖区内大中型水库库区基金的征收

根据国务院批准的《大中型水库库区基金征收使用管理暂行办法》（财综［2007］26号）的规定，省级辖区内大中型水库的库区基金，由省级财政部门负责征收。

2. 跨省际大中型水库库区基金的征收及分配

根据《大中型水库库区基金征收使用管理暂行办法》（财综［2007］26号）及《关于征收跨省际大中型水库库区基金有关问题的通知》（财综［2009］59号）的规定，跨省际大中型水库库区基金按照发电企业所在地区的库区基金征收标准，由财政部驻发电企业所在地区财政监察专员办事处负责征收并上交中央国库，中央财政按照国家审定的相关大中型水库移民人数分配给有关省（区、直辖市），由地方财政按规定统筹安排使用。2009~2010年，财政部会同水利部移民局对北京、河北、辽宁、吉林、黑龙江、内蒙古、陕西、山西、河南、浙江、河南、湖北、湖南、安徽、青海、甘肃、重庆、贵州、广西、四川、云南等21个省、自治区、直辖市跨省际大中型水库原迁移民人数进行了核定，明确了桓仁水库、丹江口水库等全国22座跨省际大中型水库库区基金的征收机关、征收标准，以及所征收的库区基金在相关省份的分配比例等事项。

3. 大中型水库库区基金使用方向

根据《大中型水库库区基金征收使用管理暂行办法》（财综［2007］26

号）及《关于征收跨省际大中型水库库区基金有关问题的通知》（财综〔2009〕59号）的规定，大中型水库库区基金主要用于以下方面：一是支持实施库区及移民安置区基础设施建设和经济发展规划；二是支持库区防护工程，移民生产生活设施维护；三是解决水库移民的其他遗留问题。地方政府在安排库区基金时，应将其中的75%用于支持实施库区及移民安置区基础设施建设和经济发展规划，以及解决水库移民的其他遗留问题，其余部分用于库区防护工程及移民生产、生活设施维护。

七、大中型水库移民后期扶持政策实施成效及展望

新时期全国大中型水库移民后期扶持政策的实施过程，就是树立以人为本理念、贯彻落实科学发展观的过程。目前，水库移民后期扶持政策实施工作步入常态管理，核定到个人的直补资金已经兑现，项目扶持有序实施，移民后期扶持工作取得了显著成效。具体表现在以下几个方面：

1. 加快了移民脱贫致富和库区经济社会发展步伐，为全面建设小康社会和社会主义新农村建设增添了动力

通过资金直补和项目扶持、实用技术培训、劳动力就业转移，以及其他支农措施的实施，库区和移民安置区农村移民收入明显提高。据调查，农村移民人均纯收入占同期全国农村人均纯收入的比例，由2004年的53%提高到2008年67%，水库移民贫困人口大幅度下降。各地加大项目规划实施力度，既缓解了部分地方移民群众行路难、吃水难、就医难、上学难、住房差等问题，又为库区和移民安置区加快脱贫致富和经济社会发展步伐带来了机遇，注入了活力，有些村组已成为当地社会主义新农村建设的示范村。

2. 维护了库区和移民安置区社会稳定，为构建社会主义和谐社会提供了有力支撑

后期扶持政策实施后，不仅使领到600元后期扶持政策资金的移民感到满意，而且通过实施项目规划，帮助库区和移民安置区解决了一批历史遗留问题，让政策实施的连带影响群体也得到一定的实惠。后期扶持政策实施，进一步密切了干群关系，被群众亲切地誉为"暖心工程"。据国家信访局统计，2008年共受理群众反映的水库移民问题，与2007年同比大幅下降。各地的移民信访量也持续下降，突发群体性上访事件明显减少，库区和移民安置区社会总体稳定，移民群众精神面貌大有改善，对发展前景信心增强。

3. 形成了新时期水库移民工作体系，为不断创新移民工作体制机制奠定了

坚实基础

国发〔2006〕17号文件和《移民条例》的出台，促进了水库移民政策法规体系的进一步完善。在移民工作指导思想上，坚持以人为本，保障移民的合法权益，满足移民生存与发展的需求，坚持开发性移民的方针，前期补偿、补助和后期扶持相结合；在移民工作管理体制上，坚持中央统一制定政策、省级政府负总责，省级以下地方人民政府负责组织实施；在移民工作政策措施上，坚持统一标准、统筹兼顾、因地制宜确定移民安置方式和后期扶持方式，对移民安置和水库移民后期扶持实行全过程监督。这些政策措施和体制机制，是几十年来移民工作经验教训的系统总结，符合国情、民情和移民工作实际。

4. 促进了新时期水利水电事业发展，为经济社会发展做出了贡献

各地按照新时期水库移民政策法规的要求，积极探索移民安置模式，落实后期扶持政策，促进了水利水电事业发展。水利水电工程建设正在从"重工程、轻移民，重搬迁、轻安置"向"工程建设与移民安置、生态保护并重"转变。同时，通过政策实施，进一步摸清了水库移民的基本状况，找准了影响移民事业发展的"瓶颈"问题，形成了坚持以人为本理念做好移民工作的共识，积累了做好新时期群众工作的宝贵经验，培养和锻炼了一批政策水平高、服务能力强的移民干部队伍。

根据国发〔2006〕17号文件明确的国家实施大中型水库移民后期扶持政策的目标，即近期目标是解决水库移民的温饱问题以及库区和移民安置区基础设施薄弱问题，中长期目标是加强库区和移民安置区基础设施和生态环境建设，改善移民生产生活条件，促进经济发展，增加移民收入，使移民生活水平不断提高，逐步达到当地农村平均水平，按照精细化和科学化管理原则，"十二五"期间，中央财政将主要做好以下几个方面的工作：首先，继续做好大中型水库移民后期扶持基金的筹集拨付工作，切实做到足额筹集，及时拨付，充分保障政策实施的资金需求。其次，要强化监督检查，督促各级财政部门和移民管理机构切实按照后期扶持基金管理办法的规定和要求，管好用好后期扶持基金，特别是要严格资金发放管理，并接受群众的监督。最后，对于各地根据自身实际情况，自行筹集安排的小水库移民后期扶持基金（按照不高于0.5厘/千瓦时标准征收）和大中型水库库区基金（按照不高于8厘/千瓦时标准征收），中央财政将指导和督促地方财政部门加强征收使用管理，确保国家统一制定实施的水库移民后期扶持工作落到实处。

第十章

三峡后续工作规划

导 读

在党中央、国务院的坚强领导和全国人民的大力支持下，经过17年艰苦努力，三峡工程初步设计建设任务如期完成，其防洪、发电、航运、水资源利用等综合效益开始全面发挥。三峡工程作为一项多目标、多效益的重大水利枢纽工程，在发挥巨大综合效益的同时，在移民安稳致富、生态环境保护、地质灾害防治等方面还存在一些亟须妥善解决的问题，对长江中下游航运、灌溉、供水也产生了一定的影响。开展三峡后续工作，是建设和谐稳定新库区的迫切要求。

根据国务院及国务院三峡工程建设委员会的决策部署，三峡办会同有关部门、单位和地方政府，在深入调研、科学论证和广泛征求意见的基础上，编制完成了《三峡后续工作规划》。2011年6月15日，国务院正式批复同意《三峡后续工作规划》。本章主要介绍了《三峡后续工作规划》的编制背景、编制过程、指导思想、主要内容和落实资金来源渠道，同时也介绍了三峡工程运行期的其他相关财政政策。

一、《三峡后续工作规划》的编制背景

在党中央、国务院的坚强领导和全国人民的大力支持下,经过17年艰苦努力,三峡工程初步设计建设任务如期完成,并于2010年10月顺利达到175米设计水位,防洪、发电、航运、水资源利用等综合效益开始全面发挥。中国工程院组织37位院士和近300位专家进行的《三峡工程论证及可行性研究结论的阶段性评估》认为:三峡工程规模宏大、效益显著、利多弊少,是我国建设社会主义新时代杰出工程的代表作,是中华民族的骄傲,无论在政治上和经济上,还是在工程技术上,都具有深远的影响和重大的意义,必将得到广泛而久远的称颂,原论证做出的"建比不建好,早建比晚建有利"的总结论和"一级开发、一次建成、分期蓄水、连续移民"的建设方案是完全正确的。

开展三峡后续工作,是兴利除弊、拓展工程综合效益的客观需要。三峡工程作为一项多目标、多效益的重大水利枢纽工程,在发挥巨大综合效益的同时,在移民安稳致富、生态环境保护、地质灾害防治等方面还存在一些急需妥善解决的问题,对长江中下游航运、灌溉、供水也产生了一定的影响。这些问题具有复杂性、长期性和累积性:有的是论证设计中已经预见到,但需要在运行后加以解决;有的是工程建设期已经认识到,但受当时条件限制难以有效解决;有的是随着经济社会快速发展而提出的新要求,必须及时研究、统筹解决。另外,随着经济社会的快速发展、科学技术的不断进步以及长江上游来水来沙情况变化,三峡工程的运行条件已经发生了较大改变,需要通过不断优化水库科学调度,进一步拓展工程的综合效益,提升三峡工程服务国民经济和社会发展的能力,更好更多地造福广大人民群众。

开展三峡后续工作,是建设和谐稳定新库区的迫切要求。三峡工程建设17年来,库区城乡面貌发生了翻天覆地的变化,但经济社会发展水平整体偏低的状况尚未根本改变。近年来,社会各界特别是库区广大干部群众,通过不同渠道不断反映存在的困难和问题,希望开展三峡后续工作、加大投入扶持力度的愿望十分强烈。全国人大、政协多次组织赴三峡工程和三峡库区考察调研,针对存在的问题,反复提出要全面编制《三峡后续工作规划》并尽快组织实施的意见和建议。中国工程院在阶段性评估报告中也明确提出,要妥善安排和做好

三峡工程的后续工作，以保证三峡工程多利少弊、长治久安。

开展三峡后续工作，是党中央、国务院的重大战略决策。中央领导同志始终高度重视和关心三峡工程建设及三峡后续工作，多次做出重要指示、提出明确要求。胡锦涛总书记强调，要完善扶持政策，加大资金投入，努力使库区群众基本生活有保障、劳动就业有着落、脱贫致富有盼头，同心同德建设和谐稳定的新库区。温家宝总理强调，三峡工程是关系到千秋万代的大事，要高度重视、长远考虑；移民安稳致富、生态环境保护、地质灾害防治是需要我们判断和解决好的三个重大问题，要提到议事日程上来。李克强副总理、回良玉副总理也要求，工程建成后接上后续工作，以保证三峡工程长期安全运行、持续发挥效益。

三峡工程作为迄今为止全国人大表决通过的唯一一项国家重点工程，其规模之大、范围之广、移民之多、影响之深远，是国内外其他工程难以比拟的。在初步设计建设任务已经如期完成的基础上，适时开展三峡后续工作，是深入贯彻落实科学发展观的重大举措，符合工程建设规律和认识规律、符合七届全国人大五次会议关于兴建三峡工程的决议精神、符合三峡工程的特殊实际和库区干部群众的殷切期待。

二、《三峡后续工作规划》的编制过程

《三峡后续工作规划》的编制，始终是在国务院及三峡建委的直接领导下，在有关部门、单位和地方政府的大力支持下有序展开的。2008年7月，三峡建委第十六次全体会议决定，由国务院三峡办会同发展改革委、财政部等有关部门抓紧研究提出三峡后续工作方案。同年10月，国务院三峡办组织长江水利委员会（以下简称长江委），选择三峡库区部分区县开展了《三峡后续工作规划》编制的试点工作，随后完成了《三峡后续工作规划大纲》。2009年3月，国务院批准了《关于开展三峡后续工作规划的请示》。当年4月，国务院三峡办会同发展改革委、财政部、国土资源部、环境保护部、交通运输部、水利部、国家林业局、湖北省、重庆市、湖南省、江西省以及三峡集团公司等单位，成立了《三峡后续工作规划》编制领导小组及其办公室，并委托长江委作为规划编制总成单位，组织30多家规划设计单位和科研院所的3 000多名专业技术人员，全力以赴开展了《三峡后续工作规划》编制及研究工作。《三峡后续工作规划》编制期间，国务院领导同志十分关心三峡后续工作，多次做出批示、听取汇报并召开专题会议，及时明确《三峡后续工作规划》的重点、原则、范围、总投资、资金筹措及管理体制等一系列重大问题，为《三峡后续工

作规划》的科学编制和顺利完成指明了方向，奠定了基础。

《三峡后续工作规划》编制过程中，规划编制领导小组充分吸收全国人大、政协的考察意见和调研建议，充分运用中国工程院对三峡工程的阶段评估成果，充分听取有关老领导、老同志、老专家意见，并深入三峡库区和受影响区进行全面系统的实地调研，广泛征求库区移民群众和基层干部的意见，为《三峡后续工作规划》编制奠定了坚实基础。为保证《三峡后续工作规划》的科学性和可操作性，编制小组特别加强了与各有关部门和地方的沟通协商，注重做好与国家、地方经济社会发展中长期规划及相关行业专项规划的有机衔接。根据三峡建委第十七次全体会议要求，在再次征求三峡建委各成员单位意见的基础上，规划编制领导小组对《三峡后续工作规划》作了进一步修改完善。

按照国务院批准的《三峡后续工作规划》审批程序，规划编制领导小组委托中国国际工程咨询公司对《三峡后续工作规划》成果进行了全面咨询评估，委托水电水利规划设计总院和长江水资源保护科学研究所开展了《三峡后续工作规划》环境影响评价。咨询评估认为，规划提出的指导思想、原则和目标总体上是合适的，体现了以人为本和可持续发展思想，突出了急需解决的重大问题，符合三峡库区和长江中下游实际，规划内容全面，系统性强，方法科学，措施具体；规划方案总体可行，可以作为实施三峡后续工作的重要依据。经环境保护部审查同意的环境影响评价认为，规划的实施将明显改善区域生态环境及人居环境质量，生态、社会和环境效益显著；按该《三峡后续工作规划》开展工作，将树立区域可持续发展的典范。

三、《三峡后续工作规划》的指导思想与制定原则

《三峡后续工作规划》是在特定时期、具有特定目标、解决特定问题的一项综合规划，由1个总体规划、6个分项规划、39个专题规划组成。根据规划需要，开展了22个专项研究作为支撑。

《三峡后续工作规划》的指导思想是：认真贯彻党的十七大和十七届三中、四中、五中全会精神，高举中国特色社会主义伟大旗帜，以邓小平理论和"三个代表"重要思想为指导，深入贯彻落实科学发展观，以科学发展为主题，以加快转变经济发展方式为主线，围绕三峡工程及库区的战略定位，统筹协调国家与地方、上游与中下游、整体与局部、枢纽工程与库区、近期与远期等方面的关系，采取综合措施，重点解决库区移民安稳致富、生态环境建设与保护、地质灾害防治等问题，妥善处理蓄水运行对长江中下游的影响，加强综合管理能力

建设，进一步拓展三峡工程综合效益。坚持政府引导、业主参与、群众自力更生，发挥市场对资源配置的基础性作用，建设和谐稳定的新库区，实现经济社会与环境协调发展，保障三峡工程长期安全运行，实现综合效益可持续发挥。

《三峡后续工作规划》的制定原则是：以人为本，关注民生；保护环境，持续发展；统筹兼顾，突出重点；国家扶持，多元投入；区分缓急，分步实施；统一领导，各负其责。

《三峡后续工作规划》的范围及期限是：根据与三峡工程影响的相关性，重点是三峡库区，兼顾长江中下游重点影响区。期限近期为2011～2015年，远期为2016～2020年。

四、《三峡后续工作规划》的目标与主要内容

《三峡后续工作规划》的主要目标是：到2020年，移民生活水平和质量达到湖北省、重庆市同期平均水平，覆盖城乡居民的社会保障体系建立。库区经济结构战略性调整取得重大进展，特色优势产业充分发展，现代产业体系基本形成，移民就业难问题基本解决，社会稳定。库区交通、水利及城集镇等基础设施进一步完善，移民安置区社会公共服务城乡均等化基本实现。生态环境恶化趋势得到有效遏制，主要污染物排放总量显著减少，库区干流总体水质保持二类标准，支流水环境质量明显改善，生态屏障区森林覆盖率达到50%以上，库区生态环境承载力稳步提升，生态环境保护体系基本形成。地质灾害防治长效机制进一步健全和完善，防灾减灾体系基本建立。三峡工程综合效益不断拓展，防洪减灾、节能减排、能源基地、黄金水道、水资源储备的作用进一步发挥。三峡工程运行对长江中下游重点区域的影响得到妥善解决。三峡工程综合管理能力明显加强，科学管理水平达到国际先进水平。

《三峡后续工作规划》的具体目标和任务措施包括六个方面，这是《三峡后续工作规划》确定需要解决的六大重点问题：

1. 移民安稳致富及促进库区经济社会发展

这是三峡后续代工作的首要任务。《三峡后续工作规划》统筹考虑库区经济结构调整、社会发展转型和生态环境保护，提出"两调、一保、三完善"的综合措施，即通过发展生态农业园、生态工业园和现代服务业，促进库区产业结构战略调整；通过职业教育、技能培训和就业帮扶，促进劳动力就业结构战略调整；通过补助基本养老保险、医疗保险个人缴费，实施基本社会保障；完善库区基础设施、完善社区公共服务设施、完善自然与历史文化遗产保护。

2. 库区生态环境建设与保护

规划以保护国家战略性淡水资源库为目标,将水库水域、消落区、生态屏障区和库区重要支流作为整体,建设生态环境保护体系,实施"控污、提载、抓重点"的综合措施,即采取源头控制、系统过滤、生态降解、末端治理相结合的措施控制污染;通过人口转移、植被恢复、生态廊道建设和水土保持等措施,提高生态环境承载力;重点抓削减库区入库污染负荷和建设生态屏障区,形成对水库的生态屏障功能;确保干流水质优良,支流水环境明显改善。

3. 库区地质灾害防治

三峡库区历来是地质灾害多发区,水库蓄水后面临着较长时期的库岸再造过程。《三峡后续工作规划》着眼于完善地质灾害防治长效机制,提出"预防为主、监测为要、避险搬迁为先、工程治理突出重点"的综合措施,即建立完善的监测预警系统和应急机制,实施地质灾害风险管理;对受地质灾害威胁影响的农村人口,优先采取避险搬迁方式;工程治理突出迁建城镇和人口密集区以及影响重大的地质灾害体,对已经实施工程治理的地质灾害体,严格控制其开发利用;对位于地质灾害易发区的城集镇,严格控制建成区规模,最大限度保障库周人居安全和水库运行安全。

4. 对长江中下游重点影响区影响处理

针对三峡工程蓄水后水沙条件变化对中下游带来的不利影响,规划提出"工程整治、生态修复、观测研究和水库优化调度相结合"的综合措施,即工程整治重点是稳定河势、加固堤防、整治航道、改善取水设施功能;生态修复重点是改善生物栖息地环境,维系生物多样性;观测研究主要针对目前影响不明显和存在认知局限的问题,深入观测分析,适时采取措施;水库调度通过不断优化方案,减轻对中下游的不利影响。

5. 三峡工程综合管理能力建设

规划提出构建综合监测体系、综合信息服务平台和综合会商决策系统,形成组织协调功能、综合服务功能、应急管理功能和档案管理职能的综合措施,以统筹协调多项功能,协调各方利益和各部门职能,构建系统的工程运行管理长效机制。

6. 三峡工程综合效益拓展

《三峡后续工作规划》按照研究为先导、逐步推进的总体思路,以洪水资源化、水库优化调度、供水效益拓展为主攻方向,拓展工程既定的防洪、发电、航运效益和新的生态、水资源配置等效益,拓展其在国家水安全和电网运行安全等更大范围的战略保障能力。

《三峡后续工作规划》总投资 1 238 亿元，主要从按比例分配的国家重大水利工程建设基金及应由三峡集团公司承担的费用中解决。其中，移民安稳致富和促进库区经济社会发展 543.82 亿元，占总投资的 43.92%；库区生态环境建设与保护 303.50 亿元，占总投资的 24.52%；库区地质灾害防治 139.86 亿元，占总投资的 11.30%；三峡工程对长江中下游重点影响区处理 81.56 亿元，占总投资的 6.59%；三峡工程综合管理能力建设 35.07 亿元，占总投资的 2.83%；三峡工程综合效益拓展研究 4.96 亿元，占总投资的 0.40%。在总投资中，移民安稳致富、生态环境保护、地质灾害防治三大重点投资共占 80.2%。

五、落实《三峡后续工作规划》的资金渠道

根据国务院有关会议精神，《三峡后续工作规划》所需资金主要从按比例分配的国家重大水利工程建设基金及应由三峡集团公司承担的费用中解决。

（一）征收范围和标准

为筹集国家重大水利工程建设资金，确保国家重大水利工程建设的顺利实施，促进经济社会可持续发展，经报国务院批准，财政部印发了《国家重大水利工程建设基金征收使用管理暂行办法》（财综［2009］90 号），规定重大水利基金利用三峡工程建设基金停征后的电价空间设立。重大水利基金在除西藏自治区以外的全国范围内筹集，按照各省、自治区、直辖市扣除国家扶贫开发工作重点县农业排灌用电后的全部销售电量和规定征收标准计征。各省、自治区、直辖市全部销售电量包括省级电网企业销售给电力用户的电量、省级电网企业扣除合理线损后的趸售电量（即实际销售给转供单位的电量）、省级电网企业销售给子公司的电量和对境外销售电量、企业自备电厂自发自用电量、地方独立电网销售电量（不含省级电网企业销售给地方独立电网企业的电量）。跨省（自治区、直辖市）电力交易，计入受电省份销售电量。具体征收标准见表 10-1：

表 10-1　　　　　　　国家重大水利工程建设积金征收标准表

省（自治区、直辖市）	基金征收标准（厘/千瓦时）
北京	7
天津	7
上海	13.92
河北	7
山西	7

续表

省（自治区、直辖市）	基金征收标准（厘/千瓦时）
内蒙古	4
辽宁	4
吉林	4
黑龙江	4
江苏	14.91
浙江	14.36
安徽	12.92
福建	7
江西	5.52
山东	7
河南	11.34
湖北	0
湖南	3.75
广东	7
广西	4
海南	4
重庆	7
四川	7
贵州	4
云南	4
陕西	4
甘肃	4
青海	4
宁夏	4
新疆	4

其中，北京、天津、河北、河南、山东、江苏、上海、浙江、安徽、江西、湖北、湖南、广东、重庆等14个南水北调和三峡工程直接受益省份电网企业代征的重大水利基金，由财政部驻当地财政监察专员办事处负责征收，并全额上交中央国库。山西、内蒙古、辽宁、吉林、黑龙江、福建、广西、海南、四川、贵州、云南、陕西、甘肃、青海、宁夏、新疆等16个南水北调和三峡工程非直接受益省份电网企业代征的重大水利基金，由当地省级财政部门负责征收，并全额上交省级国库。

（二）主要用途及分配原则

国家重大水利工程建设基金是国家为支持南水北调工程建设、解决三峡工程后续问题以及加强中西部地区重大水利工程建设而设立的政府性基金。根据财综［2009］90号文件规定，北京、天津、河北、河南、山东、江苏、上海、浙江、安徽、江西、湖北、湖南、广东、重庆等14个南水北调和三峡工程直接受益省份筹集的重大水利基金，纳入中央财政预算管理，由中央财政安排用于南水北调工程建设、三峡工程后续工作和支付三峡工程公益性资产运行维护费用、支付重大水利基金代征手续费，其中，用于三峡工程后续工作的重大水利基金，按照经国务院批准的《三峡后续工作规划》要求安排使用，具体使用管理办法另行制定。山西、内蒙古、辽宁、吉林、黑龙江、福建、广西、海南、四川、贵州、云南、陕西、甘肃、青海、宁夏、新疆等16个南水北调和三峡工程非直接受益省份筹集的重大水利基金，纳入省级财政预算管理，留给所在省份用于本地重大水利工程建设。

六、三峡工程运行期其他相关财政政策

根据国务院领导指示精神，国务院三峡办会同有关部门对国家支持三峡工程建设和三峡库区经济社会发展有关政策进行了全面清理，根据国务院批准的三峡工程建设和三峡库区经济社会发展有关政策清理意见，在三峡工程运行期，中央财政除了通过国家重大水利工程建设基金支持实施《三峡后续工作规划》，还实施三峡水库库区基金和三峡库区移民专项资金两项政策，用于促进三峡库区经济社会发展、解决三峡库区移民遗留问题。

（一）三峡水库库区基金政策

根据国务院有关批示精神和《财政部关于三峡水库库区基金有关问题的通知》（财综［2007］69号），在三峡电站上网销售电量中按照每度电8厘钱的标准征收三峡水库库区基金。三峡电站指按照全国人大批准自1993年开工建设至2009年全部建成投产的26台、总装机容量1820万千瓦的三峡机组，在建地下电站建成投产后，在三峡水库库区基金征缴期内纳入三峡水库库区基金征收范围。

根据国务院有关批示精神和《财政部关于三峡水库库区基金有关问题的通知》（财综［2007］69号）的有关规定，三峡水库库区基金由财政部驻湖北省监察专员办负责征收，就地缴入中央金库，中央财政根据入库情况进行分配，分配顺序为：第一，按每年3亿元的标准定额用于解决三峡库区移民遗留问题，具体由中央财政按照三峡库区综合淹没比例分配给湖北省和重庆市，其

中，湖北省 15.67%、重庆市 84.33%，期限暂定 10 年；第二，按 4.5 厘/千瓦时（原三峡库区移民后期扶持基金征收标准）和当年发电量计算，若计征额大于 3 亿元，大于部分由中央财政统筹安排用于解决库区清漂、消落区治理等库区维护和管理；第三，按 8 厘/千瓦时征收的基金扣除前两项支出后的部分，由中央财政仍按照库区综合淹没比例分配给湖北省和重庆市，由湖北省、重庆市按照库区基金管理的规定，用于支持当地库区和移民安置区基础设施建设和经济社会发展规划。

(二) 三峡库区移民专项资金政策

2003 年蓄水后，三峡工程转入建设和蓄水、发电同步运行阶段，大量移民尚未搬迁，且已搬迁移民大部分采取后靠安置方式，由于三峡库周环境十分复杂，一旦遭受自然灾害侵袭，移民的生产生活将受到严重影响。为解决三峡库区移民因突发性灾害引发生产生活困难问题，2004 年，报经国务院同意，决定设立三峡库区移民专项资金，专项用于解决三峡库区移民因突发性自然灾害而导致的生产生活困难以及部分移民生活特殊困难。

为贯彻落实国务院指示精神，妥善解决三峡库区移民特殊困难和突发性灾害所需资金，经国务院批准，财政部制定了《三峡库区移民专项资金征收使用管理办法》（财企 [2004] 43 号），规定从三峡电站上网售电收入中按每千瓦时 0.5 厘钱的标准提取三峡库区移民专项资金，由于三峡建设期 17 年，总装机容量 1 820 万千瓦，共 26 台机组，自 2003 年起逐步投产发电，每台机组投产发电时间不同，因此，《三峡库区移民专项资金征收使用管理办法》规定，专项资金从三峡电站投产发电时开始计提，每台机组提取期限为 10 年。

根据财企 [2004] 43 号文件规定，三峡库区移民专项资金纳入中央财政预算，实行"收支两条线"管理。专项资金收入由中国长江三峡工程开发总公司和中国长江电力股份有限公司负责缴入中央金库，在三峡电站发电后按月计提，由财政部驻湖北省财政监察专员办事处负责监缴入库，同时，三峡库区移民专项资金收入免征企业所得税。2008 年三峡整体上市后，三峡机组全部进入中国长江电力股份有限公司，三峡库区移民专项资金全部由中国长江电力股份有限公司负责缴纳。

三峡库区移民专项资金用于解决三峡库区移民因突发性自然灾害而导致的生产、生活方面的困难以及部分移民生活方面的特殊困难。三峡库区移民专项资金由中央财政集中掌握，视具体情况安排，年终结余可结转下年度继续使用。具体由湖北省、重庆市财政部门根据灾情对移民的生产、生活影响情况及部分移民的特殊困难情况，向财政部提出申请，同时抄报国务院三峡工程建设委员会办公室，由财政部会同国务院三峡工程建设委员会办公室审批，经审核批准后，由中央财政及时拨付给相关省市。如：2010年夏季，湖北省、重庆市三峡库区出现了持续区域性强降雨天气过程，局部地区出现了特大暴雨，降雨时段集中且强度大，影响范围广，多次持续特大暴雨造成山洪暴发，泥石流及山体滑坡，导致三峡库区移民及移民工程遭受巨大损失，房屋倒塌，农作物受淹。湖北省和重庆市财政厅（局）向中央财政申请三峡库区移民专项资金，用于支持三峡库区移民应对暴雨洪灾。考虑到湖北省、重庆市三峡库区遭受暴雨洪灾的实际情况，给三峡移民生产生活以及移民工程等造成的重大损失，为维护库区移民稳定，解决灾后三峡库区移民的生产生活困难，中央财政在2010年度三峡库区移民专项资金中安排了救灾补助资金4 000万元，专项用于补助湖北省、重庆市三峡库区移民应对暴雨洪水灾害。

第十一章

国有股转持政策

导 读

随着经济体制改革的逐步推进,国有企业改革的不断深化,我国社会保障制度逐步建立,但因起步较晚,历史欠账较多。而经济社会的加速转型和人口老龄化的快速发展,进一步加大了社会保障资金缺口。对此,党中央国务院高度重视,党的十六届三中全会、十七大报告等均明确提出要采取多种方式充实社会保障基金。为贯彻落实中央精神,财政部、证监会等部门曾先后进行了国有企业捆绑上市、上市公司募资收购国有资产、国有股配售等多种方式试点,但政策效果均不够理想。

2009年6月19日,经国务院批准,财政部、国资委、证监会、社保基金会联合发布《境内证券市场转持部分国有股充实全国社会保障基金实施办法》(财企〔2009〕94号,简称《转持办法》),明确规定,股份有限公司首次公开发行股票并上市时,按实际发行股份数量的10%,将上市公司部分国有股转由全国社会保障基金理事会持有。《转持办法》自发布之日起施行,标志着国有股转持政策全面启动。两年多来,国有股转持政策实施顺利,筹集社保基金近1 000亿元。鉴于国有股转持政策对国有创业投资行业产生重大影响,经国务院批准,对符合条件的国有创业投资机构给予豁免转持义务的特殊政策。

本章重点介绍了国有股转持政策产生的背景、政策的主要内容、政策实施情况,以及豁免国有创业投资机构国有股转持义务的相关政策要点等。

一、国有股转持政策产生的背景

党的十四届三中全会确定,我国城镇职工养老保险金由个人与企业共同负担,实行社会统筹与个人账户相结合。党的十六届三中全会又提出,要完善企业职工基本养老保险制度,坚持社会统筹与个人账户相结合,逐步做实个人账户。由于我国社会保障制度起步较晚,面临历史欠账多、覆盖面不宽,结构不平衡等诸多问题,随着我国经济社会的加速转型和人口老龄化的快速发展,社会保障资金缺口不断加大。党的十七大报告明确提出,"采取多种方式充实社会保障基金"。2000年8月,党中央、国务院决定设立"全国社会保障基金",同时设立"全国社会保障基金理事会",负责管理运营全国社会保障基金。全国社会保障基金是中央政府集中的社会保障基金,是国家重要的战略储备,主要用于弥补今后人口老龄化高峰时期的社会保障需要。

为完善社会保障体制,开拓社会保障资金新的筹资渠道,支持国有企业改革和发展,2001年6月,国务院下发《减持国有股筹集社会保障资金管理暂行办法》(国发[2001]22号),明确规定,"凡国家股份的股份有限公司(包括在境外上市的公司)向公共投资者首次发行和增发股票时,均应按融资额的10%出售国有股;股份有限公司设立未满3年的,拟出售国有股通过划拨方式转由全国社会保障基金理事会持有,并由其委托该公司在公开募股时一次或分次出售。国有股存量出售收入,全部上缴全国社会保障基金"。由于该项政策出台条件和时机不成熟,引发股市持续暴跌,并备受社会争议。2002年6月,国务院决定停止通过国内证券市场减持国有股(在境外上市的公司继续执行减持政策),同时明确,"为了增强全国社会保障基金实力,除继续采取国家财政增加拨款等方式外,有关部门将进一步研究,把部分国有股划拨给全国社会保障基金。"2005年7月,经国务院批准,境外上市公司国有股减持政策调整为转由社保基金会持有。

随着上市公司股权分置改革的快速推进,股市融资功能逐步恢复。在实施新老划断的基础上,首次发行或增发股票的公司均不存在股权分置问题,上市公司国有股权的变现和流通问题将通过市场化的方法基本解决。同时,我国证券市场日趋成熟,机构投资者力量不断壮大。加上众多股民经历了股市的巨幅震荡和长期低迷的考验后，心理承受能力已大大增强，投资也更趋理性。在此条件下，在境内证券市场恢复实施国有股减持（转持）的时机基本成熟。经国务院批准，2009年6月19日，境内证券市场转持部分国有股充实全国社会保障基金政策正式发布实施。该项政策发布后，引起了全社会的广泛关注和热议，总体持肯定态度。而国内股市走势也较为平稳，且在该项政策出台后的一段时期内呈现小幅上涨格局。

二、国有股转持政策的主要内容

（一）转持范围和比例

国有股转持政策遵循2001年国有股减持的基本思路，即按上市公司融资额的10%转持国有股。为减轻该项政策对证券市场的影响，上市公司增发股票时，暂不实施国有股转持政策。《转持办法》第六条明确规定，股权分置改革新老划断后，凡在境内证券市场首次公开发行股票并上市的含国有股的股份有限公司，除国务院另有规定的，均须按首次公开发行时实际发行股份数量的10%，将股份有限公司部分国有股转由社保基金会持有，国有股东持股数量少于应转持股份数量的，按实际持股数量转持。

根据上述规定，国有股转持区分为两类情形：一是追溯转持，即股权分置改革新老划断后至《转持办法》颁布前，该段时间内股份公司已完成首次公开发行并上市，此类已上市公司的国有股应追溯转持至社保基金会；二是新上市转持，即《转持办法》颁布后，在境内证券市场首次公开发行股票并上市的公司国有股，须在公开发行股票后转持至社保基金会。国有股股权分置改革新老划断后至《转持办法》颁布前首次公开发行股票并上市的股份有限公司，由经国有资产监督管理机构确认的上市前国有股东承担转持义务。经确认的国有股东在履行转持义务前已发生股份转让的，须按其承担的转持义务通过上缴资金等方式替代转持国有股。《转持办法》颁布后首次公开发行股票并上市的股份有限公司，由经国有资产监督管理机构确认的国有股东承担转持义务。

以上所称国有资产监督管理机构，是指代表国务院和省级以上（含计划单列市）人民政府履行出资人职责、负责监督管理企业国有资产的特设机构和负责监督管理金融类企业国有资产的各级财政部门。

（二）转持方式

根据国有股东的不同类型及上市公司所处行业的国有控股要求，《转持办法》设计了两种转持方式,即直接转持国有股和通过上缴现金或分红替代转持。上缴现金或分红的金额,按照股份公司首次公开发行股票的价格与应转持股份数量的乘积计算。现阶段境内证券市场的新股发行价格普遍低于上市后的股票交易价格,在此条件下,直接转持股份的价值将在一定程度上高于上缴现金或分红的金额。若给予国有股东自由选择权,很可能会出现国有股东纷纷选择上缴现金或分红的替代方式,造成社保基金筹资额的"缩水"效应。为最大限度地筹集社保基金,《转持办法》明确规定,国有股转持主要采取直接转持股份方式,仅对混合所有制国有股东或必须保持国有股东地位等特殊情形,方可选择通过上缴现金或分红方式。

对混合所有制的国有股东,由该类国有股东的国有出资人按其持股比例乘以该类国有股东应转持的权益额,履行转持义务,具体方式包括:在取得国有股东各出资人或各股东一致意见后,直接转持国有股,并由该国有股东的国有出资人对非国有出资人给予相应补偿;或者由该国有股东的国有出资人以分红或自有资金一次或分次上缴中央金库。对符合直接转持股份条件,但根据国家相关规定需要保持国有控股地位的,经国有资产监督管理机构批准,允许国有股东在确保资金及时、足额上缴中央金库情况下,采取包括但不限于以分红或自有资金等方式履行转持义务。

(三) 转持事项的办理程序

由于已上市公司国有股追溯转持与新上市公司国有股转持在转持程序方面存在较大差别,《转持办法》规定了不同的办理程序。

股权分置改革新老划断后至《转持办法》颁布前首次公开发行股票并上市的股份有限公司,国有股转持应按如下程序办理:

(1) 国有资产监督管理机构根据现有资料对转持公司中的国有股东身份和转持股份数量进行初步核定,并由财政部、国资委、证监会和社保基金会将上市公司名称、国有股东名称及应转持股份数量等内容向社会联合公告。应转持股份自公告之日起予以冻结。

(2) 国有股东对转持公告如有疑义,应在公告发布后30个工作日内向国有资产监督管理机构反馈意见,由国有资产监督管理机构予以重新核定。

(3) 对于以转持股份形式履行转持义务的,国有资产监督管理机构向中国证券登记结算有限责任公司(简称中国结算公司)下达国有股转持通知,并抄送社保基金会。中国结算公司在收到国有股转持通知后15个工作日内,将各国有股东应转持股份,变更登记到社保基金会转持股票账户。

通过上缴资金方式履行转持义务的，国有股东应及时足额就地上缴中央金库，凭一般缴款书（复印件）到中国结算公司办理股份解冻手续。

（4）国有股东在国有股转持程序完成后30个工作日内，应将转持股份情况，或以其他方式履行转持义务情况以及一般缴款书（复印件）等有关文件报国有资产监督管理机构备案，并抄送财政部和社保基金会。

《转持办法》颁布后首次公开发行股票并上市的股份有限公司，国有股转持按如下程序办理：

（1）首次公开发行股票并上市的股份有限公司的第一大国有股东向国有资产监督管理机构申请确认国有股东身份和转持股份数量。国有资产监督管理机构确认后，出具国有股转持批复，并抄送社保基金会和中国结算公司。国有股转持批复应要求国有股东向社保基金会作出转持承诺，并载明各国有股东转持股份数量或上缴资金数量等内容。该批复应作为股份有限公司申请首次公开发行股票并上市的必备文件。

（2）通过转持股份形式履行转持义务的，中国结算公司在收到国有股转持批复后、首次公开发行股票上市前，将各国有股东应转持股份，变更登记到社保基金会转持股票账户。通过上缴资金方式履行转持义务的，国有股东须按国有股转持批复的要求，及时足额就地上缴到中央金库。

（3）国有股东在国有股转持工作完成后30个工作日内将转持股份情况，或以其他方式履行转持义务情况以及一般缴款书（复印件）等有关文件报国有资产监督管理机构备案，并抄送财政部和社保基金会。

（四）转持的财务处理及转持股份的管理

在国有股转持财务处理方面，涉及国有股东权益的核减和社保基金权益核增两个方面。此外，还涉及国有股转持过程中的有关税费问题。就此，《转持办法》明确规定，国有股转持给社保基金会和资金上缴中央金库后，相关国有单位核减国有权益，依次冲减未分配利润、盈余公积金、资本公积金和实收资本，同时做好相应国有资产产权变动登记工作。对于转持股份，社保基金以发行价入账，并纳入基金总资产统一核算，社保基金会设立专门账户用于接收转持股份。按《转持办法》转持国有股以及转持股份在社保基金各账户之间转账，免征过户费和证券交易印花税。

为进一步增强投资者的信心，稳定股票市场，避免再次出现2001年因国有股减持政策导致的股市大幅下跌，《转持办法》在减持股份的禁售期方面做出了特殊规定。转由社保基金会持有的境内上市公司国有股，社保基金会承继原国有股东的禁售期义务。对股权分置改革新老划断至《转持办法》颁布前首次公开发行股票并上市的股份有限公司转持的股份,社保基金会在承继原国有股东的法定和自愿承诺禁售期基础上,再将禁售期延长三年。

国有股转持后,社保基金会将成为部分上市公司的股东,考虑到社保基金会的战略投资者定位,以及转持股份所占比例较低、上市公司数量众多且千差万别,社保基金会根本无力参与具体上市公司的日常经营管理,同时为避免出现因社保基金会参与管理而对上市公司正常生产经营造成干扰,《转持办法》明确规定,社保基金会转持国有股后,享有转持股份的收益权和处置权,不干预上市公司日常经营管理。财政部负责对转持国有股充实全国社保基金的财务管理实施监管。财政部可委托中介机构定期对社保基金会转持国有股的运营情况进行审计。

(五)转持政策的实施

转持部分国有股充实社保基金政策涉及地方政府、国有股东等多方利益,有关各方必须顾全大局、积极配合,该项政策才能得以顺利实施,充实全国社保基金的目标才能逐步实现。从政策实施情况看,相关部门对此十分重视,及时研究出台了相关操作办法,并按照"先易后难,分步实施"的原则,出具了转持文件;各地方政府和国有股东对此也表示充分理解和支持,积极办理相关转持手续。在有关各方的共同努力下,目前境内国有股转持政策已取得了阶段性成果。截至 2010 年 12 月 31 日,累计转持国有股市值 966 亿元。据预测,此项政策今后每年可为全国社保基金筹集资金 200 亿~300 亿元。

三、国有股转持义务的豁免

(一)豁免国有股转持义务的情形

根据《转持办法》,国务院有明确规定的,可豁免国有股转持义务。《转持办法》颁布之前,仅有一类情形可享受豁免国有股转持义务的特殊政策,即对国有独资银行和金融资产管理公司持有的由信贷资产转化的债转股股权和抵债股权,国务院已批准在企业上市时不进行减持,为保持政策的连续性,上述股权不纳入转持范围。

《转持办法》发布后,部分国有单位提出给予豁免国有股转持义务的特殊政策,其中国有创业投资机构的反映尤为集中。经研究,国有股转持政策对国有创业投资行业影响很大。一是国有创业投资机构的运营难以持续。按照创业投资行业的特点，创业投资项目最终实现上市的比例仅约20%，其余项目一般为微利或亏损，因此创业投资机构主要通过投资、辅导有市场前景的项目，以期在项目上市时获取利润；同时，创业投资机构对被投资企业的持股比例普遍较低，如按现行政策实施国有股转持，国有创业投资机构所持股权可能全部或大部分转持给社保基金，不仅单个项目无法实现盈利，投资成本难以收回，而且投资机构也难以"以丰补歉"，实现整体盈利；此外，项目投资的损失将导致管理团队的激励机制难以有效实施，很可能造成创业投资人才的流失。在此情况下，国有创业投资机构的资本和人才实力将迅速下降，与外资创业投资机构的差距将进一步加大。二是抑制了国有资本从事创业投资的积极性。一方面，国有创业投资机构为规避国有股转持，很可能在投资项目上市前将所持股份转让给非国有单位，造成投资收益大大缩水，形成国有资产流失，并容易滋生腐败。另一方面，国有创业投资机构盈利能力的丧失，将在很大程度上影响地方政府和国有单位出资设立创业投资机构的积极性，我国创业投资将失去重要的资金来源。三是不利于创业投资事业的发展和科技创新目标的实现。《国家中长期科学和技术发展规划纲要》明确提出，要"深入推动创业风险投资事业发展"。目前，我国创业投资行业仍处于起步阶段，民间资本参与的积极性不高，国家有必要通过国有资本的适当介入，引领和带动创业投资行业发展，培育和壮大一支服务技术创新和创业的高素质创业投资队伍，为增强企业自主创新能力和建设创新型国家发挥应有的作用。然而，对国有创业投资机构实施国有股转持政策，不利于创业投资行业的发展。而与此同时，国有创业投资机构所持上市公司和拟上市公司的国有股数量很少，豁免其转持义务对转持政策的影响很小，而对国有创业投资机构影响重大。

为进一步提高国有资本从事创业投资的积极性，鼓励和引导国有创业投资机构加大对中早期项目的投资，促进我国创业投资事业的发展和科技创新目标的实现，经国务院批准，2010年10月13日，财政部、国资委、证监会、社保基金会联合下发了《关于豁免国有创业投资机构和国有创业投资引导基金国有股转持义务有关问题的通知》（财企〔2010〕278号，以下简称《豁免通知》），明确规定，符合条件的国有创业投资机构和国有创业投资引导基金，投资于未上市中小企业形成的国有股，可申请豁免国有股转持义务。

（二）国有创业投资机构豁免国有股转持义务的条件

参照《财政部　国家税务总局关于促进创业投资企业发展有关税收政策的

通知》（财税［2007］31号）关于创业投资企业和中小高新技术企业的相关要求，《豁免通知》明确，国有创业投资机构申请豁免国有股转持义务，应具备两个方面的条件：一是国有创业投资机构须具备必要的资质，具体包括：（1）经营范围符合《创业投资企业管理暂行办法》（发展改革委等十部门令第39号）（以下简称《办法》）规定，且工商登记名称中注有"创业投资"字样。在2005年11月15日《办法》发布前完成工商登记的，可保留原有工商登记名称，但经营范围须符合《办法》规定。（2）遵照《办法》规定的条件和程序完成备案，经备案管理部门年度检查核实，投资运作符合《办法》有关规定。国有创业投资引导基金应当为按照《关于创业投资引导基金规范设立与运作的指导意见》（国办发［2008］116号）规定，规范设立并运作。二是投资行为发生时被投资企业须为未上市中小企业，即被投资企业同时满足以下条件：职工人数不超过500人，年销售（营业额）不超过2亿元，资产总额不超过2亿元。

（三）投资时点和被投资企业规模的认定

创业投资机构进行项目投资一般经历较长过程，涉及投资的标志性事项包括创业投资机构决策委员会原则通过投资议案、签订投资意向书、正式出资、完成工商变更等。而在工商变更登记完成前，其他时点的投资事项均可能出现投资中止。为从严掌握豁免政策，《豁免通知》明确，国有创业投资机构投资于未上市中小企业，其投资时点以创业投资机构投资后，被投资企业取得工商行政管理部门核发的法人营业执照或工商核准变更登记通知书的日期为准。为鼓励国有创业投资机构将投资阶段前移，《豁免通知》规定，同一创业投资机构对未上市中小企业进行多轮投资的，第一次投资为初始投资，其后续投资均按初始投资的时点进行确认。

在职工人数和年销售额的认定方面，本着"尊重事实、简便操作"原则，《豁免通知》规定，被投资企业规模按照创业投资机构初始投资时点之上一年度末的相关指标进行认定。职工人数由被投资企业所在地县级以上劳动和社会保障部门或社会保险基金管理单位核定；年销售（营业额）和资产总额均须以会计师事务所审计的年度合并会计报表数据为准。

（四）国有股回拨或解冻的办理

豁免国有创业投资机构的国有股转持义务，涉及已转持或已冻结国有股的回拨或解冻，以及拟上市公司直接豁免其国有股转持义务两种类型。其中，回拨或解冻国有股涉及社保基金会持股期间（或国有股冻结期间），因上市公司实施权益分派方案导致国有股数量增加及现金分红问题。为充分保障国有创业投资机构权益，《豁免通知》明确规定，国有创业投资机构已按《转持办法》实施国有股转持，经财政部会同社保基金会审核符合豁免转持政策的，实行回拨处理。回拨的国有股权包括：（1）由该创业投资机构转持至社保基金会的国有股；（2）社保基金会持股期内因上市公司利润分配或资本公积转增等原因，由该部分国有股派生的相关权益，包括送股、转增股本及现金分红等。

创业投资机构或其国有出资人已按《转持办法》规定以现金替代方式履行国有股转持义务，经财政部会同社保基金会审核符合豁免转持政策的，实行回拨处理。回拨资金额按照创业投资机构或其国有出资人缴入中央金库的资金额确定。

按照《转持办法》规定，国有全资创业投资机构所持上市公司国有股被冻结但尚未被转持的，须先按照《财政部 国资委 证监会 社保基金会关于加快推进国有股转持工作的通知》（财企［2010］393号）的有关要求，将国有股变更登记到社保基金会转持股票账户后，再按财企［2010］278号和《财政部关于豁免国有创业投资机构和国有创业投资引导基金国有股转持义务有关审核问题的通知》（财企［2011］14号）文件规定申请办理国有股回拨手续。国有控股创业投资机构所持上市公司国有股被冻结但尚未被转持的，可直接向财政部提出解冻申请，经财政部审核符合豁免转持政策的，实行解冻处理。解冻的国有股包括：（1）创业投资机构股票账户中因实施国有股转持政策而被冻结的国有股；（2）该部分国有股被冻结期间因上市公司利润分配或资本公积转增等原因，由该部分国有股派生的部分权益，包括送股、转增股本等。

考虑到豁免国有创业投资机构国有股转持义务的政策条件十分清晰，审核内容比较简单，特别是拟上市公司的上市筹备工作十分紧凑，本着"不因豁免审批影响企业上市进程"的宗旨，《豁免通知》在申报程序设计上，摒弃了传统的层层申报的做法，而是采取了"直通车"方式，即国有创业投资机构可直接向财政部提出豁免申请。

已按《转持办法》实施国有股转持或冻结的，符合条件的国有创业投资机构直接向财政部提出国有股（现金）回拨、解冻申请。由于回拨或解冻国有股涉及股份数量和现金分红金额的核定问题，《豁免通知》明确，财政部会同社保基金会复核后向中国结算公司下达国有股回拨、解冻通知，向社保基金会下达现金回拨通知，并抄送国资委、证监会和相关省（自治区、直辖市、计划单列市）国有资产监督管理机构、财政部门。中国结算公司在收到国有股回拨通知后15个工作日内，将已转持国有股，由社保基金会转持股票账户变更登记到国有创业投资机构开设的股票账户,或办理解冻手续;社保基金会在收到现金回拨通知后15个工作日内,将已缴纳现金回拨至国有创业投资机构开设的银行资金账户。

国有创业投资机构应向财政部提供以下申报资料:(1)申请报告。由创业投资机构以红头文件形式出具,编文号并加盖创业投资机构公章。主要内容包括:创业投资机构基本情况,按照《创业投资企业管理暂行办法》规定条件和程序完成备案及经备案管理部门年度检查情况,对被投资企业进行投资的主要情况,创业投资机构初始投资时被投资企业的有关情况(包括企业设立时间、股东人数及性质、投资时企业名称、上一年度末资产总额、营业收入、职工人数等),被投资企业股份制改制情况及股本结构(包括国有股东及持股情况),被投资企业公开发行股票及上市情况,创业投资机构国有股转持或被冻结情况,社保基金会持股或国有股被冻结期间上市公司利润分配或资本公积转增等情况,申请回拨或解冻的国有股(现金)数量等。(2)创业投资机构营业执照复印件及章程。(3)创业投资企业备案管理部门同意创业投资机构备案的文件及近一年年检结果的通知。(4)创业投资机构初始投资完成后被投资企业营业执照复印件(或工商行政管理部门出具的工商核准变更登记通知书)及公司章程。(5)被投资企业所在地县级以上劳动和社会保障部门或社会保险基金管理单位出具的创业投资机构初始投资时点之上一年度末被投资企业职工人数证明。(6)会计师事务所出具的创业投资机构初始投资时点之上一年度末被投资企业年度审计报告。(7)被投资企业关于利润分配和资本公积转增等方案的决议及实施公告。(8)创业投资机构股票账户卡复印件,创业投资机构或其国有出资人上缴资金的一般缴款书复印件和承接回拨资金的银行账户复印件(仅限于涉及现金回拨情形)。(9)其他说明材料。

(五)豁免国有股转持义务的办理

被投资企业拟首次公开发行股票并上市前,符合条件的国有创业投资机构直接向财政部提出豁免国有股转持义务申请。财政部经审核后出具豁免国有股转持义务的批复文件,并抄送国资委、证监会、社保基金会和相关省(自治区、直辖市、计划单列市)国有资产监督管理机构、财政部门。若被投资企业有其他国有股东,需省级或省级以上国有资产管理机构出具国有股转持批复的,已豁免国有股转持额度在应转持总额度中扣除。

国有创业投资机构应向财政部提供以下申报资料:(1)申请报告。由创业投资机构以红头文件形式出具,编文号并加盖创业投资机构公章。主要内容包括：创业投资机构基本情况，按照《创业投资企业管理暂行办法》规定条件和程序完成备案及经备案管理部门年度检查情况，对被投资企业进行投资的主要情况，创业投资机构初始投资时被投资企业的有关情况（包括企业设立时间、股东人数及性质、投资时企业名称、上一年度末资产总额、营业收入、职工人数等），被投资企业股份制改制情况及股本结构（包括国有股东及持股情况），被投资企业公开发行股票预案，国有股转持预案及创业投资机构所持国有股拟转持数量等。（2）创业投资机构营业执照复印件及章程。（3）创业投资企业备案管理部门同意创业投资机构备案的文件及近一年年检结果的通知。（4）创业投资机构初始投资完成后被投资企业营业执照复印件（或工商行政管理部门出具的工商核准变更登记通知书）及公司章程。（5）被投资企业所在地县级以上劳动和社会保障部门或社会保险基金管理单位出具的创业投资机构初始投资时点之上一年度末被投资企业职工人数证明。（6）会计师事务所出具的创业投资机构初始投资时点之上一年度末被投资企业年度审计报告。（7）省级以上国有资产管理部门出具的被投资企业国有股权管理批复文件。（8）被投资企业关于公开发行股票的股东大会决议及股份发行方案。（9）其他说明材料。

经研究，国有创业投资引导基金属政策性母基金，在引导创业投资发展方面发挥着重要作用，且其对未上市中小企业的投资与国有创业投资机构基本相同，经国务院批准，符合条件的国有创业投资引导基金也可申请豁免国有股转持义务。国有创业投资引导基金的资质认定，由财政部会同发展改革委按照《关于创业投资引导基金规范设立与运作的指导意见》（国办发［2008］116号）有关规定进行审定，引导基金应提供相关说明材料。引导基金申请豁免的其他条件及程序，均比照对创业投资机构的相关要求办理。

第十二章

企业财务制度及新时期企业财务管理创新

导　读

企业是国民经济的细胞，是国家财政收入和社会财富的创造者，也是转变经济发展方式的主体。一个国家、一个民族、一个地区，只有企业发展了才能促进经济发展。因此，无论是计划经济还是市场经济，企业财务管理都是我国财政工作的重要内容之一。本章对我国企业财务管理的沿革进行了简要回顾，对现行企业财务制度体系进行了梳理和介绍，并在深刻分析当前企业财务管理存在问题的基础上，提出了市场经济条件下构建新型企业财务管理机制的创新思路。

一、我国企业财务管理的历史沿革

企业是国家财政收入和社会财富的创造者,是转变经济发展方式的主体。一个国家、一个民族、一个地区,只有企业发展了,经济才能发展。搞好企业就抓住了发展的关键。无论是在计划经济还是市场经济条件下,企业财务管理都是我国财政工作的核心内容之一。新中国成立至今,企业财务管理的发展经历了以下几个阶段:

(一)计划经济时期

改革开放前,国家实行高度集中的计划经济及单一的公有制经济模式,企业组织形式基本上是全民所有制(国营企业)和集体所有制,国营企业虽然数量上比后者少,但在国民经济中占有极大比重。而非公经济主要以城镇个体劳动者形式存在,在整个经济中所占比重极小。财政对国营企业实行"统收统支"的计划财务管理体制。国营企业的利润、固定资产折旧基金等全部上缴国家,是财政收入的主要来源,1977年,全国874亿元财政收入中,来自国营企业的收入和税金比重占到近80%。国营企业的生产经营、资产购置由国家统一计划,资金由财政统一供给,财政分配几乎包揽企业生产经营、投资乃至职工消费各个领域,1977年,全国844亿元财政支出中,主要用于国营企业的基本建设支出、流动资金、企业挖潜改造资金、新产品试制费等四项支出比重占到48%,最高的年份为1960年,达到65%。这样的情况下,企业不过是国家的一个个工厂或车间,不需要也没有产权的概念。

这一时期,财政与企业的财务管理关系非常紧密,呈现"财务决定会计、财务决定税收"的"大财务"特点。企业完全按照国家规定的财务制度运行,固定资产和流动资金管理、成本费用和利润管理、财务决算等财务事项,均由财政部门审批,企业没有独立的财务自主权。统收统支的财政管理模式下,企业财务制度依据专款专用、各自平衡的原则,设计为"三段平衡"式,即:流动资产=流动资金、固定资产=固定资金、专项资产=专项资金企业,也就是俗称的"打酱油的钱不能买醋"。

(二)改革开放初期

1978年,党的十一届三中全会明确把全党工作重点转移到社会主义现代化建设上来，对过分集中的经济管理体制着手认真的改革，揭开了改革开放的序幕。20世纪80年代，中央实行"对内搞活，对外开放"的方针，引入外资兴办合资企业，鼓励国营企业通过联合经营（联营）实现投资主体多元化。为贯彻落实中央搞活国营企业的政策要求，要打破统收统支的计划财务管理体制。在流动资金供应上，由财政主导改由银行主导；在国家与企业的分配关系上，对国营企业放权让利，先后实行了企业基金、利润留成、两步利改税、承包经营、租赁经营等一系列改革措施，允许企业留用和自主支配部分利润，企业财务自主权逐步扩大。从产权角度看，这些改革主要围绕产权中的收益权，而不涉及所有权、处置权等权利。但随着改革的不断深化，市场优化配置资源中的产权问题越来越突出，多地开始尝试对国营企业进行股份制改造。1984年，北京天桥百货商场改制为北京天桥百货股份有限公司，被普遍认为是新中国第一家股份制企业。1990年底，上海和深圳证券交易所先后成立，我国有了真正意义上的资本市场。

在这一时期，"大财务"管理体制开始出现松动，但财政对企业的财务管理仍是强有力的。"三段平衡"的制度模式并未发生根本变化，企业实现的利润绝大部分仍需上缴财政，国家财政对企业的投入仍占支出的大头。与此同时，为适应改革需要，按不同所有制、不同组织形式、不同经营方式和不同行业制定的企业财务制度不断出台但又互不通用，呈现散乱状况。

（三）社会主义市场经济体制初建时期

1992年，党的十四大明确中国经济体制改革的目标，是建立社会主义市场经济体制。随后的党的十四届三中全会进一步明确，市场经济与计划经济的本质区别，是由市场而非国家计划对资源配置发挥基础性作用。为实现改革目标，必须坚持以公有制为主体、多种经济成分共同发展的方针，建立产权清晰、权责明确、政企分开、管理科学的现代企业制度，转变政府管理经济的职能，建立以间接手段为主的宏观调控体系。此后，建立现代企业制度成为国有企业的改革方向，改革开始触及产权制度这一"深水区"。改制先在国有中小企业和集体企业中展开，此后，国家决定于1994年在若干城市试行国有企业政策性破产，1997年提出国有大中型企业三年改革与脱困目标，1998年要求党、政、军与其所办企业脱钩，企业脱钩后的资产与财务管理关系交由财政部门统一管理。国有企业改革全面展开和不断推进的同时，个体工商户、私营企业、外商投资企业等非公经济飞速发展，成为我国经济体制改革的第二条主线。1997年，中央将"公有制为主体，多种所有制经济共同发展"确定为基本经济制度。

这一时期，企业的市场主体地位基本确立，以《公司法》为代表的现代企业制度逐步构建，"大财务"管理体制被彻底打破，但财政对企业的财务管理仍具有较强的约束力。为适应建立市场经济和改革国有企业的要求，财政部于1992、1993年集中出台了适用于各种所有企业的"两则两制"，即《企业财务通则》、《企业会计准则》以及十大行业财务制度、十三大行业会计制度。"两则两制"从根本上打破了三段平衡模式，确立了"所有者权益＝资产－负债"的新平衡模式，建立了适应现代企业所有权与经营权分离需要的资本金制度；改革了固定资产管理制度，如大范围调整固定资产标准，大幅度加快固定资产折旧速度，下放固定资产处置权，改革固定资产核算办法，不再实行折旧基金制度；改革传统的完全成本法，实行制造成本法，建立了期间费用、坏账准备金等制度；改革财务报告制度，采用国际通用的企业会计报告格式，建立新的企业财务评价指标，实现国民经济各行业之间财务信息的可比性。这为确立企业的法人主体地位、建立现代企业制度奠定了财务管理基础。为了"放水养鱼"，从1994年起，财政暂停收取企业的税后利润，财政企业工作的重点逐步转向国有企业改革脱困。

1998年，国务院明确将原国家国有资产管理局承担的企业国有资产（国有资本金）的基础管理职能划入财政部，同时为扩大企业理财自主权，财政部不再承担审批国有企业具体财务事项、下达财务计划和考核指标的职能。这一年，时任国务院领导同志在全国财政工作会议上首次提出构建公共财政框架的目标。为适应职能调整和转型需要，财政部于2001年印发了《企业国有资本与财务管理暂行办法》，尝试在现代企业制度框架下，对国家宏观财务管理、出资人财务管理、企业内部财务管理等方面作出规范。但在加强国有企业制度建设的同时，并未给予迅速崛起的非公企业足够的关注，财务制度的适用范围和执行力度呈现弱化趋势。

（四）社会主义市场经济体制完善时期

2003年，党的十六届三中全会就完善社会主义市场经济体制的若干重大问题作出决定。随着国有企业改制、破产等全局性、阶段性任务的完成，深化国有企业改革的重点转向特定领域改革和完善公司法人治理结构。2005年，《国务院关于鼓励支持和引导个体私营等非公有制经济发展的若干意见》出台，俗称"非公36条"，提出了促进多种所有制经济共同发展若干实质性政策措施。此后提出的自主创新、完善收入分配制度、加快转变经济发展方式、加快发展文化产业等重大战略，均是面向各种所有制的企业，而不再限于国有企业。

这一时期，财政企业财务管理大大弱化，急需构建新型企业财务管理机制。2003年，按照建立健全国有资产管理和监督体制的要求，国务院国有资产监督管理委员会成立，原由财政部承担的国有产权登记、国有资产评估核准备案、上市公司国有股权管理等国有资本金基础管理职能划归国资委。2007年，国务院批准建立国有资本经营预算制度，财政恢复向中央企业收取国有资本收益，各省市也陆续开始收取国有资本收益和建立国有资本经营预算。从国有资本经营预算目前的范围和规模看，要充分发挥该项制度的既定功能，即增强政府的宏观调控能力、完善国有企业收入分配制度和推进国有经济布局和结构的战略性调整，尚需时日。除了国有企业管理模式的调整，随着会计准则体系和税收制度体系的不断完善，财政企业财务管理中涉及会计要素确认、计量和企业纳税扣除项目、标准的内容，逐步被会计准则和税收规定所取代。随着市场经济体制改革的不断深化，企业投资主体多元化，经营业务不断拓展，全面预算管理、资本运作、金融衍生工具、重组并购等财务行为越来越复杂。这些，对财政企业财务管理的方法、对象和内容等均提出了全新挑战。为此，财政部于2006年对1992年出台的《企业财务通则》进行了全面修订，但修订的《企业财务通则》规定较为原则，适用范围相对较窄，再加上各方认识不统一以及实施机制缺位，制度约束性不强。

二、我国现行企业财务制度体系

以1992年发布、2006年修订的《企业财务通则》（以下称《通则》）为主体，以若干具体财务制度为配套文件，构成了我国现行企业财务制度体系。现就重点内容介绍如下：

（一）企业财务管理体制

1. 基本内容和要求

企业财务管理体制分为微观和宏观两个层面：一是微观财务管理体制，即企业内部财务管理体制，它是规定企业内部财务关系的基本规则和制度安排，主要由投资者和经营者通过企业章程、内部财务制度等正式或非正式的契约确立。二是宏观财务管理体制，它是协调财政部门与企业之间财务关系的基本规则和制度安排，主要由国家以法律法规、规章、规范性文件等形式予以确立，旨在对企业符合市场需求的行为予以引导和扶持。微观和宏观财务管理体制的制定主体和确立方式虽然不同，但一旦形成，都具有"硬约束力"，是企业利益相关主体必须共同遵守的"宪法"。企业财务管理体制包括财务组织结构和财务运行机制两大内容，前者涉及企业财权的分配，后者涉及企业财权的行使。

企业财务管理体制应与企业法人治理结构要求相适应。法人治理结构是指明确划分投资者如股东会（包括股东）、董事会（包括董事）和经营者之间权力、责任和利益以及明确相互制衡关系的一整套制度安排。国际上公司治理结构采取的模式不尽相同，如美国一般不设监事会，而德国和日本在董事会之外单独设立监事会，监督对象除了经营者外，还涉及到董事。我国《公司法》确立的公司治理结构模式与德日类似，即"股东会（权力机构）—董事会（决策机构）—经理（执行机构）"三个层次，外加监事会（监督机构）。但并非所有的企业法人都采用这样的模式，例如，全民所有制企业中的厂长（经理）办公会兼任投资者和经营者的角色，职工代表大会兼有权力机构、决策机构和监督机构的特点；外商投资企业主体法中，要求企业设立董事会或者联合管理机构，不要求设立股东会或者投资人会议，甚至不要求设立监事会，其董事会或联合管理机构实际上行使着权力机构和执行机构的双重职能。对集团公司来说，母子公司的财务管理体制应与产权关系、集团战略等相适应。

2. 财务组织结构

（1）投资者和经营者的财务管理职责。投资者的财务管理职责主要有：一是基本决策权，如审议批准企业内部财务管理制度、企业财务战略、财务规划和财务预算；二是重大财务事项决策权，例如企业的筹资、投资、担保、捐赠、重组、经营者报酬、利润分配等；三是对经营者的财务监督、任免、考核权。集团企业上级母公司（投资者）可以向全资或者控股的子企业（经营者）委派或者推荐财务总监，由财务总监代表母公司履行一定的决策和监督权。经营者的财务管理职责主要有：一是拟订企业内部财务管理制度、财务战略、财务规划，编制财务预算；二是组织实施企业筹资、投资、担保、捐赠、重组和利润分配等重大事项；三是实施财务控制，编制并提供企业财务会计报告；四是配合投资者和有关部门依法进行的审计、评估、财务监督等工作。现实情况中，由于企业规模大、业务复杂、所有权结构分散、投资者管理能力和精力不允许等多种因素，投资者往往需要授权经营者行使部分财务管理职责，从而形成一种委托代理关系。但是这类授权应该是有限的，投资者不可能也不应该当"撒手掌柜"，把所有的财务管理职责都委托经营者行使，否则就将失去对企业的控制权。如投资者应该在考核基础上确定经营者报酬，如果由经营者自定薪酬，收入分配秩序就易陷入混乱。

（2）企业财务管理级次。企业应"建立有效的内部财务管理级次"。由于商业模式、经营规模、地域分布、部门设置、产品特点、工艺流程等原因，企业往往需要在内部划分不同级次，分级进行责任主体认定、预算分解、业务核算、资金结算、业绩考核等财务管理活动。在具有总分公司、事业部、项目组、多工厂（车间）等组织结构的大中型企业中，一般都采用多级次的内部财务管理体制。衡量一个企业的内部财务管理级次是否有效，往往需要考虑以下因素：一是是否与企业生产流程或者商业模式相适应；二是不同级次、不同部门的权责界限是否清晰；三是财务信息量增加带来的效益是否超过财务信息取得成本的提高。级次设置过少，会导致财务信息量不足以及财务人员负荷加重等问题，造成粗放式管理。级次设置过多，又会带来财务目标逐级分解和财务结果逐级汇总的工作量过大，企业的时间成本（反应速度减慢）和人工成本负担加重（财务人员增加）等问题。

3. 财务运行机制

（1）财务决策制度。财务决策制度是为了保证企业在拟开展某项财务活动时，决策者能够依据尽可能正确、完备的信息，采用尽可能科学、合理的决策方法进行决策，且所涉及的利益相关者能够在决策过程中充分、真实地表达其意志而做出的制度安排，主要内容包括决策主体、程序及规则、权限和责任等。财务决策制度是财务运行机制的核心组成部分，设计合理的财务决策制度能够增加企业经营活动的预见性、计划性，减少盲目性，合理、优化配置企业有限的资源，均衡各方利益，避免摩擦和争执等等。近年来发生的一些巨额亏损、经济犯罪等大案要案，肇端便是企业在投资、委托理财等重大财务事项上，授权随意性很大，财务决策制度形同虚设。总会计师、财务总监等财务管理层在投融资等重大财务事项决策上缺少知情权、话语权以及后续监督权，已成为突出的机制性问题。

（2）财务控制机制。企业应当建立以全面预算和财务风险管理为主要内容的财务控制机制。全面预算是企业对一定期间经营活动、投资活动、财务活动等作出的预算安排。这种预算管理模式，涉及财务预算、业务预算、资本预算、筹资预算等全方位预算，通过预算的编制、执行、调整、分析、考核等全过程控制，组织和协调涉及企业全员的生产经营活动，统筹配置各种资源，进而实现企业发展战略和目标。财务风险是因企业内外部环境及各种难以预计或无法控制的因素影响，在一定时期内企业的实际财务结果与预期财务结果发生偏离，从而蒙受损失的可能性，包括筹资风险、投资风险、现金流量风险、利率风险、汇率风险等。建立财务风险管理的组织系统、信息系统、预警系统和监控系统,对财务风险进行识别、评估、预警、防范、处置,是企业实现可持续发展的必然要求。

(3) 监督机制。企业内部监督是由股东(大)会、董事会、监事会、财务总监、职工(代表)大会、内部审计部门等内部机构和个人实施的。企业外部监督是由社会中介机构、主管财政机关、审计署、国有资产监管部门等机关、部门受托或依法实施的。

(4) 激励机制。财务控制和监督机制解决的是"约束"问题,激励机制解决的是投资者对经营者或技术骨干等关键人员、经营者对其他职工的"激励"问题。短期激励常见形式为按月或按年发放、支付的工资、奖金、基本年薪、货币化及非货币化福利等,长期激励常见形式为绩效年薪、股权激励、年金计划等。对管理和技术要素往往是短期和长期激励相结合,对劳动要素的激励则以短期激励为主。

4. 企业集团的财务管理体制

企业集团是以资本为主要联结纽带的企业法人联合体。改革开放 30 多年来,我国的企业集团经历了从无到有、从小到大的发展历程。实践经验表明,组建企业集团必须以资本为纽带、以股权控制为主,才能实现集团各企业资源的有效整合。按母公司集权程度及母子公司财务关系的紧密程度,可以将企业集团财务管理体制划分为集权型、分权型和混合型。近年来并购重组、跨行业兼并等企业扩张行为的增加,使得企业集团数量激增。集团资产和业务规模增大、管理层次不断增加的同时,集团内财务控制力弱化引发的财务风险也越来越突出。"德隆系"事件就是一个典型例子,过长投资链条和庞大产业背后隐藏的财务风险,一旦爆发,就会给整个集团公司带来毁灭性打击。"集而不团"的问题在国有企业中也大范围存在,为此,国务院曾于 2006 年转发过《关于推进国有资本调整和国有企业重组的指导意见》,明确要求国有大型企业"对层级过多的下属企业进行清理、整合,通过关闭、破产、撤销、合并、取消企业法人资格等措施,原则上将管理层次控制在三级以内"。除特大型企业集团外,企业集团财务级次一般应限定在三个层次以内,即企业集团的投资链条一般只延伸到孙公司。这样既可以促进企业集团管理的扁平化,降低母公司和政府的监管成本,又能够避免企业财务级次过多后,下属企业利用投资转移企业资产、投资效率低下、偏离集团发展战略等带来的财务风险。

对国有企业集团来说,股权结构过于单一是财务管理体制上存在的另一突出问题。与发达市场经济国家不同,我国的国有企业集团是在行政力量的主导下产生和发展起来的,产业整合过程中的"拉郎配"、政企分离过程中的"翻牌"等现象层出不穷。尽管国有企业集团通过引进非公战略投资者、境内外上市等方式实现投资主体多元化的进程从未停止,但时至今日,国有资本"一股独大"的垄断地位并未发生根本变化,其对推进现代企业制度、完善企业治理结构的危害是显而易见的。下一步,以投资主体多元化为目标深化产权制度改革,并建立健全与之相适应的财务管理体制,应当成为国有企业改革的重中之重。

（二）资金筹集管理

资金筹集是企业通过不同渠道,采取各种方式,按照一定程序,筹措企业设立、生产经营所需资金的财务活动。它是企业筹办和从事生产经营活动的物质基础,是企业财务活动的起点。按照所筹资金的性质,可分为权益资金和债务资金。改革开放前,企业资金基本由财政提供。改革开放后,企业资金来源主要由银行信贷提供。1987年,国务院发布《企业债券管理暂行条例》和《关于加强股票、债券管理的通知》,允许全民所有制企业通过发行债券、集体所有制企业通过发行股票筹集资金,但发行条件较为严格。之后,随着上海和深圳证券交易所的成立、其他融资渠道的拓宽和金融工具创新,企业筹措资金的渠道和方式呈现多元化。应当引入风险控制、资本结构决策、资金成本等全新的观点和理念,将简单的核算管理提升为控制成本、规避风险的决策管理。同时,指导和要求企业在有效控制财务风险的前提下,自主决定筹资规模、筹资渠道和筹资方式,实现资本结构最优化和企业价值最大化。

除了来自资本市场的债权和股权资金外,中央和地方财政通过公共预算、国有资本经营预算、政府性基金预算等政府预算安排用于支持各类企业发展和改革的资金,也是企业资金的重要来源。改善与加强企业收到和使用财政资金的管理,是财政新时期构建新型企业财务管理机制的一项重要制度创新。近两年来,我们组织企业、有关主管部门、地方财政、专家学者等,对此课题作了广泛而深入的研究和探讨,形成了基本共识和改革思路:

1. 涉企财政资金的管理现状

公共财政框架下,财政支持企业,一是建立强大、稳固财力的需要。企业是财政收入和社会财富的主要创造者,企业的发展与壮大是财政增收的前提。二是促进产业结构调整和经济发展方式转变、实现宏观调控目标的需要。企业是转变经济发展方式的主体,财政资金发挥宏观调控和杠杆作用,需要以企业为支点。近年来,财政支持企业发展和改革的资金规模不断扩大,在引导和带动社会资源、促进产业结构调整、实现国家宏观调控目标等方面发挥了重要作

用,但也有一些问题亟待解决,主要是:

(1) 主管部门的工作重心放在资金分配上,对涉企财政资金的政策制定和绩效评价这一"头"一"尾"的管理工作不到位,重分配、轻管理,重使用、轻绩效的现象普遍存在。

与税收政策的"普惠"不同,涉企财政资金政策通过对特定行业、特定企业、特定财务活动的"定向"支持体现宏观调控意图。正因如此,资金政策设计水平与政策效果密切相关。政策目标、申请条件、管理要求越明确,政策效果越有保障。实际工作中,一些专项财政资金出现的"撒胡椒面"、重复支持、资金使用方向背离政策意图等问题,都与政策制度的设计缺陷有很大关系。

与拨付机关和事业单位的财政资金相比,支持企业的财政资金有明显的杠杆效应,可以引导和带动其他社会资源投向企业,合力实现特定宏观调控政策目标。如果就资金论效益,不考量财政资金形成资产的整体效益或投入项目的整体收益,就不能全面、客观地评价该项资金的政策效果。因此,涉企财政资金的绩效目标、评价内容、评价指标、评价标准、评价方法等方面与部门预算资金差异较大,评价管理难度更大。目前,对涉企财政资金的绩效评价缺乏体系性和针对性,尚未做到制度化和经常化。

(2) 财政资金管理与现代企业管理存在脱节之处。

一是基于计划经济条件的"专款专用"与市场经济条件下的企业管理实际相脱节。计划经济条件下,企业资金主要由国家供给,来源单一,资金也基本按国家指令性计划使用。在这样的背景下,要求企业收到的财政资金专款专用,"打酱油的钱不能买醋",不会影响企业的经营管理。但市场经济条件下,情况发生了根本变化。首先,企业的资金来源更为多元化,既有来自国有股东的,也有来自非国有股东的,既有股权资金,也有债权资金。其次,随着所有权和经营权的分离,股东不能再直接干预企业资金使用、固定资产投资等具体经营活动。在这样的背景下,硬性给财政资金打上区别于其他资金的标签,既不现实,也无必要。因此,对财政资金的监管不宜再机械地要求专款专用,而应将监管重点放在企业是否将财政资金用于既定使用方向或完成既定项目。当然,这对资金后续管理特别是绩效评价提出了较高要求。

二是基于单一投资者和单一财务管理级次的财政资金管理与现代企业的产权多元化和集团化管理实际相脱节。过去,企业只有国家一个股东,财政资金到了企业,权属自然也是国家的,不存在争议。由于企业集团很少,绝大部分情况下,申请财政资金的企业也是资金的实际使用者。但现在,企业往往有两个以上股东,财政资金到了企业,权属是国家的还是企业的、是某个股东还是全部股东的,若无明确规定,就会产生争议。此外,为便于管理,对于集团公司,主管财政机关一般只接受母公司的申请,而实际使用资金的企业(具体承担项目单位)往往是下属企业,其间财政资金要由母公司逐级拨付至下属企业,增加了管理难度。由此引发的权属争议、资金管理等问题,在资本性财政资金管理中尤为突出。目前对资本性财政资金的权属,以及逐级拨付时各级企业如何处理等并无统一、明确的规定,相关资金往往以借款、资本公积等方式长期挂账,引发了各界对国有资产流失、国有资本权益虚置的质疑。

(3)涉企财政资金支持方式需要进一步创新和丰富。

过去,财政资金以国有企业为主要支持对象,对企业从事固定资产投资等具体项目的补助金额占了大头。近些年来,财政支持中小企业的资金规模不断扩大,相关资金杠杆效应明显,较好地发挥了引导各类社会资源投向中小企业的作用。与国有企业相比,中小企业对财政资金的需求具有"量小面广"的特点,即支持单个企业的财政资金规模相对较小,但需要支持的企业数量相对较大。对中小企业,如果完全靠财政或主管部门去选择支持对象,容易产生较高的行政成本和较低的资金效益。因此,有关部门要充分利用市场主体的力量,除直接支持中小企业以外,还可通过支持创业投资机构、基金、信用担保机构、公共服务平台机构等市场主体,鼓励其为中小企业提供更多资金和管理服务,间接支持中小企业发展。

2. 涉企财政资金的管理原则

(1)资源优化配置原则。按照公共财政基本原则和市场经济的发展规律,财政不能"包揽一切"。要处理好财政与市场的关系,注重发挥市场机制配置资源的基础性作用。

(2)科学化、精细化原则。要引入中介机构和专家工作机制,加强财政资金的前期评审、过程监控和绩效评价,确保实现既定政策目标。

(3)公开透明原则。要依法公开财政资金政策及其申报、使用等信息,提高财政资金分配的透明度。

(4)制度化原则。安排任何一项资金,都应当制定专项资金管理办法,明确资金的使用方向、申请条件、权属等事项。

(5)良性互动原则。以财政资金为抓手,建立财政与各类企业的良性互动机制。通过对涉企财政资金的分配、监管、绩效评价,引导企业提高财务管理水平和开展管理创新。企业管理水平的提高和效益的增长,反过来可以提高财政资金使用效益、增加财政收入、扩大就业。

3. 涉企财政资金的权属界定

(1)申请主体。从企业集团化管理现状出发,明确企业集团的母公司(一级）可以作为申请主体，申请集团内部所属全资或控股法人企业所需财政资金。考虑到决策权限，母公司不宜代参股企业申请财政资金，参股企业可自行申请或由其控股股东单位申请。考虑到行政管理成本和企业自身责任承担能力，涉企财政资金不宜向非法人企业开放申请。当然，集团成员企业也可向所在地政府有关部门申请财政资金。具体的申请主体应由集团内部自行协商确定。但一旦确定申请主体，后续管理就应遵循"谁申请、资金直接拨付给谁、相关权利由谁享有、相关责任由谁承担"的原则。

（2）资本性财政资金的权属。资本性财政资金指要求企业增加国有资本的财政资金，包括注（增）资、直接投资、投资补助等。资本性财政资金定性为国家资本，主要考虑：一是更好发挥财政资金的杠杆作用，现有投资者为维持现有股权结构，将增加对企业的股权投资。此外，国有资本较好的信誉度，可以为企业吸引更多的投资者或者减少交易成本。二是避免同一类财政资金权属因企而异的情况。如果资本性财政资金由现有投资者共享，企业有无国有股东或者国有股权所占比重不同，财政资金是否能形成国有资本或形成的国有资本比例，都会不同。有人担心这会导致国进民退。但实际操作时，企业方面，财政资金申请以自愿为前提，资本性财政资金不是其唯一选择，如果现有股东不希望改变现有股权结构，可以选择申请其他类型的财政资金；有关部门方面，也可根据企业情况灵活选择支持方式，例如，对非国有企业更多采取费用方式安排资金，对国有及国有控股企业更多采用资本方式安排资金。因此，只要资本性和其他类型财政资金规模上保持合理比例，申请条件上不对非国有企业设置歧视性条款，国进民退的担心就不会成为现实。

为避免后续的权属纠纷，涉及资本性财政资金的，有关部门在批复企业申请前应取得企业股东（大）会或董事会、经理办公会（或厂长办公会）等决策机构同意注（增）资的书面材料。企业收到资本性财政资金，应当增加国有实收资本或股本，同时按照财政部门或有关主管部门的要求，确定国有实收资本或股本的持有单位，并及时办理产权变更和工商登记等手续。

对财政资金形成的国有实收资本或股本，持有单位可按照《企业国有产权转让管理暂行办法》等规定转让，转让所得属于国有产权转让收入，纳入国有资本经营预算管理。

对于企业在一个会计年度内多次收到资本性财政资金的，从方便企业出发，可暂作资本公积处理，但应当在次年或发生增资扩股、改制上市等事项时，履行法定程序转增国有实收资本或股本。

对于企业集团母公司申请和收到财政资金的情况，国有资本相关权利和责任已在母公司这一级得到落实。母公司再将资本性财政资金拨付所属全资或控股法人企业使用的,应当作为母公司的股权投资。母公司所属控股法人企业暂无增资扩股计划的,可以暂作委托贷款处理,但母公司应当与其签订协议,约定所属控股法人企业发生增资扩股、改制上市等事项时,应当依法将委托贷款转为母公司的股权投资。

(3)费用性财政资金的权属。费用性财政资金指按规定补偿企业成本费用的财政资金,包括贷款贴息、专项奖励等。费用性财政资金作为企业收益,由企业现有全体股东享有。

为避免重复计算补贴收入,企业集团母公司将费用性财政资金拨付所属全资或控股法人企业使用的,母公司及中间拨付环节企业均作为往来款项,仅由最终实际使用资金的企业确认收益。

(4)其他财政资金的权属。其他财政资金指除资本性和费用性财政资金以外的财政资金,包括按规定用于解决企业历史遗留问题的政策性补助等。

企业收到其他财政资金,应当按照专项资金管理办法的规定进行处理。例如,专项资金管理办法要求企业在一定年限内或特定条件下,要将财政资金偿还给财政部门的,企业应当作为负债管理。政策性补助用于安置职工的,不能作为企业收益,应当专项管理并按规定支付给职工个人或为其缴纳社会保险费等。

4. 涉企财政资金的使用管理

(1)资本运营。企业应当依托财政资金有效利用资本市场,拓宽直接和间接融资渠道,吸引和带动社会资本投向国家宏观调控和产业政策支持的领域或项目。这是财政资金发挥杠杆效应的微观机制保障。

国有及国有控股企业在不改变国有控股的前提下,应当重视引入非公法人企业作为战略投资者,实现投资主体多元化,完善企业法人治理结构。以固定资产投资项目为例,国有企业可以用收到的财政资金作为注册资金,成立新的项目法人企业,再引入其他非公资本;也可以由本企业承担项目、申请财政资金,在项目投资期间引入其他非公资本。

(2)资金统筹管理。企业收到的财政资金应当纳入预算管理,统筹安排财政资金与其他来源的资金,实现资金统一管控,提高资金使用效能。这实际上打破了专款专用的传统管理模式。只要项目能够按时完成(申请时有具体项目)或企业从事了符合专项资金管理办法规定的特定活动(申请时无具体项目),财政资金进入企业后均由企业自主决策和支配。

当然,为了确保财政资金的安全性,应当要求企业对全部资金的投向和使用履行必要的内部决策程序。特别是投融资等重大决策事项，必须由财务高管人员参与，以有效防范决策失误。

（3）禁止性事项。企业不得截留、挪用财政资金，不得擅自改变财政资金使用方向。确因市场环境变化等原因无法按既定目标使用财政资金的，经财务高管人员和企业法人代表审核后，及时向财政和有关主管部门报告。

5. 涉企财政资金的绩效评价

（1）评价主体。评价可以考虑分为三个层次：一是企业，要求其按照财政资金绩效评价制度的要求，向财政和有关主管部门报送财政资金绩效自我评价报告。二是中介机构，委托其在企业自评和整体评价基础上，向财政和有关主管部门出具财政资金绩效评价意见。三是财政和有关主管部门应当结合企业自评、中介机构评价意见、实地调研等情况，对财政资金的取得和使用进行全面评价，出具财政资金绩效评价报告。财政资金绩效评价报告是调整该项资金预算规模、调整支持对象的重要依据。

（2）政府购买服务。鉴于涉企财政资金绩效评价的专业性和复杂性，政府有关部门应通过购买服务，引入中介机构工作机制。委托中介机构所需费用，由本级政府财政部门结合预算管理实际统筹安排。委托资产评估等中介机构时，应当确保其规模、执业能力与财政资金规模或企业规模相匹配，充分发挥其专业优势。不得委托承担企业审计业务的会计师事务所从事该企业及其关联企业的绩效评价业务。

涉及境外上市公司和金融、能源、通信等关系国计民生或国家安全的大型骨干国有企业的，应当选择能够保障国家经济信息安全的大型资产评估机构，并优先考虑开展母子公司试点的资产评估机构。

涉及大型企业和境内上市公司（含 IPO）的，应当委托具有证券期货相关业务资格的资产评估机构。

涉及中小型企业的，应当委托与企业规模相匹配的资产评估机构。

（3）企业的责任追究。企业取得和使用财政资金违反本规定的，财政和有关主管部门应当责令限期整改，不能按规定整改的，停止拨付并依法追回已拨资金；违反法律法规的，按照《财政违法行为处罚处分条例》（国务院令第427 号）等进行处罚。自处罚决定作出之日起 3 年内，企业不得申请财政资金。明确责任追究机制和方式，对保障财政资金的安全性具有重要意义。

（4）促进管理创新。财政部门应当在开展企业财政资金绩效评价的基础上，推动建立首席财务官、财务总监委派、管理信息化、财务管理能力认证等制度，为企业管理创新提供指导和服务。

特别的,考虑到加大企业间接支持力度的需要,对于以企业为服务对象的产业园区管理机构、信用担保机构、公共服务平台机构、创业投资机构等企业或其他单位收到财政资金,应当比照企业提出管理要求。

以上内容,部分在《财政部关于印发〈加强企业财务信息管理暂行规定〉的通知》(财企〔2012〕23号)有所体现。各级财政部门应会同有关部门调整、完善现行的专项资金管理办法,一是明确每一项财政资金的政策目标、申请条件及财务管理要求,必要时,整合政策目标相同或类似的专项财政资金,改变"撒胡椒面"的做法,集中资金办大事;二是逐步建立健全财政资金的事前审查、事中跟踪或事后监督及绩效评价制度,不断提高资金安全性和效益。企业集团应当严格按规定申请、使用、管理财政资金,必要时,应当在集团内部出台统一的取得和使用财政资金管理办法。

(三) 资产营运管理

资产营运是企业为了实现企业价值最大化而进行的资产配置和经营运作的财务活动。在市场经济条件下,安全与收益是对资产营运的两个根本要求。企业在进行资产营运决策时,应在风险与收益之间取得平衡,并且采取一定的措施,对资产营运全过程进行有效的监督和控制。现行财务制度规定的资产营运事项包括:

1. 应收款项管理

应收款项是企业销售商品、提供劳务过程中发生的各项债权,主要包括应收账款、应收票据、其他应收款和预付账款等。应收款项管理的有效性,直接影响到企业资金的周转和经济效益的实现,也直接影响到企业的资产质量和资产营运能力,甚至关系到企业的生死存亡。例如,2001年至2004年间,四川长虹因合作伙伴美国APEX家电进口公司拖欠4.6亿美元巨款(按2004年汇率折算,约合人民币38亿元,占长虹当年主营业务收入的33%),遭受了巨大的坏账损失,其主要原因,就是长虹管理层在缺乏国际贸易及其结算方面的专业知识,结算风险控制欠佳,且未对APEX公司的经营作风、财务状况、诚信度进行深入了解。2008年国际金融危机爆发后,外贸依存度高、江浙地区民营外贸企业重蹈长虹覆辙,大量出口应收账款无法追回,企业生产经营陷入困境甚至直接倒闭,其粗放化的应收款项管理是重要内因。按照《企业财务通则》(以下简称《通则》)以及《财政部关于建立健全企业应收款项管理制度的通知》(财企〔2002〕513号)等文件的规定,企业应当采取以下措施,加强应收款项的管理:

(1) 做好信用管理。企业应当制定可行的信用政策，对客户信用风险进行评估和控制，根据不同的客户实行不同的信用政策。建立健全客户信用档案，实行黑名单制度，是企业实行信用管理的有效措施。做好信用风险评估和控制，是企业合理确定信用销售额度、有效控制坏账损失的基础工作。

(2) 建立应收款项台账管理制度。企业应当设立应收款项台账，详细反映内部各业务部门以及各客户应收款项的发生、增减变动、余额及其每笔账龄等财务信息，企业财务部门应当据此定期编制应收款项明细表，提请有关责任部门采取相应的措施。同时加强合同管理，对债务人执行合同情况进行跟踪分析，防止坏账风险的发生。

(3) 建立应收款项催收责任制度。企业对到期的应收款项，应当及时提醒客户依约付款；对逾期的应收款项，可以采取多种方式进行催收；对重大的逾期应收款项，可以通过诉讼方式解决。企业应当落实内部催收款项的责任，将应收款项的回收与内部各业务部门的绩效考核及其奖惩挂钩。

(4) 建立应收款项年度清查制度。年度终了，企业必须组织专人全面清查各项应收款项，并与债务人核对账目，做到债权明确、账实相符、账账相符。需要指出的是，与应收款项相对的是应付款项，清查企业作为债权人的应收款项时，对企业作为债务人的应付款项也应一并清查，将对方（债权人）没有追索并超过诉讼时效的逾期应付款项，予以核销，转入当期收益。

(5) 建立坏账核销管理制度。企业在清查核实的基础上，对确实不能收回的各种应收款项应当作为坏账损失，并及时进行处理，不得挂账。

(6) 建立账销案存制度。对于核销的应收款项，仍需保留债权证明文件等档案并专项跟踪其清偿情况。对核销后收回的款项，及时作为企业收益管理。

2. 境外投资管理

我国境外投资的财务管理实行"统一政策、分级管理"的原则，即财政部统一制定境外投资的财务管理制度，主管财政机关根据国家统一的财务制度，开展本级境外投资的财务管理工作。根据财政部印发的《境外投资财务管理暂行办法》（财外字［1996］215号）的规定，境外投资财务管理的主要要求如下：

(1) 投资单位对境外企业发生的迁移、合并、分立、终止、撤资、撤股、资本变更以及购建固定资产、出售长期资产、以不动产作抵押申请贷款等事项，应当建立必要的审批制度。

(2) 对经批准经营外汇、期货、有价证券和房地产等风险性业务以及对外长期投资等事项，要合理确定经营限额并实行授权经营，必要时应建立审批制度。

(3) 投资单位应严格控制境外独资和控股企业的对外担保行为，对其财务往来和现金收支建立必要的"联签"制度。

（4）对规模较大的独资和控股的境外企业，投资单位应当选派财会主管人员。

3. 对外捐赠管理

企业对外捐赠，应当遵循《公益事业捐赠法》、《通则》、《财政部关于加强企业对外捐赠财务管理的通知》（财企［2003］95号）、《财政部关于企业公益性捐赠股权有关财务问题的通知》（财企［2009］213号）等规定。

企业对外捐赠按捐赠对象的不同，分为：一是公益性捐赠，指向教育、科学、文化、卫生医疗、体育事业和环境保护、社会公共设施建设的捐赠。二是救济性捐赠，指向遭受自然灾害或者国家确认的"老、少、边、穷"等地区，以及慈善协会、残疾人联合会、青少年基金会等社会团体或者困难的社会弱势群体和个人提供的，作为其生产、生活救济、救助的捐赠。三是其他捐赠，指企业为了弘扬人道主义或者促进社会发展与进步等履行社会责任的需要，向除上述捐赠对象之外的社会公共福利事业捐赠。

企业对外捐赠要遵守以下原则：一是自愿无偿原则，任何单位不得通过任何方式强制企业对外捐赠，捐赠企业也不得要求受赠方在融资市场准入、行政许可、占有其他资源等方面创造便利条件。二是权责清晰原则，企业经营者或其他职工不得将企业拥有的财产以个人名义对外捐赠，捐赠企业有权要求受赠人按自己正当的捐赠意图使用捐赠财产。三是量力而行原则，企业已发生亏损或者由于对外捐赠将导致亏损或者影响企业正常生产经营的，除特殊情况以外，一般不能对外捐赠。四是诚实守信原则，企业对按照内部授权制度审议决定并已向社会公众或者受赠对象承诺的捐赠，应当诚实履行。

《财政部关于加强企业对外捐赠财务管理的通知》（财企［2003］95号）规定，企业可以用于对外捐赠的财产包括现金、库存商品和其他物资。企业生产经营需用的主要固定资产、持有的股权和债权、国家特准储备物资、国家财政拨款、受托代管财产、已设置担保物权的财产、权属关系不清的财产，或者变质、残损、过期报废的商品物资，不得用于对外捐赠。随着我国资本市场的不断完善和社会公益意识的增强，为鼓励民营企业参与慈善事业，2009年10月，《财政部关于企业公益性捐赠股权有关财务问题的通知》（财企［2009］213号）规定，由自然人、非国有的法人及其他经济组织投资控股的企业，依法履行内部决策程序，由投资者审议决定后，其持有的股权可以用于公益性捐赠。同时，企业以持有的股权进行公益性捐赠，应当以不影响企业债务清偿能力为前提，且受赠对象应当是依法设立的公益性社会团体和公益性非营利的事业单位。

企业对外捐赠的受益人应当为企业外部的单位、社会弱势群体或者个人，并不得向受赠方索取经济回报。对企业内部职工、与企业在经营或者财务方面具有控制与被控制关系的单位，企业不得给予捐赠。企业以营利为目的自办或者与他人共同举办教育、文化、卫生、体育、科学、环境保护等经营实体的，应当作为对外投资管理。企业为宣传企业形象、推介企业产品发生的赞助性支出，应当按照广告费用进行管理。对于政府有关部门、机构、团体或者某些个人强令的赞助，企业应当依法拒绝。

企业对外捐赠，应当由经办部门和人员提出捐赠报告，捐赠报告应当包括以下内容：捐赠事由、捐赠对象、捐赠途径、捐赠方式、捐赠责任人、捐赠财产构成及其数额以及捐赠财产交接程序。企业财务部门应当对捐赠报告进行审核，并就捐赠支出对企业财务状况和经营成果的影响进行分析，提出审核意见后，按照企业章程、内部财务管理制度等，提交投资者或者经营者审议决定。对于重大的对外捐赠事项，国有及国有控股企业应当提交职工代表大会审议，上报国有资本持有单位备案后实施。

经营者对外捐赠应当在投资者授权范围内进行，超出授权范围造成的损失，经营者应当承担赔偿责任。投资者有权对企业对外捐赠事项进行检查监督。对于企业未执行规定程序擅自进行的捐赠，或者超出公益、救济范围的捐赠，或者以权谋私、假公济私、转移企业资产等违法违纪的捐赠，投资者应当追究负有直接责任的主管人员和其他直接责任人员的责任；涉嫌犯罪的，移交司法机关依法追究刑事责任。

4. 资产损失管理

企业资产损失发生的原因，可分为两大类：一类是市场环境的变化、竞争的加剧、经济结构的调整及技术的进步等外部原因；另一类是企业内部控制机制缺失、资产营运管理不善、监督管理不力等内部原因。前者属于不可控因素，后者则可通过按《通则》、财政部印发的《企业资产损失财务处理暂行办法》（财企［2003］233号）等规定加强财务管理，有效控制相关风险。

企业确认资产损失必须依据充分的证据资料、清晰的交易或者事项、真实的业务，按照规定的程序进行。企业应当根据内部控制制度和财务管理制度，逐级审查核实资产损失的证据，认真把关，必要时可聘请审计、资产评估、法律等中介机构。资产损失的一般处理程序包括：企业内部有关责任部门经过取证，提出报告，说明资产损失的原因和责任；企业的内部审计、监察部门经过追查责任，提出结案意见；涉及未决诉讼的资产损失，企业应当委托律师出具法律意见书；重大资产损失应由中介机构出具经济鉴定证明；企业财务部门经过审核后，对确认的资产损失提出财务处理意见，按照企业授权审批制度的规定，提交经营者或者投资者审定。资产损失处理过程中，如果发现涉及有关单位或个人责任的，应当追查有关单位或个人的责任。对应该由有关单位或个人承担的责任损失，有争议的，应当采取法律手段追索。在追偿应由责任人或保险公司承担的损失后，才能确认资产损失，并履行内部审批程序。

对国有企业来说，日常资产损失管理与"清产核资"有着本质区别。涉及立项、审核、批复等环节的清产核资是计划经济向市场经济过渡期间的历史产物，其本质是一种行政审批手段。自1992年开始，按照党中央和国务院指示精神，全国范围内进行了清查资产、核实国有资金、摸清国有资产"家底"的工作。其目的，是为了解决国有资产状况不清、管理混乱、资产闲置浪费和被侵占流失等问题，从而为建立与社会主义市场经济相适应的国有资产管理体制奠立基础。此后集体企业也开展了清产核资。大规模的清产核资工作已于1999年收官。随着现代企业制度的建立以及企业有关财务、会计制度的健全，资产清查和损失核销完全可以通过企业内部管理和社会中介机构的外部审计和评估进行规范。由政府有关机构或部门批准将经营性国有资产的损失从国有资本中核销，已无必要，且混淆了经营者和投资者的责任界限，给国有企业借清产核资之机，将本应计入当期损益、由经营者承担责任的资产损失，通过核减国有资本转嫁给投资者留下了空间，徒增行政成本和行政风险。2005年修订《公司法》时已删去了原第七条对清产核资的规定，尽管《国资法》第四十二条仍有对清产核资的表述，但仅限于企业改制条件下。下一步，要尽量避免清产核资的滥用，改制后企业不得重复进行清产核资，直至取消这项制度。

（四）重组和清算

重组、清算是特殊情形下的资产营运。与一般资产营运活动相比，重组和清算更为复杂，涉及更大范围和更大幅度的利益关系调整，需要遵循更为严格的决策和操作程序。过去很长一段时间内，我国企业的重组和清算是由政府行政力量推动的，如组建大型国有企业集团和国有企业政策性关闭破产。随着国有企业改革阶段性任务的完成和经济体制改革的深化，今后企业的重组和清算将更多地走向市场化和法律化。如《公司法》和2006年出台的《企业破产法》，就为各类企业的解散清算和依法破产提供了程序和实体规范。但企业重组行为目前还无专门立法和系统规定。《通则》规定了企业重组的一般程序和财务政策，并对合并、分立、托管经营等重组中涉及的财务行为以及国有资源、职工安置费用的处理政策作出了规定，明确了企业因关闭、破产、终止经营或解散而进行清算的财务处理。

1. 企业重组的基本程序及政策

公司制改建（又称"改制"）一度是大中型国有企业改革的主要形式，即将全民所有制企业转为有限责任公司或股份有限公司，或将有限责任公司转为股份有限公司。公司制改建需遵循的程序和政策，大部分内容对其他形式的企业重组都适用。根据《通则》、财政部《企业公司制改建有关国有资本管理与财务处理的暂行规定》（财企［2002］313号）及其补充通知（财企［2005］12号）等文件，企业重组需要遵循以下基本程序及政策：

（1）清查财产，核实债务，委托中介机构进行审计。清查财产和核实债务，是企业重组最基本工作内容。根据财企313号文件，进行改制重组的国有企业，应当对各类资产进行全面清查登记，对各类资产以及债权债务进行全面核对查实，编制改建日的资产负债表及财产清册。在资产清查中，对拥有实际控制权的长期投资，应当延伸清查至被投资企业。资产清查的结果由重组企业的投资者（即国有资本持有单位）委托中介机构进行审计。委托中介机构所发生的费用由重组企业支付。

（2）制订和审议职工安置方案。实施企业重组，无论是采取合并、分立，还是其他具体方式，都不可避免地涉及到重组企业的职工安置问题。因此，在实施企业重组过程中，要求重组企业制订职工安置方案。实施企业重组，要尽可能地接收原企业的职工，保证社会稳定和再就业。对接收的职工要重新分配工作，进行人员整合，提高企业的凝聚力和工作效率，使人力资本实现最佳组合。

根据国务院办公厅转发的《关于规范国有企业改制工作的意见》（国办发［2003］96号），国有企业改制方案和国有控股企业改制为非国有的企业的方案，必须提交企业职工代表大会或职工大会审议，充分听取职工意见。其中，职工安置方案须经企业职工代表大会或职工大会审议通过后方可实施改制。

（3）与债权人协商，制订债务处置或承继方案。实施企业重组，面临债务处置的问题。重组企业应当与债权人充分协商，制订债务处置或承继方案，原则上要按照债务随业务、资产走的原则进行债务处置或承接。

财企［2002］313号文件明确要求，改建企业清理核实的各项债权债务，应当按照以下要求确定债权债务承继关系，并与债务人或者债权人订立债务保全协议：一是企业实行整体改建，应当由公司制企业承继原企业的全部债权债务；二是企业实行分立式改建，应当由分立的各方承继原企业的相关债权债务；三是企业实行合并式改建，应当由合并后的企业承继合并前各方的全部债权债务。

对于重组企业账面原有的应付工资余额，财企12号文件规定，属于应发未发职工的工资部分，应予清偿，在符合国家政策、职工自愿的条件下，依法扣除个人所得税后，可转为个人投资；属于实施"工效挂钩"等办法提取数大于实发数的工资基金结余部分，应当转增重组前的资本公积，不再作为负债管理，也不得转为个人投资。账面原有的应付福利费、职工教育经费余额，也一并转增重组前的资本公积；因医疗费超支产生的职工福利费不足部分，可以依次以盈余公积、资本公积和实收资本弥补。

（4）进行资产评估。企业重组时，应当根据有关法律、法规的规定，由投资者选择并委托有资格的资产评估机构进行资产评估。资产评估按照申请立项、资产清查、评定估算、验证确认等程序进行。企业以及其他利益相关者不得干预资产评估机构独立执行业务。评估报告经核准或者备案后，作为确定企业国有产权转让价格的参考依据。

根据财企313号文件，自评估基准日到公司制企业设立登记日的有效期内，原企业实现利润而增加的净资产，应当上缴国有资本持有单位，或经国有资本持有单位同意，作为公司制企业国家独享资本公积管理，留待以后年度扩股时转增国有股份；对原企业经营亏损而减少的净资产，由国有资本持有单位补足，或者由公司制企业用以后年度国有股份应分得的股利补足。企业超过有效期未能注册登记，或者在有效期内被评估资产价值发生重大变化的，应当重新进行评估。

在资产评估之前，企业应当做好账务调整工作，其主要内容：一是根据资产清查和审计意见，将清查出来并经审计鉴证的资产损失予以调账，使企业做到账实相符；二是企业重组对涉及的职工安置成本做出财务安排，需要进行账务处理；三是经与债权人协商后形成的不需承付的债务（即会计上所称的债务重组收益）以及企业工资基金结余等，需要调整账务。这些账务调整，属于企业会计的基础工作，不能留到资产评估环节去做。

（5）拟订股权设置方案和资本重组实施方案。股权设置是企业重组的重要环节，它是在产权界定的基础上，根据企业重组的要求，按照投资主体的所有制性质设置国家股、法人股、个人股和外资股。股权设置不仅影响企业的资本结构，而且决定企业未来的法人治理结构，其涉及的核心工作是原企业的净资产折股。

企业实行公司制改建，不得将国有资本低价折股或者低价转让给经营者及其他职工个人。企业实行整体改建的，改建企业的国有资本应当按照评估结果全部折算为国有股份，由原企业国有资本持有单位持有，并将改建企业全部资产转入公司制企业。企业实行合并式改建的，经过评估后的净资产折合的国有股份，合并前各方如果属于同一投资主体，应当由原共同的国有资本持有单位一并持有；如果分属不同投资主体，应当由合并前各方原国有资本持有单位分别持有。

2. 企业重组有关职工安置费用政策

企业重组安置职工，涉及人员多，涉及金额大，长期以来存在制度不健全、标准不统一、执行不规范等问题。国有及国有控股、参股企业涉及产权关系变动和股权结构调整的重组，其涉及的职工安置费用问题，适用《财政部关于企业重组有关职工安置费用财务管理问题的通知》（财企［2009］117号）的有关规定。

企业重组有关职工安置费用，包括以下三类：第一类是按照国家有关规定支付给解除、终止劳动合同的职工的经济补偿，以及为移交社会保障机构管理的职工一次性缴付的社会保险费；第二类是重组企业根据自身财务状况，为保证离退休人员生活稳定，在国家规定的基本养老保险之外，发放给离退休人员的各项补贴，即"统筹外费用"；第三类是符合法律、行政法规以及国务院劳动保障部门规定条件的内退人员，其内退期间的生活费和社会保险费。对第一类费用，《劳动合同法》、《社会保险法》等有明确标准，在重组时需要立即支付，按照《通则》第六十条的规定进行财务处理。后两类费用需要在企业重组后分期支付，实际上是对这些离退休和内退人员预计的债务。

（1）企业预提离退休人员费用时，一是必须遵守重组企业所在地设区的市以上人民政府的规定；二是预提年限应当按照中国保监会发布的《中国人寿保险业务经验生命表》计算。其中，中央企业还须执行《财政部关于中央企业重组中退休人员统筹外费用财务管理问题的通知》（财企［2010］84号）。此外，鉴于离休人员在我国具有特殊性，国家对离休人员安置另有规定的，从其规定。

（2）对内退人员的生活费，企业预提的标准不得低于本地区最低工资标准的70%，同时不得高于本企业平均工资的70%，并应与企业原有内退人员待遇条件相衔接，经职工代表大会审议后，在内退协议中予以明确约定；对预提的内退人员社会保险费，企业应当按照国家有关规定标准执行。

（3）企业重组中涉及的上述费用，除产权转让以外，经履行出资人职责的部门、机构或国有股权持有单位批准后，均可以从重组前企业净资产中扣除或者预提。企业重组基准日前已经预计的职工安置费用负债金额,与财企[2009] 117号文件规定范围和标准计算的金额不符的,在重组过程中评估企业净资产价值时,应当予以调整确认。

(4) 重组企业在计算职工安置费用预提金额的现值,进而确定企业净资产价值时,应当考虑通胀和货币的时间价值。

(5) 退休人员和内退人员的相关费用,应当按照"人随资产、业务走"的原则,由承继重组前企业相关资产及业务的企业承担。对预提的职工安置费用,管理离退休人员和内退人员的单位应当实行专户管理,并按约定从专户中向相关人员支付费用。预提资金不足支付相关费用或者有结余的,按照新企业会计准则的相关规定计入管理单位当期损益。

企业进行重组特别是分立式重组时,往往将离退休人员和内退人员移交存续企业或由上级集团公司集中管理。在这种情况下,为充分保障职工的权益,预提费用由重组后企业以货币资金形式支付给管理单位。如重组后企业货币资金不足,可以自重组完成日起5年内分期支付,但应当按照重组基准日5年期银行贷款利率向管理单位支付利息。

针对以往国有企业产权转让实践中出现的以职工安置费用的名义扣除净资产或者降低交易价格,使购买方以较为低廉价格获得国有产权,而职工安置资金则迟迟得不到落实问题,财企[2009] 117号文件明确产权转让形式的重组不得预提职工安置费用。在资产评估之前,有关职工安置费用不得从拟转让的净资产中扣除,也不得从转让价款中直接抵扣,而应当从产权转让收入中优先支付。对已按照新企业会计准则预计的职工安置费用余额,在资产评估之前,必须调增拟转让的净资产。

需要强调,财企[2009] 117号文件和财企[2010] 84号文件自发布之日起施行,无追溯力,在发文之日前发生的重组仍按原定方案支付职工安置费用。

3. 企业重组中的国有土地处置问题

根据国家有关法律法规和政策规定,在企业重组中,土地资产的处理方式主要有:

(1) 划拨。国有企业重组过程中,经国家批准可在不超过5年的期限内继续保留划拨用地。采取划拨方式使用的土地,企业可以不纳入企业资产管理,但应当按规定用途使用,并设立备查账簿登记。对于根据财政部、原国家土地管理局、原国家国有资产管理局下发的《关于认真抓紧做好清产核资中土地清查估价工作的紧急通知》(财清[1995] 14号),企业通过清产核资,按照土地估价确认价值的50%入账的,继续按照原有规定执行,不需账务调整。

(2) 作价入股。在土地估价的基础上,经批准将国有土地使用权作价投资的,应缴纳的土地出让金应当与其他国有净资产一并折股,相应增加重组后企业的国有股份。这部分国有股份,应当由企业重组前的国有资本持有单位或者主管财政机关确认的单位持有。

(3) 出让。在实际操作中,根据持有单位的不同,有两种不同的形式:一是由重组前的原企业向国家缴纳土地出让金,取得一定年限的国有土地使用权,由该企业以土地使用权向重组后的新企业投资入股。二是由重组后的新企业直接向国家缴纳土地出让金,取得一定年限的土地使用权,土地使用权由使用的企业作为无形资产管理。

(4) 租赁。国有企业重组为非国有企业,企业原划拨土地使用权除采取出让方式处置外,也可以采取租赁方式处置。租赁使用土地,由企业按照不低于银行同期贷款利率的水平支付租金,并在租赁合同中约定。

4. 企业清算的一般程序和法定程序

因营业期限届满、投资者决议解散、注销、被吊销营业执照、责令关闭、被撤销等导致的企业清算,一般程序如下:

(1) 确定清算人。企业终止时,应当按照有关法律和企业章程的规定确定清算人,由清算人依法管理企业的各项资产。

(2) 发布清算公告。清算人应当在清算事项确定之日起10日内通知债权人,并依法在报纸等媒体上进行公告,要求债权人申报其债权。

(3) 清理财产,编制资产负债表和财产清单。清算人对清算企业拥有的债权要组织收回,确实不能收回的坏账要予以核销。在清查过程中发现被不正当处理的财产,要依法收回。对不能直接以实物方式或者以权利方式偿付债权人或分配给投资者的财产,要组织变现。

(4) 处理未了结业务。在清算前已经发生的业务,清算人认为继续执行不会给企业带来损失,且在清算期间能够完成的,可以继续执行。否则,清算人可以终止合同,并将对方列入企业的债权人范围。

(5) 清缴所欠税款。清算前所欠税款和清算所得应缴的所得税,清算人应当在支付清算费用、拖欠职工的工资、医疗和伤残补助、抚恤费用、欠缴的基本社会保险费和住房公积金、经济补偿金后的剩余财产中支付。

(6) 清偿债务。企业清算财产在支付清算费用、拖欠职工的工资、医疗和伤残补助、抚恤费用、欠缴的基本社会保险费、住房公积金、经济补偿金、所欠税款后，用于偿还其他债务。

（7）分配剩余财产。企业清算终了，清算净收益归投资者所有，按照投资者出资比例或者合同、章程规定进行剩余财产的分配。如果是国有企业，子公司实施清算所得净收益，投资者按比例分享的份额扣除其对子公司投资的差额，作投资收益（损失）处理；对母公司实施的清算，所得净收益全部上缴主管财政机关。

（8）提出清算报告，造具清算的各种财务账册，办理注销登记，公告企业终止。

2006年颁布的《企业破产法》对破产清算的程序有专门规定。与政府兜底的政策性关闭破产政策不同，新破产法体现了"有限责任"这一现代企业制度的基本特征，即：股东以其认缴的出资额或认购的股份为限对企业法人承担责任，当企业资不抵债时，可以依法有序退出。清算财产不足以支付清算费用和企业债务的部分，股东（投资者）不承担清偿责任。

（五）成本控制管理

成本控制是企业按照国家有关财务制度的要求以及自身的财务目标，运用各种成本管理方法，保障必需的支出、消除不合理的支出，将各项成本掌握在一定范围内的财务活动。企业提高利润的根本途径就是"开源"（资产营运）和"节流"（成本控制），前者受市场竞争等外部因素限制较多，后者更多依赖于企业内部管理水平的提高，可控性相对较高。因此，成本控制是企业主动实现扭亏增盈、增强企业竞争力等财务目标的有力武器。《通则》对产品成本控制、期间费用管理、研发费用管理、社会责任的承担、业务费用的支付、薪酬办法、职工劳动保护与职工奖励、职工社会保险及其他福利、缴纳政府性基金等作了原则性规定。其中，有具体财务制度规定的成本控制事项包括：

1. 研发费用

根据《财政部关于企业加强研发费用财务管理的若干意见》（财企[2007] 194号），企业研发费用（即原"技术开发费"），指企业在产品、技术、材料、工艺、标准的研究、开发过程中发生的各项费用。企业研发费用既可能资本化，也可能收益化。对技术要求高、投资数额大、单个企业难以独立承担的研发项目，或者研发力量集中在集团公司、由其统筹管理集团研发活动的，集团公司可以适度集中收取和支出研发费用，用于研发主导产品和核心技术。国家对企业研发活动实行一系列的鼓励政策，包括税收优惠、财政补助、股权激励等。如现行税收制度允许企业将实际发生的研究开发费按150%加计扣除，但要求企业必须财务核算健全并能准确归集研究开发费用。财政补助也有类似要求。因此，企业应当规范和加强研发费用管理，明确研发费用的开支范围和标准，严格审批程序，并按照研发项目或者承担研发任务的单位，设立台账归集核算研发费用。

2. 安全生产费用

为了建立高危行业企业安全生产投入长效机制，加强企业安全生产费用财务管理，维护企业、职工以及社会公共利益，根据有关法律和国务院有关决定，财政部和国家安全生产监督管理总局联合印发了《高危行业企业安全生产费用财务管理暂行办法》（财企〔2006〕478号）、《煤炭生产安全费用提取和使用管理办法》（财建〔2004〕119号），要求在矿山开采、建筑施工、危险品生产和道路交通运输等行业建立安全生产费用提取和使用制度。根据《国务院关于进一步加强企业安全生产工作的通知》（国发〔2010〕23号）的要求，财政部和国家安全生产监督管理总局印发了《企业安全生产费用提取和使用管理办法》（财企〔2012〕16号），进一步扩大适用范围，提高安全生产费用提取标准。具体标准和管理要求详见财企〔2012〕16号文件。

3. 职工福利费

计划经济时期，企业普遍实行低工资制，同时在工资之外，辅以其他多种形式的福利待遇。按工资总额一定比例从企业成本（费用）中计提职工福利费，用于职工医疗、养老和集体福利设施等福利支出，是长期以来与工资总额管理制度并行的一项分配制度。随着经济体制改革的不断深化，这种在社会保障、公共服务欠缺和"低工资"背景下建立的"高福利"模式，逐渐暴露出以下问题：一是不符合劳动制度的改革方向。1986年，国务院颁布《国营企业实行劳动合同制暂行规定》，打破了企业与职工间以"身份"维系的固定工制度，建立了以劳动合同关系维系的新型用工制度，国家对劳动合同制工人退休养老实行社会保险制度。经过20多年的劳动制度改革和社会保障体系建设，企业原来对辞退和退休职工的福利支出基本转由社保承担，为其计提固定比例的福利费已无必要。二是"集体"产权不清。职工集体福利费中"集体"范围不清晰，是在职职工、离退休职工，还是所有曾经和正在企业工作的人员，存在争议。即使人人有份，但要公平、合理地把集体福利费余额分配给每个人，也难以做到。三是计提标准和计算基数不符合企业实际情况。职工福利费制度刚开始执行时，工资总额基数较小，开支项目繁杂，大部分国有企业的应付福利费是赤字。后来，随着国企改革的推进，职工人数减少、效益转好，工资总额基数越来越大，再加上原来冲减职工福利费的医药费、补充养老等费用可以从其他成本（费用）渠道中支出，大部分国有企业应付福利费出现结余。四是福利费与工资及其他成本费用边界不清，冲击收入分配秩序。大部分企业的职工福利费管理，存在不公开、不透明、规避工资总额管理等问题，其发放和支付很难监管，容易造成企业间收入分配差距。

为了规范企业的职工福利费财务管理，维护正常的收入分配秩序，保护各方合法权益，《通则》不再要求企业按照工资总额14%计提职工福利费，合法、合规、合理的福利支出，于实际发生时列入当期成本（费用）。《财政部关于实施修订后的〈企业财务通则〉有关问题的通知》（财企〔2007〕48号）明确了企业截至2006年12月31日的应付福利费账面余额的具体处理。《财政部关于企业加强职工福利费财务管理的通知》（财企〔2009〕242号）进一步对职工福利费的内涵和财务管理要求作出了更为详细的规定。企业职工福利费是企业为职工提供的除职工工资、奖金、津贴、纳入工资总额管理的补贴、职工教育经费、社会保险费和补充养老保险费（年金）、补充医疗保险费及住房公积金以外的福利待遇支出，包括发放给职工或为职工支付的以下各项现金补贴和非货币性集体福利：

（1）为职工卫生保健、生活等发放或支付的各项现金补贴和非货币性福利，如职工因公外地就医费用、职工疗养费用、自办食堂经费补贴或者统一供应午餐支出、符合国家有关规定的供暖费补贴、防暑降温费等；

（2）企业尚未分离的内设集体福利部门所发生的设备、设施折旧、维护和工作人员的人工费用；

（3）职工困难补助，或者企业统筹建立和管理的专门用于帮助、救济困难职工的基金支出；

（4）离退休人员统筹外费用；

（5）按规定发生的其他职工福利费，包括丧葬补助费、抚恤费、职工异地安家费、独生子女费、探亲假路费，以及符合企业职工福利费定义但没有包括在财企242号文件各条款项目中的其他支出。

企业提供职工福利一般应以货币形式为主。一是应当按照"制度健全、标准合理、管理科学、核算规范"的原则，制定具体的管理制度，明确职工福利费开支的项目、标准、审批程序、审计监督等。二是以本企业产品和服务作为职工福利的，企业要严格控制。国家出资的电信、电力、交通、热力、供水、燃气等企业，将本企业产品和服务作为职工福利的，应当按商业化原则实行公平交易，不得直接供职工及其亲属免费或者低价使用。三是财务规范不是税收政策，企业或者职工个人缴纳所得税问题，应当遵循国家有关税收的规定。

4. 补充养老和补充医疗保险费

（1）补充养老保险费。构建多层次的社会保障体系，是我国社会主义市场经济体制的核心内容之一。补充养老保险制度旨在社会统筹基础上，建立企业和个人共同缴费的费用承担机制，引导企业和个人为职工退休后的养老早作财务安排，以便在一定程度上缓解基本社会保险的压力，应对人口老龄化问题。《财政部关于企业为职工购买保险有关财务处理问题的通知》（财企［2003］61号）和《财政部关于企业新旧财务制度衔接有关问题的通知》（财企［2008］34号），分别对企业以购买商业保险和企业年金两种形式建立补充养老保险的财务行为进行了规范，并根据国务院规定精神，将企业承担的费用确定在工资总额4%以内。企业缴费总额超出规定比例的部分，不得由企业负担，企业应当从职工个人工资中扣缴。个人缴费全部由个人负担，企业不得提供任何形式的资助。

（2）补充医疗保险费。根据《国务院关于建立城镇职工基本医疗保险制度的决定》（国发［1998］44号）的规定，为了不降低一些特定行业职工现有的医疗消费水平，在参加基本医疗保险的基础上，作为过渡措施，允许建立企业补充医疗保险。根据财企61号文件和34号文件，企业承担的补充医疗保险费限定在工资总额的4%以内，且不得量化到个人。

（3）离退休人员统筹外费用。1998年，国务院要求将铁道、石油、邮电、水利、民航、煤炭、有色金属、电力、石油、银行、建筑等11个行业的职工基本养老保险，从行业统筹转为省级统筹。由于行业统筹的养老金计发水平普遍高于省级统筹，国家为维持改革前已离退休人员的待遇，一是允许以5年为过渡期，从省级统筹的基本养老保险基金中加发补贴；二是允许未列入原劳动部、财政部批准的统筹项目的部分，由企业支付，即通常所说的"统筹外费用"。据此，企业退休人员统筹外费用是国家为保障企业老职工退休后的养老、医疗等生活待遇，允许有条件的企业在基本养老保险、基本医疗保险之外发放的阶段性、过渡性、有限性福利补贴。根据《财政部关于中央企业重组中退休人员统筹外费用财务管理问题的通知》（财企［2010］84号）的规定，企业应当按照以下原则和要求管理退休人员统筹外费用，并向退休人员做好政策解释工作：一是量力而行。连年亏损、资不抵债或者无法按时足额发放在职职工工资的企业，不具备发放统筹外费用的政策条件，不要与其他企业盲目攀比。二是公平合理。统筹外费用包括养老、医疗、丧葬费用项目，企业不得重复设置、不得随意提高标准、不得以工资形式发放。不同时期退休的人员间，统筹外费用项目及标准不搞"一刀切"。纳入企业补充养老保险（企业年金）的人员,企业不得在此之外再为其预提用于养老的统筹外费用。领取统筹外费用的退休人员,企业不得再将其纳入企业补充养老保险(企业年金)。三是制度规范。企业应当按国家有关规定建立健全统筹外费用管理制度,明确支付对象、范围、条件、项目、标准等,经职工代表大会审议,并报履行国有资产出资人职责的机构、部门或其授权的企业管理机构批准后执行。

5. 职工住房支出

根据《国务院关于进一步深化城镇住房制度改革加快住房建设的通知》(国发〔1998〕23号),我国从1998年下半年开始,停止住房实物分配,逐步实行住房分配货币化。《财政部关于企业住房制度改革中有关财务处理问题的通知》(财企〔2000〕295号)及其补充通知(财企〔2000〕878号),对企业实行住房分配货币化改革有关财务问题作出了系统的规定:

(1)取消住房实物分配,企业不再为职工购建住房。企业住房制度改革方案应当经过职工(代表)大会审议,按规定报经当地政府房改管理机构批准。企业现有公房按核定的房改价格向职工出售,发生的销售盈亏通过固定资产清理账户,转作营业外收入或者营业外支出处理。

(2)1998年12月31日以前参加工作的老职工,无房或者住房未达标的,按照核定的标准发给一次性住房补贴资金,并调整年初未分配利润,由此造成年初未分配利润的负数,依次以任意盈余公积、法定盈余公积、资本公积以及以后年度实现的净利润弥补。应发未发的住房补贴资金作为代管资金,按当地政府有关住房制度改革的规定单独管理。

(3)企业按规定逐月发放的住房补贴,随职工工资计入企业成本(费用),但不得作为职工福利费、工会经费、职工教育费的计提依据,也不作为计算缴纳住房公积金的基础。对未购买公房的困难职工,企业在其规定标准以内给予提供的住房提租补贴和住房困难补助,在企业成本(费用)中列支。

(4)物业管理费属于固定资产管理费性质,谁拥有固定资产,谁付费。因此,职工已经购买的住房,所需物业管理费应当由职工承担;职工未购买的住房,其物业管理费由企业承担。北方地区的冬季取暖费,原则上由业主负担,但因其具有地区补贴性质,在未实行市场化改革之前,企业所在地县级以上人民政府规定给予适当补助的,企业可按规定执行,所需取暖费补助计入企业管理费用。对于已经实行职工收入分配市场化的,按照劳动合同支付的薪酬是综合性的,企业不再另行计发取暖费。

(5)已出售住房的共用设备、公共设施维修基金,属于业主所有,由业主委员会管理;尚未成立业主委员会的,也可暂由原产权单位代为管理;已有相应的物业管理机构的,业主委员会或原产权单位应当转由物业管理机构代为管理,并有权进行监督。企业出售住房以后,有关住房管理、维修业务应与企业生产经营业务分离,相关财务移交独立的物业管理机构管理。

由于资源枯竭或者国家限制资源开发、社会公共服务缺乏城镇依托、实施国家生态保护规划、棚户区改造等原因,国家需要对部分国有企业过去按"先生产、后生活"原则建设的独立工矿区和林区实施整体搬迁。《财政部关于独立工矿区和林区职工住房整体搬迁有关财务问题的通知》(财企〔2008〕33号)专门就其中涉及的旧房回购、新房购建等问题作出了规定。

（六）收益分配管理

收益分配是企业将净利润在投资者、经营者及其他有特殊贡献的职工、企业留存之间进行分配的财务活动。一个企业的收益分配不仅影响自身的筹资、投资决策,而且还涉及国家、投资者、经营者和其他职工等多方面的利益关系,具有很强的外部性。国家应从兼顾公平考虑,制定基本分配规则,引导企业妥善处理长远利益与近期利益、整体利益与局部利益等关系。党中央和国务院一直高度关注收入分配问题,要求坚持以按劳分配为主体、多种分配方式并存的制度,完善劳动、资本、技术、管理等生产要素按贡献参与分配制度。《通则》为经营者和其他职工以管理、技术要素参与企业收益分配提供了两种财务渠道:一种是取得股权的,参与税后利润的分配;另一种是未取得股权的,在智力要素实现的利润限额和分配标准内,从当期费用中列支。

当前,管理者及其他职工从企业取得收入的形式主要有四种:一是工资,含年薪、奖金、津贴、纳入工资总额管理的补贴;二是工资附加,即按工资一定比例缴纳或提取的"五险一金"（社会保险费及住房公积金）、补充养老（企业年金）和补充医疗保险费;三是与工资没有固定比例的货币及非货币福利待遇;四是其他激励,即以管理、技术要素参与利润分配或项目分成,以及股权激励。其中:工资是现期收入的主要方式;工资附加体现为未来现金收入;其他激励对象范围有限,主要是高管和技术骨干人员,但涉及金额往往比另外三项大得多。现有分配政策主要是为促进自主创新而制定的,主要有:

1.《财政部 国家发展改革委 科技部 劳动保障部关于企业实行自主创新激励分配制度的若干意见》(财企〔2006〕383号)

根据该文件,企业可以进行以下形式的激励分配,但对同一研发人员或者同一知识产权不得重复实施不同形式的激励:

（1）企业在实施公司制改建、增资扩股或者创设新企业的过程中,对职工个人合法拥有的、企业发展需要的知识产权,可以依法吸收为股权投资,并办理权属变更手续。企业也可以与个人约定,待个人拥有的知识产权投入企业实施转化成功后,按照其在近3年累计为企业创造净利润的35%比例内折价入股。

(2)企业实现科技成果转化,且近3年税后利润形成的净资产增值额占实现转化前净资产总额30%以上的,对关键研发人员可以根据其贡献大小,按一定价格系数将一定比例的股权(股份)出售给有关人员。

价格系数应当综合考虑企业净资产评估价值、净资产收益率和未来收益折现等因素合理确定。企业不得为个人认购股权(股份)垫付款项,也不得为个人融资提供担保。个人持有股权(股份)尚未缴付认购资金的,不得参与分红。

(3)高新技术企业在实施公司制改建或增资扩股过程中,可以对关键研发人员奖励股权(股份)或者按一定价格系数出售股权(股份)。

奖励股权(股份)和以价格系数体现的奖励额之和,不得超过企业近3年税后利润形成的净资产增值额的35%,其中,奖励股权(股份)的数额不得超过奖励总额的一半;奖励总额一般在3~5年内统筹安排使用。

(4)没有实施技术折股、股权出售和奖励股权办法的企业,可以实施与关键研发人员约定,在其任职期间每年按研发成果销售净利润的一定比例给予奖励,或者根据盈利共享、风险共担的原则,采取合作经营方式,与拥有企业发展需要的成熟知识产权的研发人员约定,对合作项目的收益或者亏损按30%以内的一定比例进行分成或者分担。

此外,国有及国有控股企业实行股权出售或者奖励股权的,近3年税后利润形成的净资产增加值应当占企业净资产总额的30%以上,且实施股权激励的当年年初未分配利润没有赤字。实行技术奖励或分成的,年度用于技术奖励或分成的金额同时不得超过当年可供分配利润的30%。

2. 财政部、科技部联合印发的《中关村国家自主创新示范区企业股权和分红激励实施办法》(财企〔2010〕8号)

根据该文件,在中关村国家自主创新示范区的国有及国有控股的院所转制企业和高新技术企业、示范区内的高等院校和科研院所以科技成果作价入股的企业以及其他科技创新企业,可以重要的技术人员和企业经营管理人员为对象,实施股权和分红激励分配办法,各省、自治区、直辖市及计划单列市建设的国家级自主创新示范区,报经国务院批准后也按照执行。与财企〔2006〕383号文件相比,8号文件对股权激励条件的要求有所放宽,增加了对大中型企业实施重大科技成果产业化可探索实施岗位分红激励制度等激励形式，并增加了具体操作的内容。

（七）信息管理

信息管理是国家综合经济管理部门和企业经营者运用现代信息技术和管理手段，对企业财务信息进行收集、整理、分析、预测和监督的财务活动。信息管理是企业财务管理的基础和要素之一，具有涉及面广，综合性强等特点，它贯穿企业财务管理的全过程。《通则》对企业财务信息管理手段、财务信息对内公开与对外披露、企业财务预警、财务评价等作了原则性规定。对于企业经营者而言，加强信息管理是提高决策水平和管理效率的必然选择。特别企业要想在全球化进程中提高核心竞争力，一个重要手段是运用先进的信息技术手段，改造企业固有的、落后的业务流程和财务运作模式，充分挖掘和利用自身优势。对于财政部门而言，加强企业财务信息管理是财政加强与改善宏观调控，实现企业财务管理事前预测、事中控制、事后监督职能的需要。财政部一直在开展全国国有及国有控股企业财务信息宏观管理工作。为适应多种所有制经济共同发展和公共财政的要求，财政部近年来还在积极推进非国有企业财务信息工作。

（八）财务监督

财务监督是企业财务活动有效开展的制度保障。它主要检查企业经济活动和财务收支的合理性、合法性和有效性，及时发现和制止企业财务活动中的违法违规行为，保证法律、法规和财务规章以及企业内部财务制度的贯彻执行，维护财务秩序；及时发现并纠正预算执行的偏差，保障企业财务活动按照经营规划和财务目标进行；同时，监督经营者、投资者的财务行为，保护企业相关利益主体的合法权益，维护社会经济稳定。

三、企业财务管理存在的主要问题

（一）宏观层面

1. 企业宏观财务管理缺位

财政对企业的财务管理无论在哪一个历史时期，都是国家宏观调控和财政职能不可或缺的内容。但近十年来，企业宏观财务管理缺位问题较为严重，导致财政与企业的财务关系严重弱化。其后果，一是深化国有企业改革的进程放慢甚至停滞。以产权制度改革为例，国有企业投资主体多元化的要求已提出多年，这是维护基本经济制度、完善国有企业法人治理结构、促进非公经济发展的需要。但对比2000年和2010年全国国有及国有控股企业的财务会计决算数据，十年间，国家资本和国有法人资本占整个国有企业实收资本的比重不降反升，从95.6%提高到97.9%；与之相对应的，是集体、外商和个人资本所占比重的不升反降。究其根本原因，无论是国有企业自身还是国有资产监管机构，都不可能主动推进该项工作。只有一个利益相对超脱的宏观财务管理部门，才可能实质性地推动此项工作。二是缺乏对支持非公企业转变发展方式的顶层设计和总体规划，各级财政对其财务风险难以预判和防范，只能被动应对。非公企业在繁荣城乡经济、增加财政收入、扩大社会就业、改善人民生活等方面，发挥着重要作用。以就业而言，据国家公布的统计数据，1997年，在非国有和集体企业就业的职工人数仅占企业职工总人数的10%，而10年后，这个比重则上升至60%。2008年爆发国际金融危机以来，我国以中小企业为主体的非公经济受到了很大冲击，转型升级、转变发展方式的需求非常迫切。与国有企业相比，非公企业对宏观调控政策和外部经济环境的变化更为敏感，抵御风险的能力相对较弱，近年来非公企业多次爆发区域性、行业性财务风险，这些风险大多直接或间接地转化成了财政风险。

2. 企业财务制度体系有待健全和加强执行

现行企业财务制度体系面临着若干现实问题。一是配套制度的研究和制定步伐较慢，影响了企业财务制度的实用性和可操作性。二是适用范围限于国有及国有控股企业，不利于创造国有与非国有企业间公平的制度环境。三是确保企业财务制度得到执行的实施机制未真正确立，削弱了企业财务制度的权威性。

3. 财务管理人才较为缺乏

财务管理人才是掌握财务专业及相关领域的系统知识，具备财务实务操作、战略管理、团队合作、沟通协调等多种能力和综合素质的人员。人才是决定财务管理水平的关键因素。目前，无论是在政府部门、高校，还是在企业、中介机构，均缺乏财务管理人才梯队和专家团队。造成这种局面，既有各界对财务管理人才重视不够、财务管理人员在企业地位不高等原因，也有高等和职业教育培养模式、财务管理职业能力认证制度等原因。

很多人认为，加强宏观财务管理就是要给企业戴"紧箍咒"，是走改革的回头路。究其原因，是宏观财务管理超越计划经济时期的政府管制和行政审批,向公共服务和间接干预转型的步伐较慢。下一步,需要在对新时期宏观财务管理的内容和手段进行系统研究的基础上,加强财政部门的宏观财务管理职能。

(二)微观层面

1. 企业法人治理结构不完善

按照《公司法》建立现代企业制度,是市场经济条件下企业发展壮大的根本要求。尽管企业在"新三会"的"形"上取得了显著成绩,但在有效发挥治理机构作用的"神"上却是短腿。有形无神的问题,不光国有企业有,民营企业也有,本应是现代企业典范的上市公司也有。包括财权配置在内的财务管理,是企业治理的核心内容,财务管理弱化,是企业法人治理结构不完善的症状之一。首先,"新三会"相互难以制衡,内部人控制问题较为严重,财务总监(总会计师)和财务机构的职能作用难以发挥,投资者对企业对外投资、利润分配等重大财务事项难以实现有效决策和监管。其次,经营者特别是"一把手"权力膨胀,在重大兼并重组、投融资决策、大额资金支付等财务活动中,无视财务评估和可行性研究论证,盲目主观决策,导致系统性风险。值得注意的是,财务管理弱化,导致企业财务管理人员学习动力不足,而由于缺乏专业能力,财务管理人员的话语权越来越弱,财务管理进一步弱化,形成恶性循环。

2. 企业不能有效运用资本市场及金融工具进行筹资和资本运作

产业与金融、资本的融合发展,是市场经济下现代企业的显著特点,也是企业做大做强的必由之路。我国是全球第二大资本市场,由同业拆借、商业票据、大额存单等货币市场以及国债、公司债券、股票、期货等资本市场构成的金融市场体系已基本确立。但我国企业涉足资本市场的时间短、经验不足,习惯于依赖银行借款等传统筹资手段,不能有效利用资本市场及各种金融工具进行筹资和资本运作。同时,企业对筹资活动缺乏战略规划和制度安排,风险意识欠缺,融资预警机制不完善,不能及时有效规避利率、汇率等风险,甚至出现资金链断裂,引发财务危机。

3. 企业重大投资活动与国家宏观调控目标和产业政策导向存在差距,风险控制差,投资收益不高

国家十几年的"放水养鱼"政策,使得企业积累了大量的国有资本,即使2007年国家试行国有资本经营预算后,仍有绝大部分税后利润留给企业。部分企业急功近利,将大量资本投向房市和股市等高盈利高风险行业,由于企业财务管理水平落后，缺乏对套期保值、掉期交易等金融工具的研究和运用，不能利用金融衍生品防范投资风险，投资失败和巨额国有资产流失案例时有发生。部分实施"走出去"战略参与海外并购的企业，由于企业财务管控缺位，国有资产流失惊人。截至2010年底，仅中央企业境外资产就高达1万亿美元，但由于企业管理链条过长，缺乏有效监管机制，一些企业的国有资产以个人名义在当地注册，产权关系不明，重大决策受"内部人"控制，逃避监管，转移企业资产等问题严重。与盲目投资形成鲜明对比的是研发和自主创新、价值链延伸拓展、节能减排等需要长期投入但见效相对较慢的项目乏人问津，既影响了企业核心竞争力的提升，更影响了国家宏观调控目标和产业转型升级战略目标的实现。根据全国国有及国有控股企业财务会计决算数据，2000～2010年间，全国国有企业平均净资产收益率为5.4%，仅比这十年间五年期银行存款的平均利率高2.1个百分点，比外商投资企业平均净资产收益率低5.1个百分点。

4. 企业资金运营秩序有待规范，资金的安全性和效率不高

资金是企业的"血液"，近年来，相当一部分企业在快速扩张的同时，暴露出资金管理不佳甚至失控的问题。2009年以来，中央在全国范围内开展了专项治理工作，发现一些国有及国有控股企业通过虚列支出、转移资产、隐匿收入等手段，设立"小金库"，用于发放工资、奖金、福利、对外借款、职务消费、个人私分等，从侧面反映了资金管理不善的问题。此外，单个企业和集团缺乏对资金的集中统一管理，资金闲置和资金短缺往往同时存在，闲置带来的机会成本和短缺带来的融资成本并存，也是资金管理不善的表现。

5. 企业收入分配失衡，引发投资者利益受损和社会质疑

计划经济时期，国有企业和国家工作人员的工资大体持平，企业内部收入差距也不明显。市场经济条件下，现代企业管理是一项重大的系统工程，企业管理者以自身能力和努力经营好一个企业或企业集团，多一些报酬无可厚非。但由于缺乏科学有效的收入分配调控手段和刚性规定，不同行业间以及同一企业中高管与普通职工间收入存在较大差距。据全国国有及国有控股企业决算数据，2004～2009年人均工资居首的烟草行业与锯末的森工行业，差距高达10倍以上。近些年"两会"代表连续有大批提案和建议，集中反映这一问题。由于高管及职工薪酬构成企业成本，不断增加的人工成本必然减少可供投资者分配的利润，而且社会对收入分配公平性的质疑长期得不到回应，容易引发各种社会问题。

6. 信息化手段运用不够，企业管理创新缺乏技术平台

信息化是现代企业财务管理的重要手段。我国相当多的企业信息化水平严重滞后,企业财务管理与业务管理脱节,财务预测、决策、控制的功能不能得到有效发挥,形成信息孤岛,这也构成我国企业和国际竞争对手的明显差距。

与大型企业相比,中小企业的财务管理水平更低,财务风险控制能力更弱,以上问题更为突出。

四、实现新时期企业财务管理创新的主要思路

我国经济体制改革是渐进式的,企业财务管理在认识上、实践上出现这样或那样的问题并不奇怪,关键是要通过持续有效的财务管理创新,不断健全和强力推行企业财务制度,全面提升企业财务管理水平。历史实践证明,管理创新与技术创新同等重要,两者共同体现企业核心竞争力。强化企业财务管理,就抓住了国民经济发展的关键,企业和经济发展才具有可持续性,财政收入才有后劲。如果放松企业财务管理,必然导致财务秩序混乱,扰乱市场经济秩序,破坏社会公平正义,甚至影响社会稳定。进入"十二五"时期发展的攻坚阶段,我们应当从经济社会发展全局的高度,对新时期企业财政财务管理进行重新定位,确立企业财务管理在整个经济社会发展中的重要地位,彻底扭转认识上的偏差,着力构建新时期企业财务管理的新内容、新机制和新举措,全面推动我国企业适应市场化、国际化和信息化的新要求。

(一) 系统推进国有企业产权制度改革

现代企业的主要组织形式是公司制,公司制企业的显著特征是产权多元化,建立股东会、董事会、监事会和经理层相互制约、各负其责的治理结构。就国有企业而言,如果国有股"一股独大"的局面不发生根本改变,企业法人治理结构就不可能真正发挥作用。根据现代企业制度和国际经验,国有企业国有股权所占比重定在51%,或者在其他股东股权分散(如上市公司)的情况下相对控股,就可以确保国有经济的主导地位。以国有控股51%的比例测算,目前至少有10万亿元的国有资本存量,可以通过产权转让、国有股减持、吸引非公资本增资等方式加以盘活。

盘活国有资本存量增加的财政收入,可以考虑用于以下方面:一是用于解决事关国际民生和国家安全的石油、煤炭、稀土、铀、铁矿石等战略稀缺资源的占有和储备问题。二是改造传统制造业,发展战略性新兴产业,支持企业节能减排和自主创新,促进我国从制造业大国向制造业强国转变,改变国民经济重点行业的核心技术、重要装备和关键零部件依赖进口和受制于人的局面。三

是促进我国由贸易大国向贸易强国转变,解决外贸结构不合理和贸易平衡问题,进一步促进企业"走出去",增强国际竞争力。四是加大对中小企业特别是小型、微型企业发展的支持力度,加快健全中小企业信用担保体系和各类服务平台建设,通过创投基金等制度引导社会金融资本和人力资本投向中小企业。五是继续解决国企改革中的历史遗留问题。

(二) 建立健全政府购买服务机制

建立中介机构和专家咨询等外部监督机制,是强化现代企业财务管理的重要手段,也是市场经济条件下通行的国际惯例。目前我国拥有近 3 000 家资产评估机构、7 000 多家会计师事务所,20 多万从业人员,专家力量强大,专业优势突出。应当充分发挥中介机构和专家的优势和作用,制订工作方案和管理办法,建立中介机构参与企业财务管理的专家工作机制。采取先行试点、逐步推开的办法,参与国有资本经营预算全面管理;对企业国有资本收益收缴与拨付、成本费用管理、资本运作、利润分配等进行全面咨询、论证和监督;对涉企财政资金进行绩效评价;对企业财务管理能力进行认证;对企业全面落实内控制度执行力进行评估和督促。在此基础上,逐步推行中介机构评价意见与企业申请新增财政性资金有机挂钩,增加企业财政性资金分配的客观性和合理性。引入和建立中介机构参与各类企业财务管理是一种重要的制度安排,同时能够带动我国评估、会计等民族中介机构发展。建议每年从公共预算中安排专项资金,以政府购买服务方式,聘请中介机构从业人员参与新时期企业财务管理工作。

(三) 支持企业全面信息化建设

当前,信息化已经成为企业管理变革的重要推动力,不仅可以支撑企业建立核心能力,还能避免人为因素,促进企业治理结构、业务流程和协同管理的重大变革。要通过企业全面信息化带动企业的财务管理向全面预算管理和内部控制延伸,实现管理创新,全面提升现代企业管理能力;要着力支持企业特别是央企的全面信息化建设,实现信息化在企业管理各个环节和各个领域的全面覆盖,促进各类企业之间的信息共享以及企业信息与宏观经济数据的对接,最终实现财政对企业动态运行的实时监控,及时发现问题,有效防范风险。在推动企业全面信息化建设的同时,带动企业自身和我国民族软件产业的协同发展。建议每年从国有资本经营预算中安排企业财务管理创新专项资金,引导和带动企业投入全面信息化建设。

（四）培育和造就具有国际视野的财务高管人才专家团队

在市场化、国际化背景下，培育和造就一批具有国际视野的财务高管人才专家团队，对于全面提升企业财务管理水平具有十分重要的战略意义。《国家中长期人才发展规划纲要（2010~2020）》已经把高级财会人才培养纳入经营管理人才工程。第一，要借鉴和引入首席财务官制度。首席财务官（Chief Financial Officer，简称 CFO）发源并盛行于美国、日本、德国等发达市场经济国家。在我国现行体制和法律环境下，推动建立首席财务官制度，赋予我国企业财务负责人应有的责任和职能，可以改变目前总会计师和财务总监无法真正参与企业管理决策和风险管理的现状，从财务管理上支持企业转变发展方式。第二，要继续完善并推行财务总监委派制度。财务总监职能涉及财务监督的各方面，财务总监代表投资者在企业法人治理结构中发挥重要作用，目前除了国有企业，很多集团化管理的非国有企业也建立了财务总监委派制度。要尽快推动首席财务官或财务总监进入企业领导班子，充分发挥其参与企业发展战略和重大经营决策的重要作用，提升财务管理重要性。第三，要通过多种渠道、多种培养模式，全面提升企业财会人员的现代化知识结构和管理水平，造就一大批懂经营、会管理、能创新的高级财会人才和专家团队。第四，要建立新时期企业财务管理先进工作者年度评选制度，明确评选的原则、条件和程序。

（五）建立健全以企业财务管理能力认证体系为核心的新型企业财务管理机制

着力开展企业财务管理能力认证体系重大课题研究，构建涵盖公司治理结构、首席财务官（或财务高管人员）地位作用、财务管理信息化水平、财务运行状况、财务会计报告质量等要素组成的企业财务管理能力认证体系，明确认证标准、程序、方法及认证结果应用等制度安排。以此为核心，建立健全市场经济条件下新型企业财务管理机制，实现制度和管理创新。

第十三章

资产评估与企业改革发展

导 读

我国的资产评估行业是随着市场经济发展和企业改革深化而成长起来的重要中介行业。多年来，资产评估作为发现资产内在价值的尺度，为企业的重组改制、产权交易、上市融资等提供了大量的鉴证和咨询服务，推动了资产合理流动和优化配置，使我国企业不断焕发出新的活力。本章对我国资产评估行业的发展历程进行了简要回顾，详细介绍了现阶段资产评估服务于企业的主要内容，系统阐述了资产评估行业行政管理和自律管理两大制度体系，分析了当前资产评估行业存在的主要问题，并对资产评估行业的未来发展进行了展望。

一、我国资产评估行业发展历程

我国资产评估行业始现于 20 世纪 80 年代末,最初是为国有企业改制提供资产评估服务。随着改革开放的不断深化以及市场经济的不断发展,资产评估行业得到了快速发展,业务领域和范围不断扩大,从国有资产评估,发展到企业价值、抵押担保、知识产权转化、拍卖、诉讼等多领域评估服务活动,为推动改革和经济发展做出了积极贡献。特别是在国有企业重组改制、企业境内外上市、破产清算等重大经济活动中,资产评估中介服务发挥了维护各方当事人利益,规范市场交易行为,促进企业改革发展的作用。回顾 20 多年的发展历程,主要分为以下四个阶段。

(一) 起步阶段

中国现代意义上的资产评估是随着中国对外开放、企业改革和社会主义市场经济的建立而逐步发展起来的。改革开放之初,在中外合资、合作和对外出售产权等过程中,投资双方对于资产定价行为极为敏感,在双方信息不对称的情况下,最为合理的方法就是聘请专业服务机构按一定的程序,运用科学的方法,对各类投资对象的价值进行估算和度量,作为实施投资行为和经济交易的依据,资产评估由此应运而生。1988 年 3 月,大连会计师事务所对大连炼铁厂在与香港企荣贸易有限公司的合资项目中作为投资的建筑和机电设备进行了评估,有效地防止了国有资产的损失,这是我国资产评估行业有记载的第一单业务。而随着企业改革、改制的推进,企业逐渐成为自主经营、自负盈亏的独立市场主体,以股份制改造、拍卖、转让、租赁、兼并、收购等形式进行的资产重组活动日渐增多,资产评估就成为企业尤其是国有企业产权变动过程中不可或缺的服务中介。1989 年 1 月,国家体改委、国家计委、财政部、国家国有资产管理局印发的《关于出售国有小型企业产权的暂行办法》(体改经〔1989〕39 号)规定,"被出售企业的资产(包括无形资产)要认真进行清查评估。" 1989 年 2 月,国家体改委、国家计委、财政部、国家国有资产管理局印发《关于企业兼并的暂行办法》(体改经〔1989〕38 号)中规定,"被兼并方企业的资产包括有形资产和无形资产一定要进行评估作价,……如果兼并方企业在兼并过程中转换成股份制企业，也要进行资产评估。"至1989年9月，国家国有资产管理局颁布了《关于在国有资产产权变动时必须进行资产评估的若干暂行规定》（国资工字〔1989〕3号），较为系统的规定了应予评估的情形、评估管理部门、评估机构条件、评估确认程序、基本评估方法等内容，认可了资产评估在促进国有资产有效使用和合理流动中的重要作用。1989年10月，经国家人事部批准，国家国有资产管理局成立了资产评估中心，负责资产评估项目和资产评估行业的管理工作。这些早期资产评估管理文件的发布和资产评估机构的成立，标志着我国资产评估行业的正式起步。

资产评估行业一经诞生，就显示出强大的生命力，在较短的时间里从无到有、从小到大迅速发展起来。在国家国有资产管理局此后颁布的《关于全民所有制小型商业企业租赁经营国有资产产权管理规定》（国资商字〔1989〕13号）、《关于加强承包经营责任制企业国有资产管理的试行办法》（国资工字〔1990〕52号）等文件中，资产评估的应用范围不断扩大。1990年7月，《国务院关于加强国有资产管理工作的通知》（国发〔1990〕38号）规定，"用国有资产参股经营、合资经营，以及进行企业兼并、向非全民所有制法人或自然人出售境内外国有资产等活动，必须报同级或上级国有资产管理机构批准，并按规定由国有资产管理机构核准的资产评估机构对资产价值进行评估，办理产权转移手续"，资产评估已成为国有资产产权变动的必备环节。

（二）发展阶段

1991年11月，国务院发布《国有资产评估管理办法》（国务院91号令）。该办法是我国第一个关于资产评估管理的行政法规，也是迄今为止我国法律效力最高的资产评估专门法规，是我国资产评估法制建设的重要里程碑。91号令明确规定了全国资产评估管理的政府职能部门是国有资产管理部门，将评估机构资格审批纳入国有资产管理部门的职权范围内，同时还规定了被评估资产的管理范围、评估程序和方法及法律责任等。91号令的颁布确立了我国资产评估的基本依据，在指导我国资产评估实践中发挥了关键作用，推动资产评估行业走上了发展的快车道。

在行业管理制度上，91号令搭建的制度框架迅速得到填充。1992年7月，国家国有资产管理局印发《国有资产评估管理办法施行细则》（国资办发〔1992〕36号），对91号令的内容进行细化和补充；1992年12月，国家物价局、国家国有资产管理局联合印发《资产评估收费管理暂行办法》（价费字〔1992〕625号），有效规范了评估收费行为；1995年5月，人事部和国家国有资产管理局联合颁发《关于印发〈注册资产评估师执业资格制度暂行规定〉及〈注册资产评估师执业资格考试实施办法〉的通知》（人职发［1995］54号），资产评估师考试注册制度从此建立，行业管理由过去的重视机构管理、项目管理向注重资产评估人员管理转变发布。此外，国家国有资产管理局分别联合证监会和对外贸易经济合作部印发了《关于从事证券业务的资产评估机构资格确认的规定》（国资办发［1993］12号）和《设立外商投资资产评估机构若干暂行规定》（国资办发［1997］26号），对特殊性质的资产评估机构的资质条件等做出专门规定。

在行业自律方面，1993年12月，中国资产评估协会第一届会员代表大会在北京举行，中国资产评估协会成立，标志着中国资产评估行业已经开始成为一个独立的中介行业，我国资产评估行业管理体制也开始走向政府直接管理与行业自律管理相结合的道路。中国资产评估协会作为独立的社团组织，它具有跨地区、跨部门、跨行业、跨所有制的特点，既受政府的管理和监督，又协助政府贯彻执行有关资产评估的法规政策，使资产评估管理工作覆盖整个行业。1995年3月，经国际价值评估准则委员会理事会表决，一致通过中国资产评估协会加入国际价值评估准则委员会。1995年4月，中国资产评估协会印发《资产评估执业人员自律守则》、《中国资产评估协会会员管理暂行办法》，要求资产评估执业人员在执行业务中应严格遵守国家有关法律法规，执行国家有关政策，坚持独立、客观、公正的执业原则。1996年5月，《资产评估行业操作规范意见（试行）》（国资办发［1996］23号）印发，对资产评估执业行为提出了全面的规范性要求，有利于提高评估业务水平，规范业务操作，同时也为以后制定行业统一评估准则奠定了基础。1998年12月，财政部印发《注册资产评估师后续培训制度（试行）》（财评协字［1998］2号），对注册资产评估师应接受后续培训的内容、课时及组织管理等作出了明确规定，开始将注册资产评估师的后续教育纳入制度化管理的范畴。

在业务范围拓展上，传统的产权变动领域评估业务得到进一步巩固，《关于加强国营关停企业国有资产管理的若干规定》（国资企发［1992］10号）、《国家国有资产管理局、对外贸易经济合作部、海关总署关于印发〈关于用国有资产实物向境外投入开办企业的有关规定〉的通知》（国资境外发［1993］30号）、《国务院关于在若干城市试行国有企业破产有关问题的通知》（国发［1994］59号）、《国务院办公厅关于加强国有企业产权交易管理的通知》（国办发明电［1994］12号）、《国务院关于在若干城市试行国有资产兼并破产和职工就业有关问题的补充通知》（国发［1997］10号）等文件都强化了国资变动中的评估要求。而随着评估业务的深化发展，专业化程度不断提高，国家国有资产管理局联合财政部、林业部、国家税务总局、专利局、化学工业部、冶金工业部、煤炭工业部、中国有色金属工业总公司等印发了《关于加强事业单位非经营性资产转经营性资产评估、验资工作的通知》（国资事发［1995］139号）、《关于森林资源资产产权变动有关问题的规范意见（试行）》（林财字［1995］67号）、《关于加强国有资产资源性资产评估管理有关问题的通知》（国资办发［1995］68号）、《关于转让国有房地产征收土地增值税中有关房地产价格评估问题的通知》（财税字［1995］61号）、《关于加强专利资产评估管理工作若干问题的通知》（国资办发［1996］49号）、《关于化工资源资产评估有关问题的通知》（国资办发［1997］17号）、《关于有色金属矿产资源资产评估问题的通知》（国资办发［1997］6号）、《关于煤炭资源资产评估问题的通知》（国资办发［1997］7号）、《关于冶金矿产资源资产评估问题的通知》（国资办发［1997］8号）等文件，资产评估服务的专业能力越来越强，服务的领域越来越宽广。

自国有资产评估管理制度建立以来，截至2000年末，经财政（国资）部门立项确认的国有资产评估项目累计达35.77万项，国有资产评估价值累计达8.33亿元，不仅为企业改革改制、兼并重组、破产清算提供了不可缺少的中介服务，也有效地避免了企业改革发展中的国有资产流失。

（三）调整阶段

1999年10月，国务院办公厅印发了《关于清理整顿经济鉴证类社会中介机构的通知》（国办发［1999］92号），针对经济鉴证类中介机构在发展过程中存在的"乱办、乱管、乱执业"等突出问题，国务院成立了清理整顿经济鉴证类社会中介机构领导小组，对经济鉴证类社会中介机构进行清理整顿。为促进中介机构独立、客观、公正地执业，使中介机构真正成为自主经营、自担风险、自我约束、自我发展、平等竞争的经济组织，脱钩改制成为清理整顿的必须要求。按照《国务院办公厅转发国务院清理整顿经济鉴证类社会中介机构领导小组关于经济鉴证类社会中介机构与政府部门实行脱钩改制意见的通知》（国办发［2000］51号）规定，资产评估行业率先完成了脱钩改制，实现了与挂靠单位在人员、财务、业务和名称上的彻底脱钩，资产评估机构和人员独立执业和承担责任的条件基本成熟。

在此背景下，2001年12月，《国务院办公厅转发财政部〈关于改革国有资产评估行政管理方式加强资产评估监督管理工作意见〉的通知》（国办发

[2001] 102 号）印发，对国有资产评估管理方式进行重大改革，取消财政部门对国有资产评估项目的立项确认审批制度，实行财政部门的核准制或财政部门、集团公司及有关部门的备案制。之后财政部相继制定了《国有资产评估管理若干问题的规定》（财政部令第 14 号）、《国有资产评估违法行为处罚办法》（财政部令第 15 号）等配套改革文件。通过这些改革措施，减少了不必要的行政性审批，明确划分了管理部门和评估机构、评估师的责任，资产评估有了更为广阔的应用空间。

2003 年 4 月，国务院设立国有资产监督管理委员会，财政部有关国有资产管理的部分职能划归国资委。国资委作为国务院特设机构，以出资人的身份管理国有资产，包括负责监管所属企业资产评估项目的核准和备案。在此前 1998 年的国务院机构改革中，国家国有资产管理局撤并后，相应的资产评估管理工作已移交到财政部。这次改革后，财政部作为社会经济管理部门继续承担资产评估行业管理职能，从而实现了国有资产评估管理与资产评估行业管理的彻底分离，使我国资产评估行业在形式和实质上进一步独立。

2003 年 12 月，《国务院办公厅转发财政部关于加强和规范评估行业管理的意见》（国办发［2003］101 号）印发，对加强和规范资产评估行业管理提出了全新要求。按照国办 101 号文件精神，2004 年 2 月，财政部印发了《资产评估准则——基本准则》和《资产评估职业道德准则——基本准则》，奠定了资产评估准则体系的坚实基础；2004 年 3 月，中国资产评估协会单独设立揭牌，行业自律性组织的地位进一步加强；贯穿于 2004 年全年，财政部组织实施了全国范围的资产评估行业全面检查，进一步推动了我国资产评估行业的健康发展。

在这一阶段，尽管资产评估行业的管理模式和机构的经营管理方式都发生了较大变化，但行业在调整中仍不断前行。《中国注册资产评估师职业道德规范》与《中国注册资产评估师职业后续教育规范》（财评协字［1999］6 号）印发，执业能力和道德水准不断提升，《资产评估业务约定书指南》、《资产评估业务计划指南》、《资产评估工作底稿指南》、《资产评估档案管理指南》、《资产评估准则——无形资产》、《珠宝首饰评估指导意见》先后发布，准则体系逐渐完善，2003 年 3 月，陕西省金达资产评估集团公司陈江灵首次作为评估行业在全国人大的代表，中通诚资产评估公司刘公勤首次作为评估行业在全国政协的代表，分别出席了十届全国人大与十届全国政协会议，2004 年 4 月，财政部、外交部批准中评协加入国际评估组织联合会（WAVO），资产评估行业的国内外认可度越来越高。

（四）完善阶段

2004年以来，随着行业管理体制的进一步理顺和行业管理制度的进一步健全，资产评估行业的发展走上了规范化、制度化的轨道，在中国经济快速增长所提供的广阔空间下，资产评估行业取得了稳定的、长足的发展。

——行政与自律相结合的管理体制。2003年8月，财政部党组决定，由企业司行使资产评估行政管理职能，主要包括制定部门规章、机构设立审批，以及监管机构执业情况等；2004年2月，经请示国务院批准同意，中国资产评估协会继续单独设立，履行资产评估行业自律管理职能，主要包括制定评估准则、评估师资格管理、职业道德教育、自律检查与惩戒等。行政监管与自律管理的有机结合，最大限度地兼顾了行政部门的权威性和行业协会的灵活性，有利于行政部门严格规范行政审批或行业准入，同时发挥行业协会承上启下作用，做好服务、指导、自律和维权等工作。实践证明，行政监管与自律管理紧密合作、各司其职、相互配合、优势互补，在管理体制上为我国资产评估行业的发展奠定了基础。

——规范公开的市场准入体系。按照《行政许可法》的要求，2005年5月，财政部发布了《资产评估机构审批管理办法》（财政部令第22号），对资产评估机构及其分支机构的设立、变更和终止等行为进行规范，这是新时期行业主管部门制定的资产评估行业的重要部门规章，有效地规范了行政审批行为，限制了机构数量的非理性增长，初步建立了评估机构的退出机制。2008年4月，财政部、证监会印发了《关于从事证券期货相关业务的资产评估机构有关管理问题的通知》（财企［2008］81号），为证券评估机构的依法审批提供了依据。结合人事部门与财政部门共同实施的资产评估师执业资格考试和中国资产评估协会实行的资产评估师注册管理，资产评估行业已经构建起非常完善的市场准入体系，在实现准入工作公开、透明、高效的同时，也保障了执业机构和人员的基本素质。

——完整的资产评估准则体系。2004年2月资产评估两个基本准则发布以后，准则建设进入了快速发展期。2007年11月，财政部成立了"财政部资产评估准则委员会"，中评协成立了资产评估准则技术委员会和资产评估准则咨询委员会，准则建设进一步提速，充分发挥行业力量，加强与监管部门、委托方、报告使用者等沟通协调，增强了准则的科学性和权威性。截至目前，财政部与中评协先后制定了21项基本准则、资产评估具体准则、指南和指导意见，涵盖了企业价值、不动产、无形资产等评估业务主要领域，涉及到业务承接、业务操作、报告出具等评估业务全过程，在基本概念、方法体系、价值类型等方面与国际评估准则基本趋同，初步构建起较为完整的资产评估准则体系，实现了执业有据可依、检查有规可循，全行业执业规范化程度有了明显提升。

——健全的执业监督检查机制。为规范机构执业行为，保障评估执业质量，财政部门和评估协会整合两方面的监管力量，建立和完善了一整套执业监督检查机制。2005年起，中评协先后印发了执业检查、自律惩戒、谈话提醒、诚信档案、业务报备等一系列自律监管制度，加大了对评估机构及评估师违规行为的惩戒力度。2008年4月，财政部印发了《财政部关于加强资产评估机构后续管理有关问题的通知》（财企〔2008〕62号），要求建立资产评估行业行政监管和行业自律的信息共享机制，加强对资产评估机构的动态监管，对违反设立条件的机构采取整改乃至资格撤回措施。2009年和2010年，财政部门与评估协会连续两年联合对资产评估机构的执业质量以及满足设立条件等情况进行抽样检查，取得了良好的检查效果。

——稳步提升的国际地位。中评协作为国际评估准则委员会和世界评估组织联合会两大评估国际组织的常务理事，积极参与国际评估组织事务，与国际评估准则委员会共同举办国际评估论坛，与世界评估组织联合会、俄罗斯评估协会、澳大利亚资产学会等共同举办专业研讨会，与美国、英国等30多个国家的行业组织建立联系，并与其中的5个行业组织签署了合作备忘录，引进了国际评估资质和课程培训，提高了评估师的国际视角，对外交流渠道逐步扩大，推动了行业国际地位的提升。

通过20多年的发展，资产评估行业从无到有，管理体制基本形成，机构规模和评估师队伍逐步扩大，执业标准和执业质量不断改善，社会公信度和国际地位日益提升。截至2010年，全国共有资产评估机构2 853家，其中证券评估机构72家，注册资产评估师29 872人，全行业执业人数超过8万人，行业资产评估业务收入50多亿元，资产评估行业已经成为社会主义市场经济发展中不可或缺的重要现代服务业之一。

二、现阶段资产评估服务于企业的主要内容

回顾资产评估行业20多年的发展历程，企业的改革发展始终是资产评估的重要服务内容，评估机构在为企业的产权价值提供鉴证服务之外，还为企业提供了大量的高附加值的增值服务。正如国资委郭建新副秘书长在中评协四代会上所说，中央企业的改革成果是与资产评估等中介机构提供的高效优质服务

密不可分的。实际上，随着评估行业服务功能的不断拓展，服务对象早已从国有企业到非国有经济主体，服务领域和服务内容不断拓展。现阶段资产评估机构可以为各类企业提供全方位的专业服务，推动企业健康快速持续发展。

(一) 企业整体价值评估

1. 企业设立、合并、分立

评估机构可以通过对企业设立、合并、分立过程中所涉及到的全部或部分资产和负债的逐项分析与确认，了解企业所在的行业特征、市场状况以及盈利预期，采用合理的评估方法，明确委托评估资产的价值及企业全部或部分权益价值，为企业在设立、合并、分立中所涉及的资产提供公允的评估意见。

2. 兼并重组

评估机构可以根据客户的具体情况，协助企业完成兼并、收购、改制等资产重组活动，包括确定最佳重组对象及时机、设计并实施重组方案、提供相应的财务安排、协助客户进行谈判、协助完成重组方案的审批与报批、制订后续整合方案等。

3. 产权转让

评估机构可以根据委托评估对象自身特点，综合考虑企业经营状况、市场情况、行业状况等诸多因素的影响，通过严谨的市场调查、行业分析，合理地选用收益法、市场法等评估方法，对股权价值进行科学的估算，为后续的股权转让提供可靠的价值参考依据。

4. 境内外上市

评估机构可以按照境内外证券监管机构对企业上市的要求，通过了解企业经营状况、发展前景、资产状况、现金流状况、行业发展状况、资本市场状况等，参与资产重组方案设计，出具符合境内外证券监管机构要求的专业评估报告。

(二) 特定行为评估

1. 资产抵押与担保

评估机构可以通过对相关市场环境、行业环境、企业现状、抵押担保资产的现状及经济效益等诸多因素的了解分析，确定委托评估资产在抵押担保期内的持续经营状况以及可能出现的贬值状况，为涉及抵押与担保的资产提供准确的评估价值。

2. 资产涉诉、按揭、拍卖

评估机构可以针对不同类型资产的按揭、拍卖及涉诉情况，具体分析可能导致其价值发生变化的政策因素、市场因素、科技因素等诸多条件，对委估资产的市场价值作出专业判断，为相关经济行为提供公平的依据。

3. 税基评估

评估机构可以通过对未能明确具体价值的课税对象按一定的程序、运用适当的估价标准和方法，独立、客观、公正地开展评定作价，确定其计算应纳税额的基数，并以此确定税额，协助征税机关和纳税人正确计算应征或应纳税额，避免征纳双方由于对价值的理解不同而产生分歧。

4. 以财务报告为目的的评估

评估机构可以依据会计准则要求，对企业资产需要以评估方法计量其公允价值的，协助企业判断相关资产的特征及成本，确定委托评估资产在会计报表要求下的特定价值和公允价值。

（三）专项资产评估

1. 无形资产评估

评估机构可以根据专利、专有技术、商标权、著作权、特许权、商誉等多种无形资产的特点以及其实现货币价值的不同方式，通过对各类无形资产的市场前景、持续期限等客观状况进行了解与分析，得出合理的盈利预期，为无形资产持有人提供公允的价值结论。

2. 金融不良资产评估

对于银行持有的次级、可疑及损失类贷款，金融资产管理公司收购或接管的金融不良债权，以及其他非银行金融机构持有的不良债权等不良资产，评估机构可以提供专业的价值评估和价值分析服务，为不良资产处置提供科学的参考意见。

3. 森林资源评估

评估机构可以根据委托评估资源的规格、结构、林况以及造林、采伐、病虫害等可能引起资源变化的客观条件，测算委托评估资源总量并确定其价值，为森林资源的出让、转让、林地征用补偿、林权转移等经济行为提供依据。

（四）咨询服务

评估机构可以为企业提供分析、策划、培训等全方位管理咨询服务，协助企业解决制定企业发展战略、财务及内控制度、财务状况分析、项目可行性研究、投资评审等问题。

三、资产评估行政管理体系

随着我国资产评估行业的迅速发展，资产评估相关的法律体系也在逐渐完善。以《国有资产评估管理办法》为主干、以相关法律法规为有效补充、以资产评估行政管理部门颁布的规章制度为主体的制度体系，已基本覆盖了资产评估行业的各个方面，较为有效地约束了资产评估执业行为，基本保障了评估机构和评估师合法执业的权利。在现有法律框架下，财政部建立完善了行政监管与自律管理相结合的行业管理体制，其中，行政管理偏重于对资产评估机构的管理，行业自律偏重于对评估师的管理。对于资产评估机构的管理，资格审批和后续的管理制度，则是其中最为重要的内容。

（一）资产评估相关法律法规

1991年《国有资产评估管理办法》（以下简称91号令）是目前规范资产评估管理的、法律效力最高的专门法规。91号令规定，国有资产占有单位在资产拍卖、转让，企业兼并、出售、联营、股份经营，设立中外合资、合作经营企业，企业清算以及依照国家有关规定需要进行资产评估的其他情形，应当进行资产评估；在资产抵押及其他担保、企业租赁以及需要进行资产评估的其他情形，可以进行资产评估。尽管91号令规定的管理方式和评估方法等方面近年来发生了较大变化，但上述评估范围仍是相关单位实施评估的重要依据。

但正如其名称所限制，91号令仅适用于国有资产评估，其规定的法律责任也仅仅对国有资产的不评估或不当评估行为，这一限定框架是行业主管部门通过部门规章等文件无法打破的。而现实情况是，大量的非国有资产在交易、合作等过程中也有强烈的评估需求，这一点在相关法律法规中有充分反映：

——《公司法》第二十七条第二款规定，"对作为出资的非货币财产应当评估作价，核实财产，不得高估或者低估作价。法律、行政法规对评估作价有规定的，从其规定。"

——《合伙企业法》第十六条第二款规定，"合伙人以实物、知识产权、土地使用权或者其他财产权利出资，需要评估作价的，可以由全体合伙人协商确定，也可以由全体合伙人委托法定评估机构评估。"

——《证券法》第一百四十九条规定，"国务院证券监督管理机构认为有必要时，可以委托会计师事务所、资产评估机构对证券公司的财务状况、内部控制状况、资产价值进行审计或者评估。"

——《企业国有资产法》第四十七条规定，"国有独资企业、国有独资公司和国有资本控股公司合并、分立、改制，转让重大财产，以非货币财产对外投资，清算或者有法律、行政法规以及企业章程规定应当进行资产评估的其他情形的，应当按照规定对有关资产进行评估。"

此外，司法部门颁布的司法解释、相关政府部门颁布的部门规章等对资产评估也多有涉及，分别从不同角度对资产评估行业提出了需求，强化了评估机构和评估师的责任。

由于上述评估相关法律法规过于分散且权威性不够，不仅不适应评估行业自身发展的需要，也不利于发挥评估在经济社会协调发展中的积极作用。近年来，评估立法工作在积极有序推进。《资产评估法》曾作为补充立法项目列入全国人大常委会2006年的立法计划，2008年全国人大换届后，评估法再次列入十一届全国人大常委会的5年立法规划。从最新的《资产评估法》草案中可以看出，未来的评估行业将建立由财政部牵头的行业管理协调指导机制，在这一法律框架下，有望解决多年来困扰行业发展的"多种资格、多头管理"等问题，我国的评估行业将会迈入更加繁荣发展的新阶段。

（二）资产评估机构审批管理体制

目前资产评估机构有两类：一类是普通资产评估机构，由省级财政部门审批管理；另一类是证券评估机构，即从事证券期货相关业务的资产评估机构，这类机构的资格审批属于二次行政许可，是在省级财政部门审批其普通资产评估资格基础上，由财政部、证监会审批其证券评估资格。具体规定如下：

1. 普通资产评估机构资格审批

2004年5月，《国务院关于第三批取消和调整行政审批项目的决定》（国发〔2004〕16号）发布，决定将资产评估机构设立审批下放管理层次，由省、自治区、直辖市财政行政主管部门实施行政许可。2011年8月，财政部在总结《资产评估机构审批管理办法》（财政部令第22号）6年来经验的基础上，修订颁布了《资产评估机构审批和监督管理办法》（财政部令第64号），规定财政部是资产评估行业主管部门，制定资产评估机构管理制度，负责全国资产评估机构的审批和监督管理。各省、自治区、直辖市财政厅（局）负责本地区资产评估机构的审批和监督管理。因此，资产评估机构的审批是按照属地化原则，由地方财政部门履行具体审批管理职责。同时，按照《行政许可法》"上级行政机关应当加强对下级行政机关实施行政许可的监督检查，及时纠正行政许可实施中的违法行为"的要求，64号令规定省级财政部门应当将资产评估机构或分支机构的批准文件及申请材料报财政部备案,财政部发现审批不当的,应当责令省级财政部门改正或者撤销。

2. 证券评估机构资格审批

根据《证券法》、《国务院对确需保留的行政审批项目设定行政许可的决定》(国务院令第412号),财政部会同证监会对资产评估机构从事证券业务资格进行审批。2008年4月,财政部、证监会联合印发了《关于从事证券期货相关业务的资产评估机构有关管理问题的通知》(财企〔2008〕81号),明确了证券评估资格的申请条件、应提交的申请材料及文本格式、证券评估机构合并、分立及设立分支机构的管理要求等,为行政审批提供了准绳。在实际操作中,财政部会同证监会、中评协研究制定了《证券评估资格审批工作规则》,明确了审批工作的组织机构和工作程序,并对外公开。组织机构方面,财政部企业司、证监会会计部、中国资产评估协会成立"证券评估资格审批联合工作小组"和"证券评估资格审批联合领导小组",分别负责证券评估资格授予的具体审核和评定工作。工作程序方面,分为受理、公示、工作小组审核、领导小组决议和办文批复五个环节,并在每个环节都明确了相应时间要求,确保一般情况下审批工作能在受理后45个工作日内完成。为加大政务公开力度,财政部企业司网站上专设了"资产评估机构审批管理"栏目,将相关文件、受理和批复的机构业务收入、专业人员等具体情况进行公示,确保审批过程公开、公正、公平。

(三)现行资产评估行业行政管理制度

作为资产评估行业的行政主管部门,近年来财政部会同相关部门出台了大量的规章制度,无论是在业务管理还是在机构管理上,都具有较强的约束力,主要分为以下四类:

一是行政许可审批制度,规定了资产评估机构设立的申请条件、报送材料、受理和审批程序等。主要包括《资产评估机构审批和监督管理办法》(财政部令第64号)、《财政部证监会关于从事证券期货相关业务的资产评估机构有关管理问题的通知》(财企〔2008〕81号)等。按照《行政许可法》要求,财政部将会同证监会,适时将证券评估机构审批管理有关规定上升为部门规章。

二是审批程序管理制度,规定了行政审批的职责分工、审查程序、具体流程以及相关附件格式等。主要包括《财政部关于贯彻实施〈资产评估机构审批管理办法〉认真做好资产评估机构管理工作的通知》(财企〔2005〕90号)、

《关于资产评估机构审批备案有关问题的通知》（财办企［2006］12号）等。64号令印发后，上述相关文件也将作一定的修改，以更加适应行业发展和规范管理的需要。

三是后续管理制度，规定了资产评估机构设立后的风险管理、变更程序、事项报备、动态监管以及违规处理等，完善了后续管理和退出机制。主要包括《国有资产评估管理若干问题的规定》（财政部令第14号）、《国有资产评估违法行为处罚办法》（财政部令第15号）、《关于加强资产评估机构后续管理有关问题的通知》（财企［2008］62号）、《财政部　证监会关于加强证券评估机构后续管理有关问题的通知》（财企［2009］235号）等。

四是维护评估市场秩序相关制度，包括对知识产权、林权、珠宝首饰等专项评估领域的管理规范，以及对评估收费、资质管理等问题的专门规定，为评估机构营造公平、有序的发展环境。主要包括《财政部　国家知识产权局关于加强知识产权资产评估管理工作若干问题的通知》（财企［2006］109号）、《财政部　工业和信息化部　银监会　国家知识产权局　工商总局　国家版权局关于加强以非货币财产出资的评估管理若干问题的通知》（财企［2010］199号）、《国家发改委　财政部关于发布〈资产评估收费管理办法〉的通知》（发改价格［2009］2914号）等。

此外，针对我国资产评估行业发展的薄弱环节和突出问题，2009年12月，财政部印发了《关于推动评估机构做大做强做优的指导意见》（财企［2009］453号），提出加快培养一批与我国经济发展水平相适应、具有较大规模、较强实力和较高水平的评估机构，是评估行业科学发展的当务之急。2010年12月，作为推进评估机构做大做强的具体举措，财政部印发了《关于评估机构母子公司试点有关问题的通知》（财企［2010］347号），在资产评估行业开展母子公司试点工作，利用优质评估机构的技术、管理和规模优势，通过品牌等纽带关系以点带面，促进资产评估行业整合。2011年3月底，国内第一家采用"母子公司"经营模式的资产评估机构——中联资产评估集团揭牌，截至10月底已有4家机构获批母公司资格。

四、资产评估自律管理体系

中介行业的自律管理，是相对政府管理而言的一种管理体系，这也是在经济发达的国家中介行业大多采用的管理模式。由于我国的资产评估行业发端于国有资产评估，政府部门的管理从开始就占据了主导位置。从1993年中国资产评估协会成立，其后又经历了与国家国有资产管理局资产评估中心合二为一，与中注协合并等多次变动，直至 2004 年后中国资产评估协会才再次成为一个真正的行业自律组织，政府监管与行业自律相结合的体制才逐步完善。尽管如此，中国资产评估协会在评估准则、自律监管、会员管理、培训和行业间国际交流等方面的工作一直没有间断，目前已初步构建了较为完整的行业自律管理体系，为行业的快速发展做出了重大贡献。

（一）资产评估自律管理体制

根据 2005 年修订的《中国资产评估协会章程》，中国资产评估协会是资产评估行业的全国性自律管理组织，具有社团法人资格，依法接受财政部和民政部的指导、监督。省、自治区、直辖市、计划单列市资产评估协会是资产评估行业的地方组织，接受中国资产评估协会的指导。依法批准设立的资产评估机构为当然团体会员，取得注册资产评估师执业资格并在资产评估机构执业的人员，为执业个人会员。中国资产评估协会的宗旨是：加强行业自律管理，指导、监督会员规范执业；维护会员合法权益和社会公众利益，服务于会员、服务于行业、服务于市场经济；帮助会员提高专业技能和职业道德素养，提升行业的社会公信力；协调行业内外关系，扩大行业国内外影响力；全面促进行业持续健康发展。中国资产评估协会的具体职责主要包括：制定、组织实施行业发展规划；制定资产评估准则；组织注册资产评估师考试；注册资产评估师注册和会员登记管理；行业教育培训工作；执业情况检查和自律性惩戒，等等。

中国资产评估协会最高决策机构是会员代表大会，每五年召开一次。理事会是全国会员代表大会的执行机构，由全国会员代表大会通过选举或特邀的方式产生，每届理事任期五年。协会秘书处是中国资产评估协会的常设办事机构，内设办公室、综合部、会员部、培训部、注册部、专业标准部、专业监管部等 12 个部室。为加强自律管理，提升协会服务能力，协会下设了维权委员会、惩戒委员会、申诉委员会等专门委员会和无形资产评估、企业价值评估、珠宝首饰艺术品评估等专业委员会。

（二）自律管理制度体系

围绕行业自律管理的核心内容，中评协近年来出台了多个办法，对注册管理、会员管理、教育培训、评估准则、执业监管等方面进行了规范，对提高行业执业水平，提升行业影响力等发挥了重要作用。

一是评估师注册管理制度。2005 年 7 月，中评协印发了《注册资产评师注册管理办法（试行）》（中评协［2005］90号），规定了资产评估师的注册条件、注册程序、变更管理以及转所、撤销等内容，结合《注册资产评估师证书、印鉴管理暂行办法》（评协字［1999］31号）、《注册资产评估师年检办法》（中评协［2005］187号）等规定，有力地配合了《资产评估机构审批管理办法》的实施，规范了评估师的市场准入。

二是会员管理制度。2006年2月，中评协印发了《中国资产评估协会会员管理办法》（中评协［2006］19号），实行"大会员、小资格"的开放式会员体制，对会员实行分级分类管理，建立了资深会员及会员奖励与惩罚制度。2006年4月，中评协印发了《中国资产评估协会会员诚信档案管理暂行办法》（中评协［2006］96号），研究建立会员诚信体系，推动行业诚信建设，进一步加强和规范了会员管理和会员服务。

三是后续教育培训制度。2005年起，中评协先后印发了《中国注册资产评估师后续教育培训大纲》（中评协［2005］34号）、《注册资产评估师后续教育培训班考核办法（试行）》（中评协［2005］162号）、《中国注册资产评估师继续教育制度》（中评协［2008］156号），不断提高注册资产评估师的专业素质，培养造就了一批高素质的行业人才队伍。

四是执业质量监管制度。继2005年12月中评协印发《资产评估执业行为自律惩戒办法》（试行）（中评协［2005］183号）之后，2006年4月，中评协连续印发了《中国资产评估协会会员诚信档案管理暂行办法》（中评协［2006］96号）、《资产评估行业谈话提醒办法》（中评协［2006］97号）、《资产评估执业质量自律检查办法》（中评协［2006］98号）等自律监管文件，建立了一整套对评估机构和评估师执行行为的检查和惩处制度，大大提高了行业自律监管的操作性和威慑力。

（三）资产评估准则体系

资产评估准则是评估师依法执业的重要技术基础和技术规范。资产评估工作具有很强的专业性，世界各国在资产评估行业发展过程中，大都根据需要制定了本国的资产评估准则，用于指导注册资产评估师执业，评估准则的完善和成熟程度在一定程度上反映了一个国家评估业发展的综合水平。我国资产评估行业自2004年发布两项基本准则后，截至目前已经形成了覆盖主要执业领域和执业流程，符合中国国情、与国际趋同、兼容性强的比较完整的评估准则体系。作为综合性的准则体系，从横向关系上划分，资产评估准则包括业务准则和职业道德准则两个部分；从资产评估准则体系纵向关系上划分，资产评估准则分为不同的层次,其中,职业道德准则分为职业道德基本准则和具体准则两个层次,资产评估业务准则为准则体系的核心内容,分为四个层次,以下予以详细介绍。

第一层次为资产评估基本准则,即《资产评估准则——基本准则》。作为业务性准则的基本准则,从资产评估基本要求、操作准则、报告准则、执业责任等方面对各类资产评估业务进行了规范,在整个评估准则体系中占有极为重要的地位。基本准则是我国评估准则体系的一大特点,目前在各国评估准则及国际评估准则中并没有类似的基本准则部分,我国资产评估基本准则是将各类资产评估的共同规范进行有机结合的首次尝试。

第二层次为资产评估具体准则。资产评估具体准则分为程序性准则和实体性准则两部分。程序性准则是关于注册资产评估师通过履行一定的专业程序完成评估业务、保证评估质量的规范,包括《评估报告准则》(2007)、《评估程序准则》(2007)、《业务约定书准则》(2007)、《工作底稿准则》(2007)。实体性准则针对不同资产类别的特点,分别对不同类别资产评估业务中的注册资产评估师执业行为进行规范。包括《无形资产评估准则》(2001)、《机器设备评估准则》(2007)、《不动产评估准则》(2007)、《珠宝首饰评估准则》(2009)。

第三层次为资产评估指南。资产评估指南包括对特定评估目的、特定资产类别(细化)评估业务以及对资产评估中某些重要事项的规范。包括《评估机构质量控制指南》(2010)、《以财务报告为目的的评估指南(试行)》(2007)、《国有资产评估报告指南》(2009)、《金融国有资产评估报告指南》(2010)。

第四层次为资产评估指导意见。资产评估指导意见是针对资产评估业务中的某些具体问题的指导性文件。该层次较为灵活,针对评估业务中新出现的问题及时提出指导意见,某些尚不成熟的评估指南或具体评估准则也可以先作为指导意见发布,待实践一段时间或成熟后再上升为具体准则或指南。包括《注册资产评估师关注评估对象法律权属指导意见》(2003)、《企业价值评估指导意见(试行)》(2004)、《金融不良资产评估指导意见(试行)》(2005)、《资产评估价值类型指导意见》(2007)、《专利资产评估指导意见》(2008)、《投资性房地产评估指导意见》(2009)、《著作权评估指导意见》(2010)。

值得注意的是,2010年出台的《评估机构质量控制指南》,是在总结20年来我国评估机构内部质量管理经验基础上,借鉴国际上全面质量控制的思路而制定的，扩展到对机构质量控制规范的要求，丰富和完善了评估准则体系的内容，这在国际上也属首例。

五、当前资产评估行业存在的主要问题

在看到资产评估行业多年来发展成绩的同时，也应当看到，当前影响资产评估行业科学发展的不利因素仍然存在，行业发展中还存在诸多困难和矛盾，既有立法滞后、市场分割、监管不严等外部问题，也有业务萎缩、执业质量差、机构小散弱等内部问题，成为制约评估行业再上台阶、实现跨越式发展的重要因素，需要下大力气予以解决。

（一）评估法制建设滞后，行业管理缺乏统一法律基础

如前所述，我国资产评估行业迄今没有一部专门的评估法，这是与注册会计师、律师等中介行业存在的重大差别。有关资产评估的规定散见于不同的法律法规和规章制度中，有的规定过于原则、有的规定已经过时、有的规定相互矛盾，操作中存在很大障碍。资产评估师和评估机构的违法行为难以得到有效惩处，合法权益难以得到有效维护。在这一法律框架下，评估行业现有的资产评估师、房地产估价师、土地估价师等6类资产评估专业资格，分属财政部、住房和城乡建设部、国土资源部等5个部门管理。由于多种资格、多头管理，评估行业难以形成统一的行业准入制度、统一的执业准则、统一的职业道德规范和统一的法律责任，导致评估执业法度不一，水平参差不齐，质量难以保证，责任难以追究，也造成评估市场分割和评估业务重复交叉，影响了评估行业的健康发展和整体形象。

（二）市场环境恶劣，部分机构执业质量较差

目前我国评估行业总体上处于买方市场，评估机构数量多，评估业务市场有限，竞争激烈。在这样的市场态势中，部分委托方选择评估机构方式不规范，如有的行政部门利用监管权力干预企业选择评估机构，有的委托方假借招标方式暗地指定评估机构，或者不顾执业质量、单纯以评估收费孰低原则选择评估机构等等，更加恶化了市场环境。部分评估机构为了生存，被迫采取非常手段，争客户、抢市场，迎合委托方的不合理要求，违反评估准则和估价规范出具不实甚至虚假的评估报告。同时，也有部分评估机构尚未建立完善的执业质量内部控制制度，业务流程不明确，评估程序流于表面，评估师的专业胜任

能力和职业道德水平不高,风险意识淡薄,造成执业质量较差。

(三)传统业务相对萎缩,行业生存发展形势严峻

与注册会计师行业的审计业务不同,资产评估行业主要是围绕企业改制、产权变动等进行资产价值评估服务,这类传统业务不具备经常性,往往是一种经济行为结束后,这方面的评估业务也就消失了。尽管近年来资产评估业务拓展到了抵押担保、知识产权转化、森林资源市场化、拍卖、诉讼等多领域,但整体上未能实现评估业务的经常化和稳定化,随着企业改制的评估项目的逐渐减少,资产评估行业的生存和长远发展面临着直接威胁和挑战,迫切需要研究探索符合市场经济和评估行业可持续发展的常规业务领域。

(四)评估机构"小、散、弱",难以满足市场需求

近年来,企业规模不断扩张,对评估机构的规模、人才、技术、质量和管理等提出了更高要求。但评估行业由于起步晚、基础差,尽管机构数量有大幅度的增长,整体上仍然呈现出"小、散、弱"的状态。对照注册会计师行业,全行业收入约300亿元中,"四大"每家20亿~25亿元,8家本土所平均在5亿元以上,"四大"和8家本土所的执业人数平均在1 000人左右,而资产评估全行业收入仅50亿元左右,收入上亿元的评估机构仅3家,评估师数量过百的仅有4家。这样的机构状况,对于大型企业兼并重组等重大经济行为,很难提供相应规模和水平的评估服务。

六、资产评估行业的未来发展

"十二五"时期是深化改革开放、加快转变经济发展方式的攻坚时期,迫切需要资产评估行业做大做强、做精做专,提供更加广泛优质的专业服务。在新的发展环境下,评估行业要适应新时期经济社会发展要求,以社会主义市场经济理论为指导,提升专业服务能力和执业质量,实现大、中、小评估机构协调发展,全面实施资产评估行业人才战略,逐步化解行业长期积累下来的矛盾和问题,推进行业又好又快地科学发展。

(一)提供全方位高质量服务

市场需要是评估行业发展的根本,也是资产评估的核心价值所在。评估行业要充分发挥专业优势,关注各类经济行为的新变化、新情况,研究经济社会

变革的新需求、新趋势，探索评估服务的新方式和新内容。在巩固和做好现阶段评估业务的基础上，重点关注以下业务领域，提供全方位高质量服务。

1. 产业结构调整和转型升级

兼并重组是实现产业结构调整和转型升级的重要途径，涉及国有和非公经济、中央和地方、大中小等各类企业和相关领域。《国务院关于促进企业兼并重组的意见》（国发［2010］27号）明确提出，要通过促进企业兼并重组，深化体制机制改革，完善以公有制为主体、多种所有制经济共同发展的基本经济制度。通过合并、收购、重组等多种形式，提高产业集中度，淘汰落后产能，推进技术进步和自主创新，优化产业布局。兼并重组要在国家行业规划和政策措施引导下，充分发挥企业的主体作用，坚持市场化运作，资产评估等市场中介机构要在其中提供专业服务。同时，现阶段一些行业企业发展面临"瓶颈"，如文化产业中，出版、传媒、影视、演艺、动漫等知识产权价值较难判断，宝玉石产业中，在征税、质押、典当、保险等环节宝玉石价值难以确定等，迫切需要资产评估行业发挥专业发现价值和判断价值的功能，为特定行业发展和转型升级提供有效的中介服务，降低交易成本，促进市场繁荣。

2. 深化国有企业改革

推进国有经济战略性调整，健全国有资本有进有退、合理流动机制，是"十二五"规划确定的发展目标。深化国有企业改革，涉及更大范围、更深层次上的产权变动。要促进国有资本向关系国家安全和国民经济命脉的重要行业和关键领域集中，推动具备条件的国有大型企业实现整体上市，不具备整体上市条件的国有大型企业加快股权多元化改革，支持基础行业和公共领域的国有企业实行国有控股，一般竞争性领域的国有企业逐步退出等。在这一过程中，资产评估作为企业改革改制、产权转让的关键环节，评估结果是确定产权转让价款或国有出资额度的重要依据，是其中一项不可忽视的核心工作。深化国有企业改革需要资产评估行业发挥专业优势，提供一体化、全方位的鉴证、咨询服务，推动资产合理流动和优化配置。

3. 实施"引进来"、"走出去"战略

在经济全球化的大背景下，随着我国改革开放的不断深入，中国经济与世界经济融合的进程不断加速，越来越多的企业走出国门谋发展。目前我国已成为世界第二大经济体，资本输出格局基本形成，适应我国对外开放由出口和吸收外资为主转向进口和出口、吸收外资和对外投资并重的新形势，必须实行更加积极主动的开放战略。要坚持"引进来"和"走出去"相结合，充分利用两个市场、两种资源，不断拓展新的开放领域和空间，扩大和深化同各方利益的汇合点。这就需要大型资产评估机构延伸国内外服务链条，为实施并购战略、投资项目论证、企业价值评估和境外资产管理等提供国际化专业支持。

4. 企业管理创新

管理同样体现核心竞争力，"十二五"规划明确提出要推动发展向主要依靠科技进步、劳动者素质提高、管理创新转变。当前和今后一个时期，财政部等五部委出台的企业内部控制规范体系将在全国范围推开，为确保内部控制制度落到实处，达到全面、全员、全过程控制的目标，资产评估机构可以在有关部门和企业的委托下，积极参与企业内部控制设计和有效性评价工作。随着企业财务管理能力认证体系建设的有序推进，未来财政部门将参照质量认证体系的方式对企业财务管理水平进行评估、评价，资产评估机构可以发挥专业特长，依企业的认证申请，按照设定的企业财务管理标准、认证程序、认证方法和工作要求，定期对企业财务管理能力进行认证，促进企业全面提升财务管理水平。

5. 社会管理和公共服务

大力开展政府购买服务，是加快转变政府职能、改进社会管理方式的有效手段。在政府职能转变的过程中，要充分发挥评估行业服务经济社会建设的作用，推动政府购买服务机制的逐步建立，将政府职能部门委托评估机构项目纳入政府采购范围。在财政资金绩效评价、行政事业单位资产管理、税基评估及其他涉税（费）业务等方面，资产评估机构要根据国家有关规定和政府部门的委托，充分发挥其在社会管理和公共服务中的作用。

（二）形成大、中、小评估机构协调发展的合理布局

要进一步推动评估机构做优、做强、做大，力争用5年左右的时间，重点扶持10家左右年收入超过10亿元、具有较好国际声誉和竞争力、能够为我国企业境外上市和金融、能源、通信等企业"走出去"提供跨国经营综合服务的特大型资产评估机构。积极扶持100家左右年收入超过1亿元、能够为上市公司和大型企事业单位提供高质量服务的大型资产评估机构；科学引导中小资产评估机构规范有序发展。

1. 重点扶持特大型、大型资产评估机构加快发展

特大型、大型资产评估机构是在业务收入、人员数量、执业水平、服务质量等方面居于行业领先地位，具有核心竞争力、能够跨国经营并提供综合服务的评估机构。支持特大型、大型资产评估机构通过兼并、联合、重组等方式，实现规模化、品牌化、跨越式发展。要认真总结母子公司试点经验，探索母子

公司在执业标准、质控体系、信息系统等方面的统一运作模式。鼓励我国特大型、大型资产评估机构在平等互利的基础上加盟国际评估公司，实现共赢发展。引导中型评估机构通过强强联合成为大型评估机构。积极探索特殊普通合伙等适应特大型、大型评估机构发展需要的组织形式，促进其完善内部治理结构和风险控制机制。

2. 积极促进中型资产评估机构健康发展

中型资产评估机构是在业务收入、人员数量、执业水平、服务质量等方面具有较高水准，能够为大中型企事业单位及上市公司提供高质量服务的评估机构。稳步扩大中型评估机构数量，不断提高中型评估机构专业服务能力和内部管理水平，满足所在区域经济社会发展需求。鼓励信誉良好、成长快速的小型评估机构重组联合，成为中型评估机构或其分支机构。中型评估机构要注重增强机构的风险控制能力。

3. 科学引导小型资产评估机构规范发展

小型资产评估机构规模较小、数量众多，主要面向众多小型微型企业等提供相关专项服务。当前和今后一个时期，我国小型微型企业发展面临诸多困难，国家采取了系列扶持政策。小型评估机构贴近市场、靠近客户、反应灵活，要抓住机遇，突出服务特色，重在做精做专，为客户提供定制化的专业服务。

（三）打造一支高素质的评估人才队伍

针对经济社会发展对资产评估从业人员的不同需求，制定和实施资产评估行业人才规划，采取有效措施，打造300人左右能够承担国际化业务的复合型人才，培养5 000人左右业务骨干力量，形成超过10万人执业注册资产评估师。有计划、有步骤、多渠道、分层次地培养从业人员队伍，使中青年注册资产评估师成为行业的中坚力量，全面提升从业人员专业素质和职业道德水平。

1. 完善注册资产评估师考试制度

自注册资产评估师执业资格考试制度以来，截至2011年底，共举办了15次考试，累计报名人数53万多人，通过人数达到37 380人，为评估行业输送了大批优秀人才。但现行考试制度还存在一些不适合行业发展的弊端，行业主管部门要进一步加强与相关部门的考试政策协调，研究调整注册资产评估师考试报名条件，鼓励在校学生参加注册资产评估师考试。根据专业市场需求，不断完善评估从业人员应当具备的知识结构和能力框架，优化考试科目设置，完善考试大纲和考试教材，改进考试命题，使其满足不断发展的专业需求。加强考试组织管理，严格考风考纪，确保考试质量。要积极探索境外考试认可，提升考试的国际化水平。

2. 推进资产评估专业硕士培养工作

2010年起，教育部已批准68所院校招收资产评估专业硕士，这既体现了评估行业发展对高端人才的需求，也体现了国家对评估行业发展的重视和扶持。要加强全国资产评估专业学位研究生教育指导委员会工作，培养具有扎实理论基础、适应评估行业实际需要的应用型高层次专门人才。重视院校与评估实务界的合作，建立产、学、研相互结合机制，聘请具有较高理论水平和丰富实践经验的行业资深专家担任指导教师，推荐更多资产评估机构作为评估教学实践基地。要探索建立资产评估专业学位教育与资产评估考试衔接制度，加快行业高端人才的培养。

3. 建立胜任能力评价体系

对注册资产评估师专业胜任能力评价是一项非常重要的工作，即有利于注册资产评估师自身能力的提高，又有利于建立学历教育与职业教育的有机联系，还能增强社会各界对注册资产评估师的信赖，是提高行业人才选拔和培养质量的重要基础。要尽快制定发布注册资产评估师胜任能力指南，鼓励评估机构建立胜任能力评价制度，探索专业胜任能力评价工作，指导评估师建立职业发展规划。根据注册资产评估师胜任能力框架，综合考虑职业知识、职业技能和职业品质对评估师执业能力的影响，明确评估师在不同岗位和从事不同业务所必须具备的基础能力和专业能力。研究建立注册资产评估师专业晋级和职务晋升等评价制度，提升评估师的社会认可度。

4. 加强后续教育培训

资产评估师接受终身教育是行业和社会发展的需要，后续教育是进行知识更新、提高专业技术水平和保持专业胜任能力的主要途径，也是构建资产评估师终身教育体系的必由之路。行业协会要建立健全分类分级后续教育培训体系，对资产评估机构负责人、项目负责人和一般从业人员实行岗位分级培训和专业分类培训。通过多种渠道和方式选拔优秀的培训教师，扩充后续教育师资库，推动开发适用的培训教材，丰富教材内容。完善后续教育评价体系和考核体系，提升培训质量和效果。鼓励有条件的评估机构开展内部后续教育培训，与行业协会培训形成优势互补的良好态势。积极借助社会培训力量，培养行业高端管理人才、国际化人才、新型业务人才和特殊需求专门人才，保障行业服务结构调整和升级的人才需求。

第十四章

企业财务会计信息管理制度

导 读

  企业财务会计信息是反映我国企业经济运行情况的"晴雨表",是制定财政政策和宏观经济政策的依据之一。企业财务会计信息管理监测工作是对企业经济运行进行动态监控的重要途径,是企业财政财务管理的重要组成部分。企业财务会计信息管理监测的主要任务是对企业财务会计信息及其企业改革发展和经济运行情况进行收集、监测、分析、报告和评价,为国家宏观调控和企业财政财务管理提供依据和支撑。经过多年的努力,企业财务会计信息管理监测体系基本建立并发挥了重要作用。随着市场化、信息化、国际化的深入发展,国内外经济形势日趋复杂,加强和改善宏观调控的任务更加繁重,企业财务会计信息管理监测工作在重要性不断提升的同时,也面临着新的挑战。为进一步规范和加强新时期企业财务信息管理,充分发挥企业财务信息在宏观管理和企业改革发展中的重要作用,2012年2月,财政部在认真总结以往经验、广泛调研和征求意见的基础上发布了《加强企业财务信息管理暂行规定》。

  本章主要介绍了企业财务会计信息管理监测工作的意义作用、体系构成和运行机制,并对国有企业经济效益月度快报、国有企业年度财务会计决算报告、外商投资企业年度财务会计决算报告、企业经济运行分析、企业财务会计信息电子报送系统等进行了详细说明。

一、企业财务会计信息管理监测体系

(一) 企业财务会计信息管理监测工作的意义

根据《中华人民共和国会计法》、《企业财务会计报告条例》（国务院令第287号）、《企业会计准则》（财政部令第33号）、《企业财务通则》（财政部令第41号）等国家法律法规和有关财务会计制度以及国务院"三定"方案，财政部企业司具有拟订企业财务制度及企业财务会计报告编制办法并组织实施的职能，各企业（单位）应按照规定的编制基础、编制依据、编制原则和编制方法进行编制和上报有关企业财务会计信息。企业财务会计信息的收集、分析、管理和监测工作具有重要意义：

1. 为中央宏观调控提供决策依据

企业财务会计信息管理监测工作是对企业经济运行进行动态监控的有效途径。企业财务会计信息能够及时反映企业经营中的主要指标趋势和变动情况，具有时间上的连续性和敏感性，通过观察特定时间段的企业财务会计指标和实物量指标的变化，能在较快的时间点发现企业经济运行中存在的问题，反映企业经济运行情况和国民经济重点行业发展情况，为党中央、国务院及有关方面提供重要的决策参考，是国家宏观调控的基础依据之一，也是国家了解掌握宏观调控效果的重要手段。

2. 为制定和调整财政企业政策提供依据

财政企业政策具有定点调控的优势和作用，企业财务会计信息能够了解和监测重点行业和企业的经营情况，直接反映财政企业政策执行效果情况，为进一步完善财政企业政策提供依据，使财政企业政策推动经济结构调整和经济发展方式转变的作用更直接、效果更明显、针对性更强。企业财务会计信息与财政资金管理工作紧密相关，2007年，国家建立国有资本经营预算，企业财务会计信息已是财政部门编制国有资本经营预算的重要依据和基础。

3. 为企业提高管理水平服务

企业财务会计信息能够反映企业财务情况和生产经营情况，准确揭示企业财务现状和经营成果，客观反映企业管理水平，使企业自身能够找到参照系，与企业总体、同行业、同类型等企业进行比较，发扬优势，找到差距和问题，促使企业加强各项管理工作。同时，能为企业监督管理部门查找企业管理中的漏洞和缺陷提供平台。

4. 满足企业投资者和全社会的信息需求

企业财务会计信息全面反映企业经济运行情况，企业财务会计信息汇总分析后，除报送国务院及所属相关部门外，通过新闻媒体向社会公布相关信息，既满足了企业投资者对信息的基本需要，又可实现全社会信息共享，发挥全社会对企业尤其是国有企业的监督作用。

(二)《加强企业财务信息管理暂行规定》的主要内容

《加强企业财务信息管理暂行规定》共分五章，二十五条。以企业财务会计信息管理监测体系和工作流程为纵向表述线索，以企业财务信息管理工作内容为横向表述线索，对企业财务信息管理工作做了全面的概述和规范。

第一章，总则，对企业财务信息管理工作的地位、作用、任务、内容等做了总体概括。第二章，企业财务信息收集汇总，按企业财务信息工作的内容、各信息工作单位的职责，对各类企业财务信息的收集汇总流程进行了规定。第三章，企业财务信息分析利用，对企业财务信息的上报、公布、在财政资金安排和财政政策制定中信息的使用，以及依据企业财务信息对企业绩效进行评价等做出了规定。第四章，企业财务信息工作表彰奖励，明确了企业财务信息工作的考核内容、方式及表彰奖励措施。第五章，附则。

(三) 企业财务会计信息管理监测体系的组成

企业财务会计信息监测体系包括国有企业经济效益月度快报、国有企业年度财务会计决算报告、外商投资企业年度财务会计决算报告、中小企业信息及企业动态信息专报等。企业财务会计信息管理监测工作自上而下由财政部、各地方财政部门、各级主管部门和企业集团组织完成，通过电子报送系统进行报送。

目前，企业财务会计信息管理监测体系覆盖了具有法人资格、独立核算、并能够编制完整会计报表的各类企业以及实行企业化管理的事业单位。报表报送范围目前包括82个中央部门、120家中央管理企业和36个地方的企业（单位），较为全面地反映了我国国有、国有境外、城镇集体、外资企业和部分民营企业的财务会计信息。

1. 工作组织体系

企业财务会计信息监测管理工作的组织机构和职责分工，包括主管部门职责、各级主管部门和各地区财政部门的职责、基层填报单位的职责等,以及所遵循的工作程序,包括如何上行下达相关信息、如何组织完成报送财务会计报表等。

2. 电子报送系统

电子报送系统是企业财务会计信息管理工作的重要途径和工具,通过工作组织体系借助电子报送系统的各个软件收集信息、报送信息、汇总信息、分析信息和储存信息,完成各项工作任务。

3. 财务会计信息报告体系

财务会计信息报告体系是企业财务会计信息管理监测体系的工作基础,覆盖了多种类型的企业,通过组织企业月报、年报以及动态信息专报的培训、收集、汇总、分析和考核,完成对企业基本运行情况和财务会计信息的收集和汇总分析。

4. 企业经济运行分析

企业经济运行分析是企业财务会计信息管理工作的成果体现,运用收集到的企业财务会计信息和数据进行定期分析和不定期分析,出具月度分析报告、季度分析报告、半年分析报告和年度分析报告,以及针对某些热点和焦点问题的专题分析报告(见图14-1)。

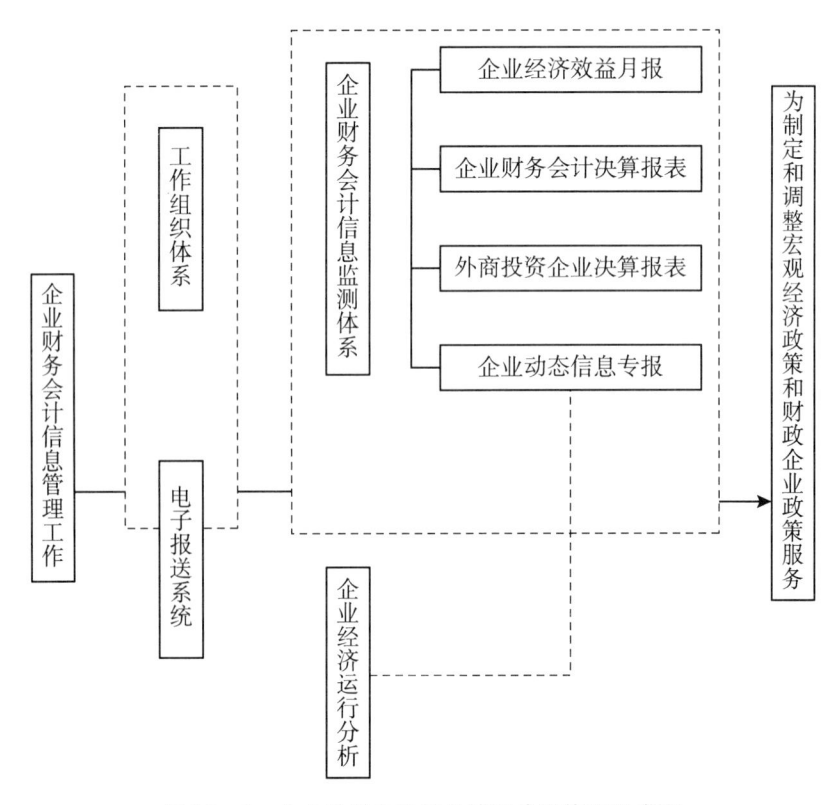

图 14-1 企业财务会计信息管理检测体系组成图

（四）企业财务会计信息管理监测体系的报表编制基础

各企业在编制财务会计报表前，应当全面清查资产、核实债务，进行会计账簿与库存实物、货币资金、投资收益、固定资产、往来单位或个人等进行相互核对，保证账证相符、账账相符、账实相符，并在正确结转损益等基础上，如实编制企业财务会计报表。

1. 账证核对

核对会计账簿记录与原始凭证、记账凭证的时间、内容、金额等是否一致，记账方向是否相符。

2. 账账核对

核对不同会计账簿之间是否相符，包括：总账有关账户的余额核对、总账与明细账核对、总账与日记账核对等。

3. 账实核对

核对会计账簿记录与财产物资等实有数额是否相符，包括：现金日记账账面余额与现金实际库存数相核对；银行存款日记账账面余额与银行对账单相核对；各种财物明细账账面余额与财物实存数额相核对等。

4. 检查会计核算原则

检查会计核算工作是否按照国家统一的会计制度规定进行，对于会计制度没有统一规定核算方法的交易、事项，是否按照会计核算的一般原则进行了确认、计量，相关账务处理是否合理。检查是否存在因会计差错、会计政策变更等原因需要调整前期或者本期相关项目。

（五）企业财务会计信息管理监测体系的报表编制要求

企业财务会计报表的编制应具有合规性、真实性、一致性、准确性和完整性等一些特征。

1. 合法合规

认真执行国家法律法规以及有关财务会计制度，按照规定的编制基础、编制依据、编制原则和编制方法进行编制。

2. 报告及时

企业应按照规定的时间和要求及时披露和上报企业财务会计报告，不能拖延甚至不报。

3. 数据准确

企业财务会计报告必须真实反映企业经济活动，以登记完整、核对无误的会计记录和其他有关资料为依据,与编报企业的财务状况和经营成果相一致,严格按照财政部统一下发的报表格式编制报表。

4. 内容完整

任何人或单位不得任意改变企业财务会计报告的项目,增列或减并报表,遗漏需要分析说明的内容,更不能谎报,表内和表间项目之间、本期数据与上期数据之间要相互衔接。

5. 分析到位

企业财务会计报告所附的财务状况说明和分析,必须条理清楚、问题分析透彻、重点突出,所提建议操作性强。

（六）企业财务会计信息管理监测体系的职责分工

企业财务会计信息管理监测工作由财政部统一组织管理,各中央部门、中央管理企业、省级财政部门按照职责范围负责组织本系统、本地区企业财务会计信息管理监测工作。

1. 财政部是企业财务会计信息管理监测工作的主管部门

财政部统一制定企业财务会计信息管理监测工作的规章制度,制定下发统一的企业财务会计报告格式和工作软件并组织培训,组织企业财务会计信息的收集、审核、汇总、分析、考核和对外提供工作,建立企业财务会计信息报送网络和数据库。

2. 各地区的财政部门负责组织实施本地区企业财务会计信息管理监测工作

组织本地区企业财务会计报告的布置与培训工作,组织本地区企业财务会计信息的收集、审核、汇总、分析、考核和上报工作,建立和管理本地区企业财务会计信息报送网络和数据分库。

3. 各级主管部门或企业集团负责组织实施本部门（集团）企业财务会计信息管理监测工作

组织本部门（集团）企业财务会计报告的布置与培训工作,组织本部门（集团）企业财务会计信息的收集、审核、汇总、分析、考核和上报工作,建立和管理本部门（集团）企业财务会计信息报送网络和数据分库。

4. 基层分户企业或单位负责本企业（单位）企业财务会计信息填报工作

认真落实企业财务会计信息管理工作的具体任务,填写、审核和上报企业财务会计报告,做好企业财务会计信息网络的连接工作。

（七）企业财务会计信息管理监测体系的经费使用

目前,企业财务会计信息管理监测工作涉及"企业财会信息资料统计补助经费"的使用。

企业财会信息资料统计补助经费是中央财政为了及时掌握全国范围内企业的资产财务及运营效益等状况，用于地方财政部门建立国有企业和非国有企业财务快报系统及国有企业、国有境外企业、集体企业和外商投资企业年度财务报告信息系统的补助经费。

企业财会信息资料统计补助经费的申请、分配和使用按照《财政部关于印发〈企业财会信息资料统计补助经费管理办法〉的通知》（财企〔2007〕58号）进行。补助经费在中央财政与地方财政结算时办理，由各省、自治区、直辖市、计划单列市财政厅（局）按财政部规定的补助经费的用途、对象安排使用，不得挤占和挪用、不得任意改变和扩大使用范围、不得变更预算支出科目。

二、国有企业经济效益月度快报

国有企业经济效益月度快报反映了国有及国有控股企业月度主要财务会计指标和重点行业生产经营情况，是企业按照国家有关法律法规及企业财务会计信息管理工作要求编制的，向财政部门上报的月度主要财务会计信息情况报告，主要包括企业经济效益月度报表、编报说明以及简要分析材料。

（一）国有企业经济效益月度快报的作用

1. 及时调整宏观经济政策和财政企业政策的基础

月度报表具有反映速度快的特征，对企业和经济变动情况能够在次月的月初及时报出，财政部每月在对经济效益月报信息进行汇总和分析的基础上，向国务院及所属综合管理部门提供有关国有企业的月度汇总数据及分析报告，为宏观调控政策的及时调整提供依据。

2. 加强企业财务监管防止财务状况恶化的信息依据

通过对经济效益月报指标的深入分析，能够掌握企业财务和经营状况的即时变化，能在较短的时间发现企业财务状况的不良趋势，从而查找企业内部管理中存在的问题，提出相关对策，为企业经营决策者服务，促进企业加强基础管理工作。

3. 企业发展动态信息的历史数据储备

国有企业经济效益月度快报是财政工作的一项基础性工作，记录了企业发展的历史数据，通过建立健全企业财务会计信息数据库，汇总中央部门企业、中央企业以及地方企业等多层次信息,实现对企业不同分类数据的查询和调用。在统计样本量不断扩大的基础上,能够对经济做出相应程度的预测,并利于参照历史,找到解决经济问题的途径。

(二)国有企业经济效益月度快报的组织实施

1. 国有企业经济效益月度快报的工作机制

国有企业经济效益月度快报工作是以各级财政部门为主导,以同级主管部门和企业集团为依托,以下属企业(单位)为基础,自上而下逐级管理和汇编,自下而上层层负责而构成的一个整体。在这个体系中,各级财政部门通过本级主管部门和直属企业集团实施对本级企业(单位)的企业经济效益月报组织工作,并负责对下级财政部门进行企业经济效益月报的布置、培训、收集、审核、汇总和考核工作。

财政部负责对中央部门、中央管理企业和36个省(市、自治区、计划单列市)财政部门进行国有企业经济效益月度快报的布置、培训、收集、审核、汇总和考核;各中央部门和中央管理企业负责本部门和企业集团内国有企业经济效益月度快报的布置、培训、收集、审核、汇总和考核;各中央部门和中央管理企业所属的基层填报企业(单位)负责编制、审核和上报国有企业经济效益月度快报;各级地方财政部门比照财政部对本级部门、企业集团和下级财政部门进行管理。

2. 编报国有企业经济效益月度快报的法律法规依据

国有企业经济效益月度快报主要依据《中华人民共和国会计法》、《中华人民共和国统计法》、《企业财务会计报告条例》(国务院令第287号)、《企业会计准则》(财政部令第33号)等有关法律法规,以及每年财政部对企业经济效益月报所下发文件的要求进行编报,准确、快速反映国有企业财务会计月度状况,汇总反映财政企业政策执行效果情况,为财政企业政策的完善和国家宏观政策的调整提供依据。

3. 国有企业经济效益月度快报的填报范围和口径

国有企业经济效益月度快报适用于具有法人资格、独立核算、并能够编制完整会计报表的国有企业以及实行企业化管理的事业单位。

各中央管理企业、中央部门及地方企业国有企业经济效益月度快报应保持报送企业户数的相对稳定,每月对上报企业数量进行核对,并在向财政部报送月报时说明企业数量和变动情况;因关闭、破产、重组等重大事项引起快报上报口径发生变动时,应同时附报相关说明材料。

国有企业经济效益月度快报应严格按照隶属关系报送，地方财政部门月报数据应将所在地中央企业分支机构的数据予以剔除；有计划单列市的省份应将计划单列市的相关数据予以剔除，避免重复报送。

单户企业行业分类按企业实际所属行业填报，不应完全按照母公司所属行业类别填报。

4. 国有企业经济效益月度快报的报送时间和报送方式

中央部门、中央企业和地方财政部门的企业经济效益月报汇总及分户数据、文字分析材料应于次月 10 日前上报财政部。

中央部门、中央企业和地方财政部门，目前采用单机版报送系统和网络版报送系统两种并行方式上报国有企业经济效益月度快报。随着快报网络的逐步建立健全，自 2011 年开始升级过渡到网络版报送系统上报。

（三）国有企业经济效益月度快报报表的组成

国有企业经济效益月度快报报表主要由报表封面、企业财务指标表、企业生产经营指标表和企业财政政策资金指标表组成。报表封面主要由企业名称、地址、企业类型、企业规模、所属行业等组成；企业财务指标表主要是企业资产负债、收入利润和税收情况等；企业生产经营指标表主要是实物量指标；企业财政政策资金指标表主要是企业涉及财政资金的使用情况，主要由地方财政部门填列。另外各中央部门、中央管理企业和各地方财政厅（局）需要每年 2 月底前报送一次法人户数表。

（四）国有企业经济效益月度快报的基本要求

1. 编制格式符合规定

报表及电子数据按照统一下发的文件格式、相关内容编报，按规定的参数和数据格式录入并汇总。

2. 报表填报准确完整

报表数据准确，表内、表间勾稽关系合理正确，录入全面完整，无漏表漏项，上下年相互衔接，金额单位准确无误。

3. 报表户数稳定齐全

汇编企业、单位的户数应按照文件要求进行全面收集，不重不漏，并按规定逐户录入，户数变动原因合理清楚。

4. 重要指标增减变动无误

审核报表各重点指标上下月间的增减变动情况，分析增加或减少的原因，对变动较大的数据应有文字说明。

5. 分析简洁到位

所附的简要分析必须条理清楚，问题分析透彻、重点突出，所提建议操作性强。

三、国有企业年度财务会计决算报告

国有企业年度财务会计决算报告是国有企业向财政部门上报的反映企业年度财务状况、经营成果和现金流量等会计信息的年度财务会计报告。国有企业年度财务会计决算报告覆盖了我国境内、境外具有法人资格、独立核算、并能够编制完整会计报表的国有及国有控股企业（含境外企业），以及企业化管理的事业单位（已执行企业会计制度）和城镇集体企业。

（一）国有企业年度财务会计决算报告的作用

1. 全面反映企业的财务和经营状况

国有企业年度财务会计决算报告是企业最重要的财务报告之一，能够全面、准确反映企业整年度的财务和经营状况，利于对企业进行深入分析，并易于与其他企业、行业进行比对，挖掘出企业的深层次问题，提出相关对策，促进企业加强经营和管理工作。

2. 制定中长期经济政策和进行企业发展周期性分析的基础

国有企业年度财务会计决算报告为国家宏观管理部门提供口径一致的企业运行信息，通过对企业年度财务会计决算信息的汇总和分析，能够找出企业经济运行的周期规律，为国家制定中长期规划和政策提供依据，并与国有企业经济效益月度快报结合为近期经济政策的制定和调整提供依据。

3. 监督企业财政资金使用情况和财务基础管理状况

通过对企业年度财务会计决算报告资料的深入分析，能够揭示企业财务管理和资金使用中存在的问题和漏洞。通过对财务会计决算报表数据层层审核及稽核，能够及时发现和纠正企业在账务处理和报表编制中存在的问题，推动企业加强财务会计体系建设。

4. 企业年度财务信息的历史数据储备

国有企业年度财务会计决算是财政一项传统和重要的基础性工作，汇总和记录了国有企业年度财务会计历史数据，建立了立体多层次查询系统，目前国有企业有据可查的历史数据超过 50 年，有利于参照历史解决经济中的现实问题。

（二）国有企业年度财务会计决算工作的组织实施

1. 国有企业年度财务会计决算工作的工作机制

与国有企业经济效益月度快报工作类似，国有企业年度财务会计决算工作是以各级财政部门为主导，以同级主管部门和企业集团为依托，以下属企业（单位）为基础，自上而下逐级管理和汇编，自下而上层层负责而构成的一个整体。

财政部负责对中央部门、中央管理企业和36个省（市、自治区、计划单列市）财政部门进行国有企业年度财务会计决算报告的布置、培训、收集、审核、汇总和考核；各中央部门和中央管理企业负责本部门和企业集团内国有企业年度财务会计决算报告的布置、培训、收集、审核、汇总和考核；各中央部门和中央管理企业所属的基层填报企业（单位）负责编制、审核和上报国有企业年度财务会计决算报告；各级地方财政部门比照财政部对本级部门、企业集团和下级财政部门进行管理。

2. 国有企业年度财务会计决算工作的法律法规依据

国有企业年度财务会计决算工作以《中华人民共和国会计法》、《中华人民共和国统计法》、《企业财务会计报告条例》（国务院令第287号）、《企业会计准则》（财政部令第33号）、《企业财务通则》（财政部令第41号）等国家法律法规，以及《企业年度汇总会计信息报告制度》（财统〔2000〕12号）、《关于改进和加强企业年度会计报表审计工作管理的若干规定》（财企〔2004〕5号）等有关财务会计制度为依据。另外，每年财政部对国有企业财务会计决算都会下发通知，提出明确要求。

3. 国有企业年度财务会计决算报告的填报范围和口径

国有企业年度财务会计决算报告适用于我国境内、境外具有法人资格、独立核算、并能够编制完整会计报表的所有国有及国有控股企业（含境外企业），以及企业化管理的事业单位（已执行企业会计制度）和城镇集体企业。具体指执行工业、农业、商品流通、施工、房地产开发、交通运输、邮电通信、旅游、饮食服务等行业会计制度、《企业会计制度》、《小企业会计制度》和执行《企业会计准则》的各类国有企业（单位），以及供销合作社、二轻集体企业、劳动就业服务企业、民政福利企业、街道企业、校办企业等城镇集体企业、厂办大集体。

国有控股企业是指国家或国有企业（单位）作为出资人之一，国有投资份额（包括国家资本和国有法人资本）占被投资企业实收资本50%以上（含

50%），或者虽未拥有多数股权，但对被投资企业拥有实际控制力的企业。具体包括：

（1）国有间接控制的企业，指通过子公司间接拥有其过半数以上国有权益性资本的企业；

（2）国有直接与间接控制的企业，指母公司虽然只拥有其半数以下的权益性资本，但通过与子公司合计拥有其过半数以上国有权益性资本；

（3）多方国有单位投资的、具有实际控制权的企业，控制权指能够决定一个企业的财务和经营政策，并能据以从企业的经营活动中获取利益的权力。

境外企业是指三类企业（单位）：

（1）在中华人民共和国境外和香港、澳门特别行政区设立的国有境外企业集团及所属子公司（或二级企业），包括招商局集团有限公司、香港中旅（集团）有限公司、华润（集团）有限公司、南光（集团）有限公司和地方的有关境外企业集团；

（2）在中华人民共和国境外和香港、澳门特别行政区投资设立企业或办事机构的境内国有及国有控股的投资单位；

（3）境内投资单位直接投资控股的境外企业，境内投资单位在境外设立的属于经费报账性质的境外办事机构（包括经理部、办事处、代表处、项目组等）的有关情况，应由境内投资单位在本套报表的"境外办事机构基本情况表"中予以反映。

企业化管理的事业单位是指执行《企业财务通则》和相关企业会计制度，实行企业化管理的报社、出版社等国有事业单位。

4. 国有企业年度财务会计决算报告的报送时间和报送方式

中央部门、中央管理企业和各省市财政部门在次年 5 月 10 日前向财政部报送国有企业年度财务会计决算报告。各省（自治区、直辖市、计划单列市）财政厅（局）应将本地区所属企业决算报告汇总上报财政部企业司一份；中央部门应将所属企业的决算报告汇总报送财政部企业司和有关业务司各一份；中央管理企业在向财政部企业司和有关业务司报送决算报告的同时，抄送国有资产监督管理机构备案。

5. 国有企业年度财务会计决算报告的报送内容

中央各部门报送内容包括：年度汇总的决算报表、财务情况说明书、汇编范围企业户数变动分析表，按以上顺序加具封面，编排目录，装订成册并加盖本单位印章；汇总和全部基层企业分户计算机数据、汇总的决算报表编制说明电子文档。

中央管理企业报送内容包括：年度合并的决算报表、会计报表附注、财务情况说明书、汇编范围企业户数变动分析表、主辅分离辅业改制情况表，按以上顺序加具封面，编排目录，装订成册并加盖本单位印章；合并及全部基层企业分户计算机数据、财务情况说明书及会计报表附注电子文档；中介机构对集团公司合并报表出具的审计报告及审计意见、管理建议书，出具了保留意见、无法表示意见或否定意见审计报告的，企业还应同时提交对审计报告相关内容提出的财务处理、账务调整意见或者报表编制的有关情况和意见。

各省（自治区、直辖市、计划单列市）财政厅（局）报送内容包括：年度汇总的决算报表、财务情况说明书、汇编范围企业户数变动分析表，按以上顺序加具封面，编排目录，装订成册并加盖本单位印章；汇总和全部基层企业分户计算机数据、汇总的决算报表编制说明电子文档。

（三）国有企业年度财务会计决算报表的组成和填报

1. 国有企业年度财务会计决算报表的组成

国有企业年度财务会计决算报表主要由报表封面、主表、附表和行业补充指标表组成。其中，报表封面、主表、附表适用于所有企业（单位）填报；行业补充指标表适用于相关行业的企业选择填报。

报表封面主要由企业名称、地址、企业规模、隶属关系、经济类型、国民经济行业分类代码等组成；主表部分由资产负债表、利润表、现金流量表、所有者权益变动表4张表组成，根据现行企业会计制度规定而设置；附表部分由应上交应弥补款项表、资产减值准备情况表、基本情况表、国有资产变动情况表4张表组成，进一步反映企业基本情况和财务状况；补充指标表部分包括粮食、铁路、民航、工交邮电、邮政、电信、农口、文教、外经、旅游、施工、烟草、供销合作社、电力、石油石化及境外机构等16类补充指标表，主要满足政府对特殊行业的管理需求。

2. 国有企业年度财务会计决算报表填报的基本原则

（1）国有企业年度财务会计决算报表基本填报单位的级次为：2010年度以前，国有企业年度财务会计决算报表基本填报单位的级次为"三级及三级以上"企业，这种上报方式虽在财务数据上能够反映企业情况，但却无法真实反映国有企业数量及纳入企业集团合并报表范围的企业总体情况。为更加真实地反映我国国有企业数量和分布情况，根据《财政部关于印发〈2011年度企业财务会计决算报表〉的通知》，2011年度开始，企业集团应将纳入合并报表范围的企业实行全级次上报；暂时不具备条件的，应积极做好全级次上报的相关准备工作，力争在2年内实现全级次上报。

（2）企业集团母公司应编制本集团的合并会计报表。企业集团应全面推行《企业会计准则（2006）》，要求其所属子公司与母公司同步推行新准则。合并会计报表的编制原则、范围及编制方法按《企业会计准则第 33 号——合并财务报表》等 38 项具体准则、《企业会计准则应用指南》、《企业会计制度》中对合并报表的有关规定执行。

（3）企业集团应建立本集团母子公司树形结构。决算报表的树形结构是一个企业集团按照会计准则的合并规定建立的母子公司报表体系，体系主要通过企业组织机构代码建立并对母子关系进行区别。企业组织结构代码是指各级质量技术监督部门核发的企业（单位）法人代码证书规定的 9 位代码，尚未领取统一代码的企业（单位），应主动与当地质量技术监督部门办理核发手续。本代码由本企业代码、上一级企业（单位）代码、集团企业（公司）总部代码三层组成。

（4）报表期末数或当期数有关指标根据企业当年财务会计决算数填列，表内年初数有关指标根据企业上年度财务会计决算年末数或当期数结合本年度调整数分析填列。如果表内上年度与本年度项目名称和内容不相一致，应按本年度口径调整后填列。

（5）企业应依据编制说明要求填列报表的各项指标，编制说明中未作解释的内容，以所执行的企业会计准则、企业会计制度等为依据。企业集团下属金融企业执行金融企业会计制度或企业会计准则的，填报有关金融企业项目。

（6）分户填报和录入的金额单位为人民币元（保留两位小数）。境外国有企业应根据《企业会计准则第 19 号——外币折算》等相关规定折算。

（四）国有企业年度财务会计决算报告的基本要求

各单位应该加强组织领导，做好层层布置、培训和会审工作，落实填报工作任务，明确分工，严格审核，确保数据的真实、合法和完整。

1. 以真实的交易事项、完整的账簿记录为依据

在全面清查资产，核实债务和权益，正确结转损益，做到账实、账表一致。

2. 报表要真实、合法和完整，勾稽关系正确，要按照规定格式和内容撰写财务情况说明书，对本年度的经营成果、财务状况及决算工作情况进行认真分析和总结

3. 符合国家会计制度和财务制度，以及财政部相关规定

企业不得违反财务制度和会计制度对科目和报送范围进行随意归并和转换。

4. 依法进行年终审计，审计后出具的报告要合规

四、外商投资企业年度财务会计决算报告

外商投资企业年度财务会计决算报告是外商投资企业向财政部门上报的反映企业年度财务状况、经营成果和现金流量等会计信息的年度财务会计报告，适用于具有法人资格、独立核算、并能够编制完整会计报表的外商投资企业。

（一）外商投资企业年度财务会计决算报告的作用

1. 全面反映全国外商投资企业运行情况

外商投资企业年度财务会计决算报告能够及时、准确和全面反映外商投资企业年度运行状况，为国家和各级政府部门提供外商投资企业财务会计信息及运营情况分析，有利于比对国有和外资企业的差别，促进其他类型企业加强管理。

2. 为国家对外经济政策的调整提供依据

外商投资企业年度财务会计决算报告对国家批准的外商投资协议、合同和实际执行情况，以及由此产生的经济效益和已设立外商投资企业财务情况，进行系统的调查统计和分析，为国家引进外资政策和其他对外经济政策的调整提供必要的依据。

3. 企业年度财务信息数据库的组成部分

年度企业决算是财政一项传统和重要的基础性工作，外商投资企业年度财务会计决算作为一个重要的组成部分，汇总和记录外商投资企业年度财务数据，能够反映外商投资企业的发展轨迹，是我国企业发展历史的重要组成，有利于对不同类型间企业发展状况进行对比。

（二）外商投资企业年度财务会计决算工作的组织实施

1. 外商投资企业年度财务会计决算的工作机制

外商投资企业年度财务会计决算工作是以各级财政部门为主导，财政部负责制定全国统一的外商投资企业财务会计决算报表，并规定统一的电子数据格式，逐级下发地方财政部门，由地方财政部门与联合年检工作相结合，组织外商投资企业填报并汇总上报。

财政部一般于年末对外商投资企业年度财务会计决算工作进行统一布置和培训，并下发外商投资企业年度财务会计决算报表；各地财政部门结合外商投资企业联合年检进行布置、组织、收集、审核、汇总和上报等工作；各地外商

投资企业按照属地原则参加联合年检并向当地财政部门进行财政登记和报送决算报表；各地财政部门汇总当地外商投资企业决算报表后，逐级向上级财政部门上报，省级财政部门在联合年检结束后汇总本省（市、区）报表报送财政部；财政部对上报的报表进行审核、汇总、分析和考核。

2. 外商投资企业年度财务会计决算工作的法律法规依据

外商投资企业年度财务会计决算工作主要依据《中华人民共和国外资企业法》、《中华人民共和国中外合作经营企业法》、《中华人民共和国中外合资经营企业法》中涉及财务会计报告的相关规定，《中华人民共和国会计法》、《企业财务会计报告条例》（国务院令第287号）、《企业会计准则》（财政部令第33号）、《企业财务通则》（财政部令第41号）、《外商投资企业财政登记管理办法》有关财务会计核算及报表编制和报送的规定。另外，每年财政部对外商投资企业年度财务会计决算工作都会下发通知，提出明确要求。

3. 外商投资企业年度财务会计决算报告的填报范围和口径

虽然根据商务部外商投资统计规定，外商投资企业按性质主要分为中外合资经营企业、中外合作经营企业、外商独资企业、外商投资合伙企业、外商投资股份有限公司、外商投资上市公司、合作开发项目（非独立法人）和其他类型。但是，外商投资企业年度财务会计决算报表是外商投资企业向财政部门报送的年终财务会计决算报表统一格式，只适用于具有法人资格、独立核算、并能够编制完整会计报表的外商投资企业填报。

根据商务部外商投资统计规定，外商投资企业类型：

中外合资经营企业是指外国公司、企业和其他经济组织或个人依据《中华人民共和国中外合资经营企业法》，同中国的公司、企业或其他经济组织在中国境内共同投资举办的企业，合营各方按各自的出资比例分享利润、承担风险。

中外合作经营企业是指外国公司、企业和其他经济组织或个人依据《中华人民共和国中外合作经营企业法》，同中国的公司、企业或其他经济组织在中国境内共同投资或提供合作条件举办的企业。合作各方的权利、义务、利益分配和风险分担等在各方签订的合同中确定。

外商独资企业是指外国公司、企业和其他经济组织或个人依据《中华人民共和国外资企业法》，在中国境内设立的全部资本由外国投资者投资的企业。

外商投资合伙企业是指根据《外国企业或者个人在中国境内设立合伙企业管理办法》规定，两个以上外国企业或者个人在中国境内设立的合伙企业，以及外国企业或个人与中国的自然人、法人和其他组织在中国境内设立的合伙企业。

外商投资股份有限公司是指根据《关于设立外商投资股份公司暂行规定》设立，且未上市的股份公司。

外商投资 A 股上市公司是指以人民币计价，面对中国公民发行股票且在境内上市的外商投资企业。外商投资 B 股上市公司是指以美元、港元计价，面向境外投资者发行股票，但在中国境内上市的外商投资企业。

合作开发项目是指外国公司依据《对外合作开发海洋石油资源条例》和《对外合作开采陆上石油资源条例》，同中国的公司合作进行石油、天然气和煤层气资源勘探开发的项目。

其他类型是指外国公司、金融机构在华设立从事经营活动的分支机构，如境外公司分公司、境外银行分行等，还包括在境内注册的企业对外发行股票，由境外投资者以外币认购后单个外国投资者在企业所占股权比例超过 10%（含 10%）的资金。

4. 外商投资企业与国有企业在决算报表统计上的重合

根据国家有关部门对外商投资企业和国有企业的界定，一部分含有外资的国有企业会纳入外商投资企业财务会计决算编报范围，主要包括两种情况：一种是国有企业的境外公司返投境内，形成名义上的外商投资企业；另一种是有关部门对外商投资企业和国有企业的界定存在交叉，如《中外合资经营企业法》规定合营企业中外资比例一般不低于 25%，《关于加强外商投资企业审批、登记、外汇及税收管理有关问题的通知》（外经贸法发［2002］575 号）第二条中规定，外资比例低于 25% 的在外资企业批准证书和营业执照上加注"外资比例低于 25%"字样。按照上述规定，只要含有外资成分的企业都被纳入外商投资企业统计范围，由此导致外商投资企业与国有企业在统计时会出现部分重合。

5. 外商投资企业年度财务会计决算报告的报送时间和报送方式

财政部一般于本年末布置下发外商投资企业年度财务会计决算报告，各地方报送财政部时间为次年 7 月 31 日前。

各地外商投资企业按照属地原则参加联合年检向当地财政部门报送纸质和电子格式决算报告。各地财政部门汇总当地外商投资企业决算报表后，逐级向上级财政部门上报汇总纸质决算报表及电子格式分户和汇总决算数据，省级财政部门在联合年检结束和审核、汇总本省（市、区）决算数据后，按要求以纸质和电子方式报送财政部。

6. 外商投资企业年度财务会计决算报告的报送内容

报送内容包括：年度汇总的决算报表和编制说明，加具封面，装订成册并加盖本单位印章；汇总和全部分户企业计算机数据、汇总会计报表编制说明的电子文档，计算机数据和电子文档须符合财政部统一要求的数据处理软件和参数要求；本地区外商投资企业决算分析报告和决算工作总结，分析报告应包括企业投产和经营情况、报表汇总情况、企业财务管理存在的问题，工作总结包括外商投资企业联合年检情况，决算工作中存在的问题、建议等。

(三) 外商投资企业年度财务会计决算报表的组成和填报

1. 外商投资企业年度财务会计决算报表的组成

外商投资企业年度财务会计决算报表主要由报表封面、主表和补充指标表组成。报表封面主要由企业名称、地址、企业类别、经营规模、国民经济行业分类代码等组成；主表部分由资产负债表、利润表、现金流量表、所有者权益变动表4张表组成，根据现行企业会计制度规定而设置；补充指标表为财务指标补充资料表1张，进一步反映企业基本情况和财务状况。

2. 外商投资企业年度财务会计决算报表填报的基本原则

(1) 外商投资企业一般以法人为单位进行填报。由于外商投资企业在会计核算和工作组织方面的特殊性，外商投资企业一般以法人为单位进行填报，不存在合并报表问题，在汇总和使用外商投资企业决算时，一般采用简单累加方式进行汇总。

(2) 报表期末数或当期数有关指标根据企业当年财务会计决算数填列，表内年初数有关指标根据企业上年度财务会计决算年末数或当期数结合本年度调整数分析填列。如果表内上年度与本年度项目名称和内容不相一致，应按本年度口径调整后填列。

(3) 企业应依据编制说明要求填列报表的各项指标，编制说明中未作解释的内容，以所执行的企业会计准则、企业会计制度等为依据。

(4) 以人民币为记账本位币的企业，注册资本应按合同规定的汇率或出资日汇率折合人民币。

(5) 分户填报和录入的金额单位为人民币元（保留两位小数）。

(四) 外商投资企业年度财务会计决算报告的基本要求

1. 外商投资企业应该遵守国家相关法律和法规，认真执行外商投资企业联合年检的有关规定

2. 依据国家统一的会计准则、制度，以及财政部门的有关规定，按照财政部规定的报表格式和编制说明等具体要求，以年终财务会计决算结果和其他有

关资料填报报表和编写说明

3. 以真实的交易事项及完整的账簿记录为依据

全面清查资产，核实债务和权益，正确结转损益，依法进行年终审计，保证数据的真实性和完整性。

4. 汇总和分析以趋势分析为主

由于同一集团所属外商投资企业并未合并，存在关联交易未抵消等问题，影响到资产和收入等指标，因此，在分析时应以趋势分析为主，辅助以分类分析。

（五）外商投资企业联合年检

1. 外商投资企业联合年检的背景和目的

1996 年国家为进一步改善外商投资环境，减轻企业负担，改变各部门分头进行年检、年度审验和换发证件等项工作的状况，在全国外资工作领导小组的协调下，根据国家对外商投资企业管理的有关规定，对外贸易经济合作部、国家工商行政管理局、国家经贸委、财政部、国家外汇管理局、国家税务总局和海关总署决定自 1997 年起，对外商投资企业（包括台、港、澳侨投资企业）的出资、生产经营、财务、外汇、进出口等方面的情况进行联合年检。2007 年，海关总署因工作需要退出联合年检，国家统计局加入联合年检。

对外商投资企业进行联合年检是加强对外商投资企业监管、转变政府管理方式、改善投资环境的重要举措，是全面掌握外商投资企业存续状况，为政府决策服务的工作平台，目前年检主要内容为上年度外商投资企业运营情况。

2. 外商投资企业联合年检的法律法规依据

外商投资企业联合年检依据《对外贸易经济合作部、国家工商行政管理局、国家经济贸易委员会、财政部、国家外汇管理局、国家税务总局、海关总署关于对外商投资企业实行联合年检的通知》（外经贸资发〔1996〕773 号）和《对外贸易经济合作部、国家经济贸易委员会、财政部、海关总署、国家税务总局、国家工商行政管理局、国家外汇管理局关于对外商投资企业实行联合年检实施方案的通知》（外经贸资发〔1998〕938 号）进行。另外，每年年初六部委会对联合年检工作联合下发通知，对相关工作提出要求。

3. 外商投资企业联合年检的组成部门

外商投资企业联合年检目前包括商务部、财政部、税务总局、工商总局、统计局和外汇管理局六个部门。外商投资企业联合年检由商务部牵头并负责协调工作，除参加联合年检的部门外，未经国务院批准，任何部门和单位不得对外商投资企业实行年检，联合年检各部门不得在本系统内另行组织对外商投资企业的年度检查。联合年检的联合办公费用由地方财政解决，除工商行政管理部门仍按原标准收费外，联合年检各部门不得增加新的收费。

4. 外商投资企业联合年检的时间

目前的年检时间一般规定每年 3 月 1 日至 6 月 30 日为外商投资企业联合年检办公时间。

五、企业动态信息专报

企业动态信息专报主要反映各类企业生产、主要行业经营中最新出现的情况、变化和改革发展中最新遇到的矛盾、问题以及宏观经济政策实施的效果等，由各信息工作管理单位组织、收集、整理、分析、审核后报送财政部。

（一）企业动态信息专报的作用

1. 反映企业经济运行中的动态情况

关注企业发展中的最新变化，反映企业经济运行中出现的动态情况和问题，并针对这些新情况、新问题做出简要分析，并提出应对措施。

2. 描述企业发展中某一方面的特殊问题

对企业经济运行中的某个特定方面进行分析，判断趋势，取得结论，使经济运行分析具有针对性，能够深刻揭示主要特征，解决实际问题。

3. 与月报、年报结合对经济发展进行判断

在定期报送和分析月报和年报的同时，结合活的情况对月报和年报指标进行深入分析，对经济发展的趋势和政策实施效果做出快速判断，用于指导财政企业政策的及时调整。

（二）企业动态信息专报的组织实施

企业动态信息专报工作以各级财政部门为主导，以同级主管部门和企业集团为依托，以下属企业（单位）为基础，自上而下逐级组织、分析和上报，自下而上层层负责而构成的一个整体。

财政部负责对中央部门、中央管理企业和 36 个省（市、自治区、计划单列市）财政部门进行企业动态信息专报工作进行组织、收集、整理、分析、审核和考核；各中央部门和中央管理企业负责本部门和企业集团内所属企业（单位）的企业动态信息的收集、整理、分析、审核和上报工作；各级地方财政部门比照财政部对本级部门、企业集团和下级财政部门进行管理。

（三）企业动态信息专报工作的基本要求

各中央部门、中央管理企业和各级财政部门应当高度重视企业动态信息工作，建立本系统、本地区企业动态信息专报工作机制，采取重点调查、抽样调查等多种方式，及时收集、密切监测、跟踪企业和主要行业经济运行中的各种变化和走势，不断提高对企业经济运行的动态监测能力。

企业动态信息专报力求做到即有即报、反映迅速、情况真实、内容重要、简短明确。

六、企业经济运行分析

企业经济运行分析是指运用一定的统计分析方法，对企业财务会计数据所包含的信息进行深层次挖掘、判断和利用，结合宏观经济形势发展态势和宏观经济政策走向，揭示企业发展的现状、特征和问题，为制定相应的政策措施提供基本依据。

（一）企业经济运行分析的意义

1. 对企业经济运行态势做出判断

对企业财务会计信息进行整体分析能全面掌握企业经济运行的发展态势，有效发挥企业财务会计信息在财政企业工作中的功能作用，分析企业运行态势有助于对宏观经济的运行趋势做出判断，从而为制定经济政策提供参考。

2. 对经济政策的调整方向做出判断

通过对企业财务会计数据的深入挖掘和分析，分析经济政策和财政企业政策的政策效果，评价政策的目标、内容、方式和监督管理，为加强和改善宏观经济调控、调整企业改革发展的财政企业政策提供决策参考。

3. 发现企业财务管理中的问题

通过对企业财务会计数据的分析，了解掌握企业财务运行状况，及时发现企业问题及其产生的原因，促进财政部门加强对企业指导监管，推动企业加强财务管理。

4. 提高企业财务会计信息工作水平

企业财务经济运行分析工作是企业财务会计报表工作的延续和升华。通过对企业财务会计数据进行有效分析和利用，整理和发现企业财务会计报表工作中存在的问题并及时提出改进和完善的建议，提高企业财务会计信息工作水平。

(二) 企业经济运行分析的基本要求

1. 准确充分利用企业财务会计数据

在准确利用财务会计数据资料及其他相关资料基础上，做到论证有力、论据确凿，分析独到。同时，在做好定量分析的同时，做好定性分析。

2. 注重对经济热点和焦点问题的分析

加大调查研究力度，以问题调研和现有工作调研为主要内容，注重与宏观调控目标任务和财政中心工作相结合，有针对性、有目的地深入实际、深入基层，抓主要矛盾、抓突出问题，防止主观臆断性的分析。

3. 分析报告具有较强的应用指导意义

分析报告要有情况、有问题、有实例、有分析、有建议，做到观点新颖，语言简练，论述深刻。

(三) 企业经济运行分析的主要方面

1. 经营业绩分析

一般情况下，国家有关部门对国有企业的经营情况都比较关注，往往首先要得到企业经营成果的信息，即企业资产保值增值状况如何、效益增减状况如何、比历史同期有无变化等，因此经营业绩分析是企业经济运行分析的首要内容。

2. 资产管理效率分析

企业各项资产运转能力的强弱，体现了企业管理者对现有资产的管理水平和使用效率。资产周转速度快，反映企业资产流动性好，资产得到了充分利用；否则，说明企业存在资金和资源沉淀现象，资产管理需要改进。

3. 偿债能力分析

偿债能力分析是指对企业偿还各种短期负债和长期负债能力的分析。企业偿债能力的高低是债权人最关心的，但出于对企业和金融安全性考虑，政府有关部门也十分关注。

4. 经济结构变动分析

主要是结合市场经济中企业的功能定位，分析不同类型企业在不同产业、行业、地区、规模间的分布变动状况和集中度，以及对行业、产业控制力和支配力，为企业改革和经济结构调整提供依据。

5. 经济形势的预测

对经济运行做出增长、持平或回落的综合预测，关系到政府、企业、经济组织乃至个人对未来的预期,是各项宏观经济政策制定和出台的基础和主要依据之一,引导着社会有关各方的经济行为,在社会经济生活中起着非常重要的作用。

(四) 企业经济运行分析的主要方法

目前在经济分析中使用较多的分析方法主要有定量分析和定性分析两类:

1. 定量分析

(1) 比较分析法。企业经济运行分析的常用方法,通过对绝对数增减变动分析、增幅变动分析等方法发现问题,找出特征。

(2) 比率分析法。通过有重要或内在联系的指标之间的比率变化,反映企业的盈利、营运等能力。通过构成比率(又称结构比率)分析,反映某项经济指标的各个组成部分占总体的比重,判断分析总体某个部分的形成和安排是否合理。如:资产负债率、成本费用率等。

(3) 趋势分析法。将某特定企业连续若干会计期间的报表资料在不同年度间进行横向对比,确定不同期间的差异额或差异率,以分析企业资产和财务变动情况及变动趋势。

(4) 图表分析法。如平面坐标分析和雷达图表分析等,直观、准确表达企业经济运行状况。

2. 定性分析

在综合分析社会经济发展形势,以及企业以往年份同类情况基础上,结合自己的经验,对企业经营管理情况、运行效率情况等进行总体把握和判断的一种方法。定性分析方法主观性强,必须对所分析的问题有足够的了解、认识和研究,并充分掌握素材,才能做出准确的定性判断。

(五) 企业经济运行分析报告的组成

企业经济运行分析报告一般由企业经济运行状况、存在问题和政策管理建议三部分组成:

1. 企业经济运行状况

通过分类比较以及同比和环比比较,对企业运行情况进行分析,概括出企业经济运行现状及主要特点,主要包括主要指标情况、重点行业的财务和生产经营情况、重要政策的执行情况以及企业运行中的突出特征和新的趋势。

2. 当前存在和潜在的问题

通过对企业运行基本情况的分析,发现企业经济运行中生产经营、企业财务、产业结构等方面出现的矛盾和问题,及时发现重大问题的端倪,对成因和表现出的特征进行深入剖析,找出导致这些矛盾和问题的症结所在。

3. 政策和管理建议

针对企业经济运行中的特征和存在的矛盾及问题,提出如何调整宏观政策特别是财政企业政策的建议,并明确加强企业内部管理的措施。

七、企业财务信息管理工作的考核

(一)企业财务信息管理工作的考核对象

立足于企业财务会计信息管理监测体系,财政部每年对企业财务信息管理单位报送信息的及时性、规范性和完整性进行总结评审,并予以公布。主要包括:企业经济运行信息工作(包括国有企业经济效益月度快报工作、企业信息专报工作、全年经济运行分析报告工作等)、国有企业年度财务会计决算工作(含集体企业年度财务会计决算工作)、外商投资企业年度财务会计决算工作等。

(二)企业财务信息管理工作的考核方法

国有企业经济效益月度快报、国有企业年度财务会计决算、外商投资企业年度财务会计决算的考核按照及时性、规范性和完整性分项设定分值,确定总结评审结果。

企业信息专报、全年经济运行分析报告、地方财政部门建立分级收集各类企业财务信息制度及执行情况的总结评审,采取加分制,计入企业经济运行信息工作总结评审结果。

(三)企业财务信息管理工作的表彰奖励

财政部对企业财务信息管理单位和在企业财务及信息工作中做出突出贡献的先进工作者予以表彰奖励。

八、企业财务会计信息电子报送系统

(一)企业财务会计信息电子报送系统的设计思路

1. 满足基础数据采集和汇总的需要

企业财务会计信息的报送采用分户报表、全面收集的工作体系,采集范围涉及每一户基层单位，上级单位需要将所属单位数据进行层层汇总，企业财务会计决算报表体系应满足大范围、不同水平工作人员同时录入和汇总报表数据的需要。

2. 满足数据基本分析和管理的需要

除了收集汇总，分析和处理必须能够通过报表中的各种标识，检索出各种标识分组和标识组合的分析数据，通过系统各个软件中的基本分析工具，拓展报表数据的开发利用空间。

3. 选择普遍接受的软件技术

企业财务会计信息电子报送系统所使用的软件是通过广大财会人员的使用来实现其价值，针对目前我国计算机的应用水平和习惯，应选择大众化的操作系统和较为容易接受的人机界面，减少使用的障碍。

4. 软件具有可扩展性

企业财务会计信息电子报送系统的各个软件是处理报表的专用软件，各类报表的表样格式和具体要求都不尽相同，同类报表上下年度的格式和要求也不相同，应具有通用性，无论是填报、报送、分析和储存，程序都能适应不同的报表，实现一套软件能够管理多套报表的目标。

（二）企业财务会计信息电子报送系统的组成

企业财务信息电子报送系统由以下部分组成：填报软件、网络报送系统、信息处理平台和数据库。

1. 填报软件

填报软件按照业务目前分为企业经济效益月度快报软件、企业年度财务会计决算软件和外商投资企业年度财务会计决算软件，分别满足不同的业务需求。根据不同企业和单位的需要，目前填报软件分为单机版和网络版。

2. 网络报送系统

网络报送系统是应对信息化发展的需要，为进一步提高企业财务会计信息收集、汇总和传输速度而建立，报表和财务会计信息通过网络填写和报送，取代传统的单机版软件，使全国的企业信息构成一个有机的整体。

3. 信息处理平台

信息处理平台是企业财务会计信息收集、审核和汇总后进行后期分析和查询的计算机软件平台，通过信息处理平台可以进一步挖掘和使用数据，产生满足不同需要的数据种类。

4. 数据库

数据库是企业财务会计信息的最终存储系统，通过平台处理结束后的数据存储在数据库里,一方面起到备份原始数据的作用;另一方面是作为历史数据的存储地点,能够进行立体查询。

(三)企业财务会计信息填报软件的使用

1. 填报软件的基本结构

企业财务会计信息填报软件采用处理程序与报表格式相分离的设计,基本结构由报表处理程序和报表任务参数两部分组成,是一个通用的报表处理软件,可以用来处理多种形式的报表。

报表处理程序进行数据录入、数据审核、数据汇总、数据分析、数据传送、参数定义等各类报表通用的数据处理功能,报表处理程序并不对某一套特定的报表编程,而是对报表模型和基本工作流程进行编程开发,以工作流程为主设定各种功能。

报表任务参数进行报表表式定义、报表单元格属性设定、审核公式设置、数据汇总方法确定、报表主代码构成要素选定等内容,用于描述报表格式形态及其填报汇总要求。

只有当报表处理程序和报表任务参数两者结合起来后,才能构成一套完整的报表软件,所以安装软件时,程序和参数都需要安装,运行程序时,需要选定参数才能填报报表。

2. 填报软件对多类报表的管理

企业财务会计信息填报软件是由报表处理程序和报表任务参数构成,通过软件中的数据传送机制可以导入多套报表任务参数,从而使软件能够处理各类不同内容的会计报表。通常一类报表对应一套任务参数,在同一台机器上,软件程序只需一个,报表任务参数可以同时存在多套,因此在一台计算机上只需要装一套报表处理程序就能管理全部报表参数和报表数据,通过任务切换选择不同的报表和报表数据。

财政部每年下发的报表分为月报、年报,月报和年报在不同年度格式不同,并且对国有、集体、外资等不同类型企业需要区别对待,利用处理程序与报表参数分离的特性,将各种报表定义成不同的任务参数,通过软件与不同参数的组合,形成不同报表的专用处理软件。

3. 填报软件对数据质量的控制

提高数据质量是报表填报软件的一项基本任务,许多功能的设计和各个数据流动环节中都有相应的功能,主要从以下几个方面对数据质量进行控制:

（1）基本的录入格式要求。对录入的数据按数值、文字和编码三类进行存放，互相不能混用，对编码用字典进行限制，进一步保证了填录的规范性。

（2）分级别的审核公式体系。能够完整正确的体现报表设计的要求，可对表内表间数据单元格之间的关系进行检索审核，可在录入时边录边审，也可对软件中的所有记录进行批量审核。

（3）数据传入的检查。当软件接受别的机器传入数据的时候，要对报表类别、表样格式和主代码是否重复等方面进行控制检查，防止不合规定的数据的进入，影响软件的正常运转。

（4）过录表审核。有些审核关系和指标间的配比关系不能用审核公式统一硬性表述，通过过录表排序功能可以很快地发现数据中存在的问题，并进行数据有效性审核和年度间数据核对，找出异常数据。

（5）分析对比。在汇总层面上没有发现的问题，可能会在不同分组的分析表中暴露出来，利用软件中提供的分析表分解制作功能，对常用的分组能够及时发现录入收集过程中隐藏的各种错误。

4. 如何加快数据录入速度

数据录入是报表填报工作中最为重要的一个环节，如何提高数据录入的速度是填报者非常关心的问题。加快数据录入的技巧主要有：

（1）复制粘贴。封面数据录入可以通过"复制封面"和"粘贴封面"两项功能来实现新增单位的封面填录，粘贴后对个别不同的地方进行相应的编辑修改；如果需要录入的报表是用 Excel 软件制作的电子文档，其格式和会计决算报表相一致，可以采用直接复制、粘贴的方式进行报表的录入。

（2）改变录入导向。不同的人录入习惯不同，可以通过设置"录入导向"来改变数据录入方向。在录入报表界面中，通过鼠标右键菜单可以找到"录入导向"进行改变和设置新的习惯，"录入导向"有四种切换方向，分别是向左、向右、向上和向下。

（3）文本的导出和导入。如果需要录入的报表数据在其他管理软件中，可以采用文本导出和导入的方法进行过渡。首先将报表数据从用户自己使用的管理软件中导出成文本文件，然后通过导入的方式将数据转换到填报软件中来，并对导入后的数据进行核对。

（4）导入上年数据。前提条件是计算机中保存有上年的任务参数及数据。导入上年数据主要通过封面代码提取和数据导入两个部分完成，通过"封面代码提取"功能，将上年会计决算报表中的封面信息直接提取过来，然后通过导入上年数据完成对报表年初数的提取。

5. 数据装入时特殊情况的处置

当装入上级部门下发的报表参数以及加载上报的报表数据到系统中时，会遇到重码等特殊情况，系统针对不同情况提供了不同解决方案：

（1）重码数据装入。为解决一套报表由多台计算机录入后的数据合并问题，在数据装入时系统会对重码单位检查和判别，并提供了三种装入方式（合并、覆盖、不装入）供用户选择，合并是指将两户重码单位的数据按表进行加总，还是作为原来的一户存放在计算机系统中；覆盖是指将重码单位的数据以待装入的数据为准，替代系统中原来的数据；不装入是指忽略待装入数据中的重码单位，以原系统中的数据为准。在实际工作中，按不同的需要，采取不同装入方法，解决重码问题。

（2）数据分口标记。为解决各级财政部门各业务口的数据检索问题，在数据装入时，用户通过选择设置数据来源标志对报表数据实现分口管理，在数据装入时一旦设置好分口标识，在系统的录入、审核、汇总和查询等功能模块中均可以利用分口标识来检索不同业务口的报表数据。此外，通过设置数据来源标识还可以对分地区、分集团的上报数据进行管理。

（四）企业财务会计信息网络报送系统的使用

企业财务会计信息网络报送系统是通过局域网或互联网进行信息收集、信息分析管理的报表系统。2009年以来，财政部支持各省级财政部门建立企业财务会计信息网络报送系统，并首先应用到企业经济效益月报，由单机版逐级报送逐渐改为网络直报。

1. 企业财务会计信息网络报送系统的优势

随着计算机网络技术的日益成熟普及，企业财务会计信息报送向网络化方向发展已是大势所趋：一是效率高，速度快，便于对信息进行统一管理；二是维护扩展方便，升级维护增加功能只需在服务器端进行；三是节约成本，一般只需在服务器端安装软件即可，客户端登录服务器即可填报。

网络化的报表报送软件利用成熟的因特网技术，建立多层次的服务器体系构架，系统网络平台基于普遍采用的浏览器和服务器应用模式，将运行在客户端的应用软件移植到服务器端，客户端不再需要应用程序，通过浏览器传递网上众多的数据，能够较好地解决现行信息工作体系中遇到的问题。

网络化的报表报送软件适用于局域网、广域网和因特网等各种网络环境，计算机通信条件较差的单位也可在本地客户端安装前台基层端软件，实现磁盘方式报送报表数据。

网络化报表报送软件,将有力解决现行汇总系统在报表编制要求迅速下传和基层数据快速上报方面遇到的问题,更方便地为各级汇总点提供丰富的数据分析功能,改变现有的工作模式,报表收集体系的工作效率将会进一步提高,组织管理工作也将更有时效性和针对性。

2. 企业财务会计信息网络报送系统使用环境

网络报送系统采用"浏览器/服务器"模式(B/S 模式),用户只需要一台能够接入互联网络的电脑,通过浏览器访问系统网站,输入用户名、密码和验证码,就可以在网页上完成各种功能操作。为了使系统正常运行,计算机操作环境要与以下要求一致:

操作系统:支持 Windows2000/2003/Xp 操作系统,其他操作系统请用户依照单位的实际情况使用。

浏览器:系统要求使用 Microsoft Internet Explorer 浏览器,版本在 6.0 以上,推荐使用 IE7.0 版本。系统不支持 FireFox、Opera、Safari、Chrome 等非 IE 内核的浏览器访问系统。

网络条件:用户必须能够与财政部服务器正确建立通信,并且在处理业务的过程中,与服务器的通信状态良好。

3. 企业财务会计信息网络报送系统的报送流程

企业财务信息网络报送系统首先应用在企业经济效益月度快报上,并在《财政部关于做好 2011 年企业经济效益月报工作的通知》(财企〔2011〕3 号)附了操作指南。网络报送系统的报送流程:登录系统→填写汇总户数据→运算→审核→上传分户数据→上报数据。如图 14-2 所示:

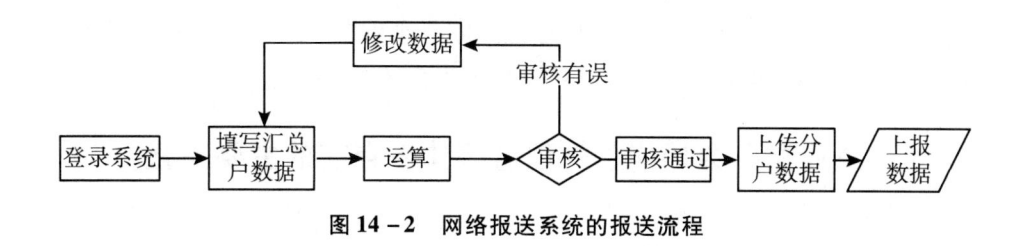

图 14-2 网络报送系统的报送流程

4. 企业财务会计信息网络报送系统的上传和上报数据

使用网络报送系统上传分户数据:在数据录入界面,可以上传分户数据和填报说明。中央部门和中央管理企业用户可以在本企报表封面的填报界面、财政用户可以在本省(市)报表封面的填报界面,对分户数据和填报说明进行上传，上传方法类似于在电子邮件中添加附件。点击〖修改〗弹出附件管理窗口，再点击〖上传〗按钮，即可打开附件选择窗口，选择本地计算机上的 jqd 分户数据文件后点击〖保存〗即可上传分户数据到系统。同样的在下方还可以上传填报说明到系统中，最后随汇总户数据上报到财政部。

使用网络报送系统上报数据：审核通过后，单击页面上方的〖上报〗按钮，点击〖保存并上报〗，即可执行上报。如果报表数据未通过审核，则系统不允许上报。上报后的单位其单位状态为〖已上报〗，上报的单位在单位列表中以红色标记，上报后的数据不允许自行修改。如上报后确实需要对数据进行修改，必须由财政部负责人执行〖退回〗后，方可修改数据。

(五) 企业财务会计信息处理平台和数据库的使用

对于上级单位来说，数据收集、审核和汇总后，要对数据进行分析应用获得关注的信息。信息处理平台是进行后期分析和查询的计算机软件平台，通过信息处理平台可以进一步挖掘和使用数据，完成对数据的查询、统计、分析，产生满足不同需要的数据种类，例如分行业、分地区、分类型等分类信息，以及跨月度和年度进行比对的同比和环比信息，最终产生利于存储的数据库信息。

数据库是存储企业财务会计信息的数据仓库，企业财务会计信息数据量大、结构复杂、变化较多，运用数据库系统，可以有效备份数据、储存数据和进行查询。财政部企业财务信息系统开发于 2004 年，是在原 2001 年财政部"全国会计信息网络查询系统"的基础上改造和开发而成的，其数据核心是企业财务决算报表数据和月度经济效益月报数据，部分数据可以追溯到 2000 年，分为中央管理企业、中央部门企业和地方国有企业三个部分，每年约增加 11 万户左右企业的数据量，具有纵向查询、横向查询和条件查询等立体查询功能。另外，数据库还存储有年度数据资料汇编等文本资料。

九、企业财务会计信息管理监测体系存在的主要问题

(一) 国有企业信息时效性不强

按现行有关规定和实际做法，企业年度决算一般要在次年 4 月底完成，全国审核汇总最快要到 5 月底结束。虽然决算可以较为全面准确的反映国有企业情况，但由于时间滞后，不利于经济形势的判断和宏观调控政策的制定。加之受传统管理方式影响，企业财务会计信息大多采取定期报送的方式，在市场经

济瞬息万变，市场经济日趋激烈的情况下，企业财务会计信息对企业、行业的动态情况反映不及时、不全面，难以有效地发挥作用。

(二) 中小企业信息收集困难

2005年开始，我们建立了《非国有企业快报》汇总制度，由于纳入统计范围的企业数量很少，一直无法对外披露。有关部门从不同角度收集的中小企业数据口径不一，户数不全，更不能反映中小企业的财务状况。当前以致未来发展期间，中小企业已成为社会广泛关注的焦点并成为财政支持的重要对象，不了解中小企业的真实情况，支持中小企业发展的政策就缺乏科学依据，存在一定的盲目性。根据促进中小企业发展的工作需要，迫切需要建立健全中小企业较为全面的信息体系。

(三) 企业财务会计信息与财政资金和企业财务管理脱节

传统体制下，企业决算工作与财政收支管理紧密相连，构成财政企业工作的重要组成部分。但在实际工作中，企业财务会计信息管理工作往往游离于财政企业中心工作之外，没有形成与财政资金安排、使用、监督和企业财务管理的有机结合。一些地方财政部门认为，收集汇总企业报表主要是为了完成财政部布置的工作任务，与本级财政企业工作关系不大，对企业财务会计信息管理工作缺乏应有的重视，被动应付，工作不力。企业向财政部门报送报表不是必要的工作，不报或不按时报对企业没有任何影响。特别是中小企业报送报表和信息收集工作十分困难。

十、企业财务会计信息管理监测体系的完善

(一) 强化企业财务会计信息的即时性和时效性

强化企业经济运行动态监测分析工作，进一步提高企业财务会计信息的即时性和时效性，增强对企业经济运行情况动态监测和分析能力。在做好定期发布企业经济运行信息的同时，更加注重动态情况反映，密切关注企业经济运行情况，迅速反映最新的变化和问题，对重大问题提出预警，使企业财务会计信息真正成为判断经济形势，制定宏观政策不可或缺的信息。

(二) 加强企业财务会计信息管理工作与企业财务管理的结合

以推进国有资本经营预算为契机，将企业财务会计信息管理工作与企业财

政财务管理紧密结合，将财务会计报表作为审核国有资本收益，编制国有资本经营预算，实现国有资本经营预算全覆盖和应收尽收的重要工作依据和支撑，全面掌握国有企业财务状况。

（三）探索和建立有效收集中小企业、重点行业信息的工作机制

尽快建立有效收集中小企业、重点行业信息的渠道，转变工作方式，与有关部门建立合作交流，优势互补的工作机制，充分借助税务、工信、统计等部门已有的工作体系，建立对中小企业信息的采集渠道，形成中小企业信息库；与有关行业协会合作，开展重点行业、重点企业主要财务会计指标与生产经营指标监测工作。

（四）大力推进企业财务会计信息网络报送系统建设

在企业管理信息化的基础上，形成各类企业经济运行的数据库和信息平台，逐步实现企业月报、国有企业决算和外商投资企业决算的网络报送。在此基础上，探索扩大网络报送系统的功能，将企业申请财政资金的管理逐步纳入网络报送系统，促进企业财务会计信息管理工作与财政资金管理工作相结合。

（五）充分利用企业财务会计信息促进企业科学发展

探索建立符合科学发展的企业评价体系，改进现行的企业评价方式与方法，引导企业从重规模和速度转向重发展质量和效益；重视通过企业财务会计信息管理工作发现和总结企业财务管理实际中取得的先进经验，建立交流推广平台，帮助企业不断提高财务管理能力和水平；建立信息反馈和共享机制，为企业和地方财政部门提供所需的经济运行信息。

（六）建立企业财务会计信息管理工作考核制度

建立健全企业财务会计信息管理工作的考核奖惩制度，在表彰先进单位的同时，研究建立先进个人表彰机制，提高企业财务会计信息质量，推动企业财务会计信息管理工作的开展。

附件 1

财政部关于我国国有企业十年发展的报告

编者按：2011年，我们对全国国有企业十年的财务决算报告进行了系统分析，形成了《财政部关于我国国有企业十年发展的报告》，并于2011年9月2日上报国务院。国务院领导非常重视，张德江副总理作出重要批示："国资委要认真研究财政部的建议，继续坚定不移地深入国企改革"。温家宝总理、李克强副总理先后圈阅同意了此报告。我们要认真贯彻落实国务院领导的批示精神，加强与有关方面的协调配合，进一步开展调查研究，制订相关工作方案，稳步推进我国国有企业科学发展。

一、国有企业改革与发展取得了巨大成就，巩固了中国特色社会主义强大的经济基础

（一）国有企业总资产和净资产数倍增长，国有经济规模不断扩大，中央企业和国有重点行业规模占据主体地位

2000~2010年国有企业财务决算显示，2010年全国国有及国有控股企业（以下简称国有企业）共11.4万户，比2000年下降40.3%；职工人数3594.7万人，比2000年下降37.9%。其中，中央企业2.65万户，比2000年增长81.4%；职工人数1 668.7万人，比2000年增长9.6%。地方国有企业8.75万户，比2000年下降50.3%；职工人数1 926万人，比2000年下降54.9%。十年来，虽然全国国有企业户数和职工人数总体下降，但总资产大幅增长，从2000年的17.3万亿元增长到2010年的64万亿元，增长2.7倍；所有者权益从2000年的6.4万亿元增长到2010年的23.4万亿元，增长2.7倍（见图1）。其中，中央企业总资产从2000年的7.2万亿元扩大到2010年的33万亿元，增长3.6倍，占全国国有企业资产的比重从2000年的41.6%提高到2010年的51.6%；所有者权益从2000年的3.3万亿元扩大到2010年的12.2万亿元，

增长 2.7 倍，占全国国有企业的比重从 2000 年的 51.5% 提高到 2010 年的 52.3%。全国国有重点行业 2010 年总资产为 42.6 万亿元，占全国国有企业的 66.5%，比 2000 年增长 2.4 倍；所有者权益 20 万亿元，占全国国有企业的 85.5%，比 2000 年增长 3.5 倍（见表 1）。进入世界 500 强的国有企业由 2000 年的 9 户增加到 2010 年的 40 户，其中，中央企业 38 户，地方国有企业 2 户。2010 年进入世界 500 强的国有企业户数占世界 500 强的 8%，占入围中国内地企业（不含港、澳、台地区企业）的 93%。

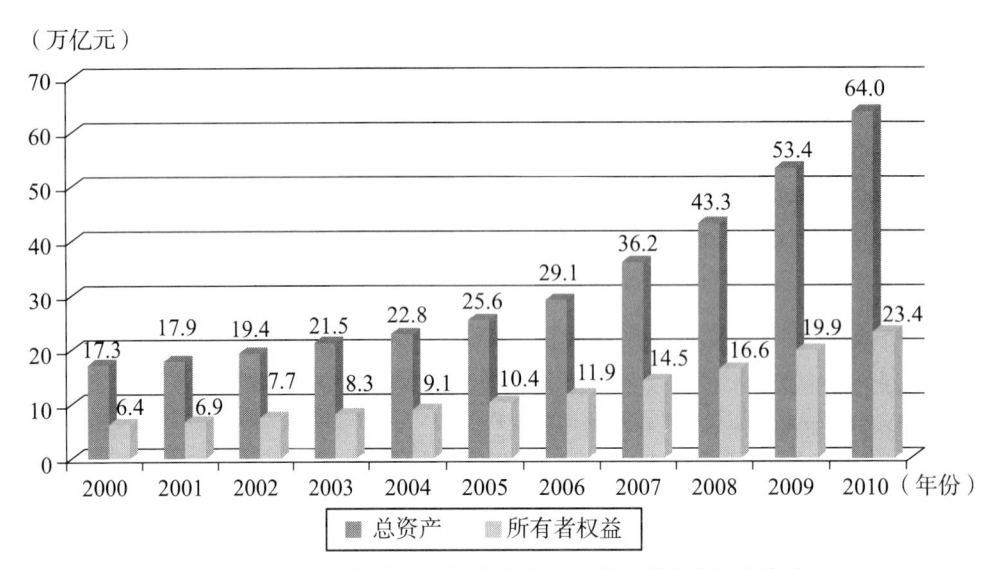

图 1 2000~2010 年全国国有企业总资产和所有者权益变动

注：本报告中有关国有企业数据来源于 2000~2010 年全国国有企业财务会计决算。全国国有企业包括中央企业和 36 个省（自治区、直辖市、计划单列市）国有及国有控股企业，不含国有金融类企业。本报告国有企业户数按三级以上（含三级）独立核算法人户数统计。中央企业包括：83 个中央部门所属国有及国有控股企业、123 家中央管理的企业集团。

表 1   2000 年和 2010 年全国国有重点行业总资产和所有者权益变动

单位：亿元

主要行业	总资产				所有者权益			
	2010 年	2000 年	增长（倍）	年均增长率（%）	2010 年	2000 年	增长（倍）	年均增长率（%）
一、煤炭	23 855.2	4 337.0	4.5	20.9	10 902.9	1 513.5	6.2	24.5
二、电力	65 567.4	18 873.5	2.5	14.8	19 208.0	7 088.0	1.7	11.7
三、石油石化	38 964.5	12 563.8	2.1	13.4	25 181.6	7 751.3	2.2	14.0
其中：石油	19 208.1	5 538.1	2.5	14.8	14 467.9	3 709.9	2.9	16.3
石化	19 756.4	7 025.7	1.8	12.2	10 713.8	4 041.4	1.7	11.4

续表

主要行业	总资产 2010年	总资产 2000年	增长(倍)	年均增长率(%)	所有者权益 2010年	所有者权益 2000年	增长(倍)	年均增长率(%)
四、交通	84 693.7	21 316.2	3.0	16.6	33 058.1	7 319.1	3.5	18.2
五、冶金	36 613.5	10 141.2	2.6	15.3	13 557.2	3 779.8	2.6	15.2
六、机械	27 064.5	11 566.6	1.3	9.9	9 996.7	3 838.4	1.6	11.2
其中：汽车	10 620.7	3 919.7	1.7	11.7	4 334.5	1 100.7	2.9	16.5
七、邮电通信	24 849.5	11 964.2	1.1	8.5	24 849.5	6 647.4	2.7	15.8
八、流通	38 545.3	18 816.9	1.0	8.3	11 728.4	3 607.3	2.3	14.0
九、房地产	46 752.7	7 627.3	5.1	22.3	12 802.7	1 381.7	8.3	28.1
十、建筑	38 913.3	7 045.3	4.5	20.9	38 913.3	1 422.5	26.4	44.4
合计	425 819.6	124 252.0	2.4	14.7	200 198.4	44 349.0	3.5	18.2
占全国比重(%)	66.5	71.9			85.5	69.4		

（二）国有企业实现的营业总收入、利润总额和上缴税金逐年增长，中央企业和国有重点行业仍占绝对优势

十年间，全国国有企业营业总收入快速增长，从2000年的7.5万亿元增长到2010年的31.5万亿元，增长3.2倍。其中，中央企业2010年营业总收入18.8万亿元，占全国国有企业的比重为59.7%，比2000年增长4.6倍；地方国有企业2010年营业总收入12.7万亿元，占全国国有企业的比重为40.3%，比2000年增长2.1倍。全国国有企业实现利润总额从2000年的2 833.8亿元增长到2010年的2.1万亿元，增长6.4倍；2010年上缴税金2.7万亿元，比2000年增长4倍（见图2）。其中，中央企业2010年实现利润总额1.4万亿元，占全国国有企业的63.4%，比2000年增长5.1倍；上缴税金1.8万亿元，占全国国有企业的69.2%，比2000年增长4.8倍。全国国有重点行业2010年实现利润总额1.7万亿元，占全国国有企业的77.6%，比2000年增长6.1倍；上缴税金2万亿元，占全国国有企业的75.4%，比2000年增长4.5倍（见表2）。

（万亿元）

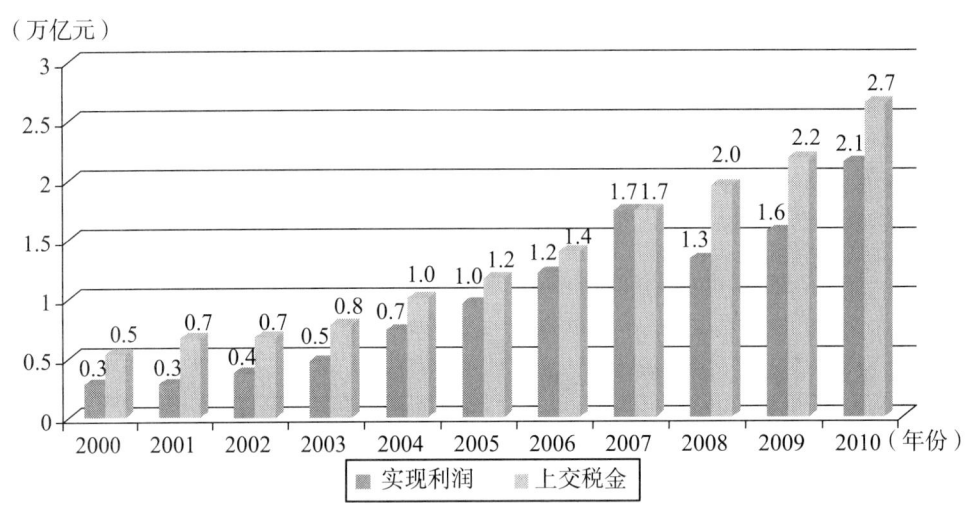

图2 2000～2010年全国国有企业实现利润和上交税金变动

表2　　2000年和2010年全国国有企业实现利润和上交税金变动

单位：亿元

主要行业	总资产 2010年	总资产 2000年	增长（倍）	年均增长率（%）	所有者权益 2010年	所有者权益 2000年	增长（倍）	年均增长率（%）
一、煤炭	2 047.4	-6.1			2 066.6	130.9	14.8	35.9
二、电力	1 150.0	453.3	1.5	10.9	2 352.4	618.8	2.8	16.0
三、石油石化	3 659.8	845.5	3.3	17.7	5 864.5	809.0	6.2	24.6
其中：石油	1 996.8	620.2	2.2	13.9	2 662.7	572.0	3.7	18.6
石化	1 663.0	225.3	6.4	24.9	3 201.8	237.0	12.5	33.5
四、交通	1 307.1	49.4	25.5	43.9	989.6	232.6	3.3	17.5
五、冶金	768.7	144.1	4.3	20.4	1 110.9	377.0	1.9	12.8
六、机械	1 960.5	91.3	20.5	40.6	2 058.6	318.5	5.5	23.0
其中：汽车	1 323.9	315.3	3.2	17.3	1 424.6	420.4	2.4	14.5
七、邮电通信	1 460.6	495.1	2.0	12.8	850.6	244.4	2.5	14.9
八、流通	2 419.4	376.9	5.4	22.9	2 699.6	717.7	2.8	15.9
九、房地产	1 237.8	-115.5			864.3	75.7	10.4	31.1
十、建筑	623.3	20.8	29.0	45.9	1 168.8	122.8	8.5	28.4
合计	16 634.6	2 354.8	6.1	24.3	20 025.9	3 647.4	4.5	20.8
占全国比重（%）	77.6	83.1			75.4	68.3		

（三）国有企业的净现金流量同样呈逐年增长趋势，绝大部分集中在中央企业和国有重点行业

2010年，全国国有企业期末现金流量余额（2003年开始汇总全国国有企业现金流量数据）为7.9万亿元，比2003年增长2.2倍（见图3）。其中，中央企业2010年期末现金流量余额3.9万亿元，比2003年增长2倍；全国国有重点行业为4.8万亿元（见表3），增长2倍，占全国国有企业的60.7%。2010年期末现金流量余额中的经营活动现金流量净额为2万亿元，其中，中央企业为1.3万亿元，占全国国有企业的65%；全国国有重点行业为2.4万亿元，占全国国有企业的比重接近100%。

图3 2003~2010年全国国有企业期末现金流量余额变动

表3　　2003年和2010年全国国有重点行业期末现金流量余额变动　　单位：亿元

主要行业	2010年	2003年	增长率（倍）
一、煤炭	3 765.9	565.5	5.7
二、电力	2 158.2	2 351.0	-0.1
三、石油石化	1 539.2	1 112.8	0.4
其中：石油	1 065.7	633.0	0.7
石化	473.6	479.8	0.0
四、交通	6 079.6	2 418.5	1.5
五、冶金	2 938.2	1 151.6	1.6
六、机械	5 217.3	1 602.6	2.3
其中：汽车	2 659.8	695.3	2.8

续表

主要行业	2010 年	2003 年	增长率（倍）
七、邮电通信	5 387.3	2 429.6	1.2
八、流通	9 266.7	2 136.6	3.3
九、房地产	6 398.2	1 045.3	5.1
十、建筑	5 495.7	1 143.0	3.8
合计	48 246.3	15 956.5	2.0

（四）"走出去"战略成效显著，资本输出格局已经形成

十年来，国有企业充分利用国内国际两个市场、两种资源，加快实施"走出去"战略，境外资产和利润总额增长较快。2010 年全国国有境外企业（2003 年开始汇总全国国有境外企业决算数据）共 1 768 户，比 2003 年增长 1 倍。其中，2010 年中央境外企业 1 161 户，地方国有境外企业 607 户，分别增长 120% 和 66.8%。2010 年全国国有境外企业资产总额 4.2 万亿元，比 2003 年增长 3.5 倍；所有者权益 2.1 万亿元，增长 3.3 倍（见图 4）。其中，中央企业 2010 年境外资产总额 3.9 万亿元，增长 3.9 倍；所有者权益 1.9 万亿元，增长 3.5 倍。地方国有企业 2010 年境外资产总额 3 628 亿元，增长 1.3 倍；所有者权益 1 717.4 亿元，增长 2 倍。2010 年，"走出去"的中央企业资产总额和所有者权益分别占全国"走出去"的国有企业的 91.4% 和 91.8%。

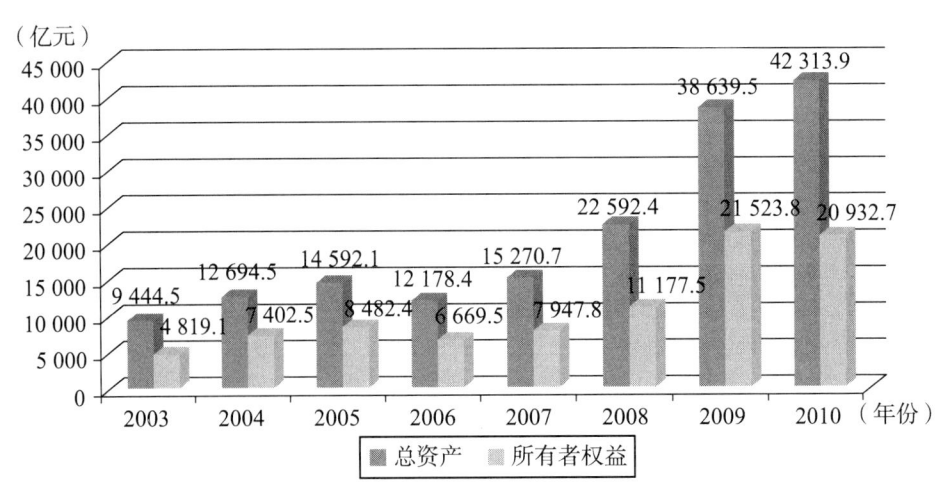

图 4 2003~2010 年全国国有境外企业总资产和所有者权益变动

2010 年，全国国有境外企业营业总收入 2.1 万亿元，比 2003 年增长 2.7 倍；实现利润总额 3 389.5 亿元，增长 3.4 倍（见图 5）。其中，中央企业境外

营业总收入1.9万亿元,增长2.7倍;境外实现利润总额3 250.1亿元,增长3.6倍。2010年中央企业境外营业总收入和境外实现利润分别占全国国有境外企业的88.7%和95.9%。

图5 2003~2010年全国国有境外企业营业总收入和利润总额变动

二、国有企业发展中存在的问题日益突出,不利于市场机制作用的有效发挥

(一) 国有股权过大,机制不活,与现代企业制度目标要求不相协调

按照现代企业制度要求,国有企业在不改变国有控股的前提下,除国家禁止的领域外,应当吸收非公经济进入,但实际情况却相差甚远。2010年,全国国有企业中,国家资本和国有法人资本占整个国有企业实收资本的比重达97.9%,比2000年(95.6%)提高了2.3个百分点;集体、外商和个人资本等合计仅占2.1%,比2000年(4.4%)下降了2.3个百分点。其中,2000年中央企业国家资本和国有法人资本占中央企业实收资本的比重为99.8%,2010年仍为99.8%。(见图6)。2010年地方国有企业国家资本和国有法人资本占地方国有企业实收资本的比重为96.3%,比2000年(92%)提高了4.3个百分点;集体、外商和个人资本等合计占3.7%,比2000年(8%)下降了4.3个百分点。从全国国有重点行业看,2010年国有石油、石化、交通、电力、煤炭、冶金和汽车等行业国有资本和国有法人资本占实收资本的比重分别为100%、94.2%、99.0%、96.7%、96.5%、96.5%和84.7%。目前,中央企业和地方国有企业国有股权比重分别高达99.8%和96.3%,几乎接近100%,这是导致国有企业发展质量不高、机制不活、效率低下的重要原因。

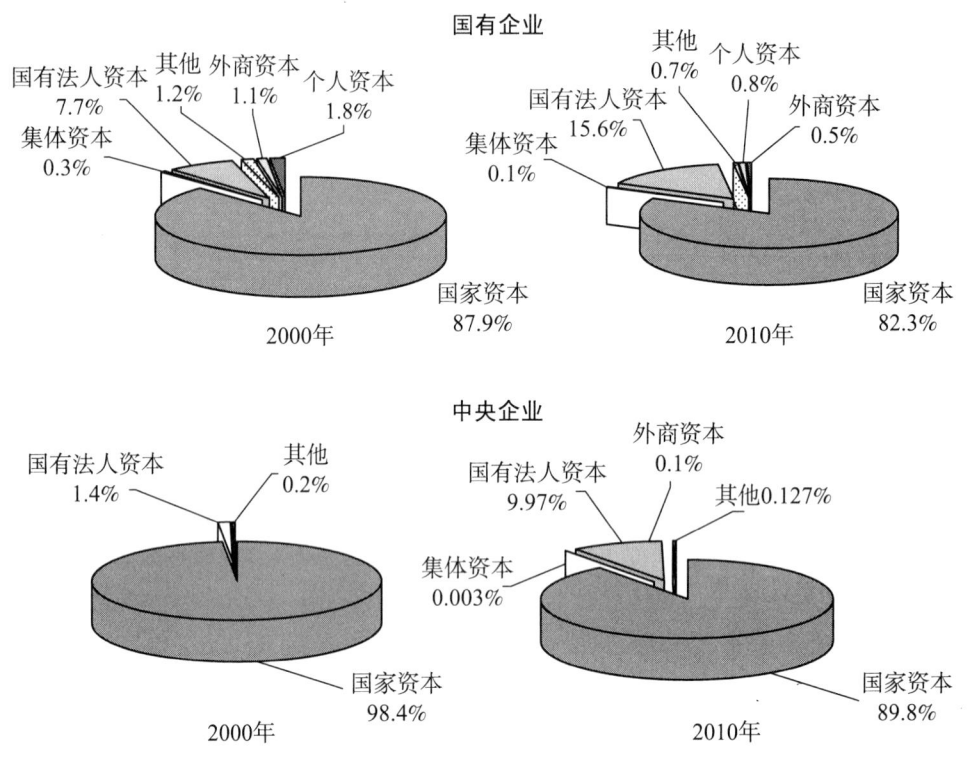

图 6　2000 年、2010 年全国国有企业和中央企业实收资本占比情况

（二）国有企业发展质量不高、投入产出效率低下

十年来，全国国有企业净资产收益率平均为 5.4%，仅比五年期银行存款平均利率（3.3%）高 2.1 个百分点，比外商投资企业平均净资产收益率（10.5%）低 5.1 个百分点（见图 7）。其中，十年来中央企业净资产收益率平均为 7.2%，低于外商投资企业平均净资产收益率 3.3 个百分点，仅比五年期银行存款平均利率高 3.9 个百分点；十年来地方国有企业净资产收益率平均为 3.3%，低于外商投资企业平均净资产收益率 7.2 个百分点，仅与五年期银行存款平均利率水平相当。十年来，全国国有重点行业平均净资产收益率为 6.3%，低于外商投资企业平均净资产收益率 4.2 个百分点，仅比五年期银行存款平均利率高 3 个百分点。2010 年，铁路运输、地质勘察等行业净资产收益率分别仅为 0.47%、1.25%，远低于五年期银行存款平均利率。此外，还有 4.6 万户国有企业处于亏损状态，占全部国有企业的 40%。2010 年，全国国有亏损企业以地方国有企业和国有中小企业居多，其中，地方国有亏损企业户数占全国国有亏损企业户数的 81%；国有中小型亏损企业户数竟然占到

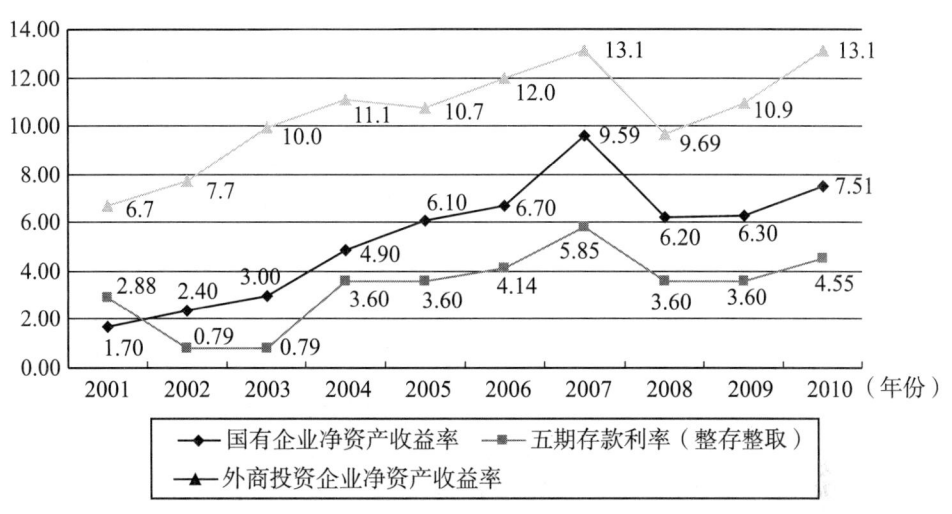

94.1%；国有森工企业甚至出现全行业亏损（-1.8亿元）。

图7 2001~2010年全国国有企业净资产收益率与外商投资企业净资产收益率、五年期存款利率比较

（三）国有企业工资总额不断增长，但中央企业与地方国有企业之间、企业内部以及主要行业之间人均工资差距较大

2010年，全国国有企业实际发放工资总额1.7万亿元，比2000年增长2.2倍（见图8）；全国国有企业职工人均工资为4.6万元，比2000年增长4倍。其中，中央企业2010年实际发放工资总额9567.6亿元，增长3.5倍；职工人均工资5.7万元，增长3.1倍。地方国有企业2010年实际发放工资总额7135.7亿元，增长1.4倍；职工人均工资3.6万元，增长3.9倍。但从比较分析来看，2010年中央企业人均职工工资是地方国有企业人均职工工资的1.6倍（见图9），2000年为1.9倍，虽然2010年差距比2000年有所缩小，但依然较大。从全国国有企业内部收入分配看，2010年国有企业各级负责人人均薪酬（2009年开始汇总全国国有企业各级负责人薪酬数据）为16.1万元，普通员工人均工资为4.6万元，前者是后者的3.5倍，与2009年基本持平。其中，2010年中央企业各级负责人人均薪酬为25.9万元，普通员工人均工资为5.7万元，前者是后者的4.5倍（2009年为4.7倍）；2010年地方国有企业各级负责人人均薪酬为12.7万元，普通员工人均工资为3.6万元，前者是后者的3.5倍（2009年为3.5倍）。从总体分析看，2010年中央企业和地方国有企业各级负责人人均薪酬与普通员工人均工资之间的差距，虽比2009年略有缩小，但

差距依然较大。

图8 2000~2010年全国国有企业实际发放工资总额增长变动

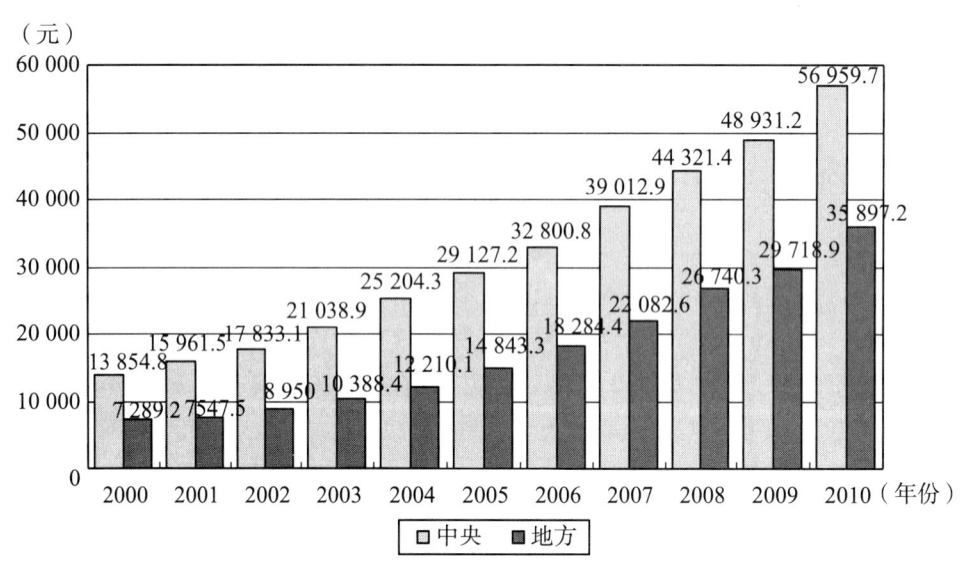

（亿元）
- 2000: 5 165.4
- 2001: 5 434.4
- 2002: 5 878.9
- 2003: 6 483.7
- 2004: 7 232.0
- 2005: 8 072.2
- 2006: 9 173.7
- 2007: 10 742.8
- 2008: 12 553.3
- 2009: 13 951.6
- 2010: 16 703.2

图9 2000~2010年中央企业和地方国有企业人均职工工资增长变化比较

（元）中央 / 地方
- 2000: 13 854.8 / 7 289.2
- 2001: 15 961.5 / 7 547.5
- 2002: 17 833.1 / 8 950
- 2003: 21 038.9 / 10 388.4
- 2004: 25 204.3 / 12 210.1
- 2005: 29 127.2 / 14 843.3
- 2006: 32 800.8 / 18 284.4
- 2007: 39 012.9 / 22 082.6
- 2008: 44 321.4 / 26 740.3
- 2009: 48 931.2 / 29 718.9
- 2010: 56 959.7 / 35 897.2

从全国国有重点行业看，2010年职工工资总额为1.2万亿元，占全国国有企业的74.7%，比2000年提高了5.1个百分点；人均职工工资为7万元，比2000年增长3.1倍（见表4）。2000年人均工资排名前三位的行业是烟草（20 461元）、邮电通信（19 717.9元）和石油（16 697.4元）企业；后三位的是食品（5 226.2元）、农业（3 574.5元）和森工（3 416.3元）企业。

表 4　　2000 年和 2010 年全国国有重点行业实发工资和人均职工工资　单位：亿元

主要行业	总资产 2010 年	总资产 2000 年	增长（倍）	年均增长率（%）	所有者权益 2010 年	所有者权益 2000 年	增长（倍）	年均增长率（%）
一、煤炭	1 643.3	269.8	5.1	22.2	49 637.2	7 287.9	5.8	23.8
二、电力	1 599.7	334.9	3.8	19.0	70 827.4	16 284.1	3.3	17.7
三、石油石化	1 365.3	333.6	3.1	17.0	59 632.9	15 504.0	2.8	16.1
其中：石油	803.6	219.8	2.7	15.5	63 966.2	16 697.4	2.8	16.1
石化	561.7	113.8	3.9	19.4	54 420.1	13 623.8	3.0	16.6
四、交通	2 234.8	673.9	2.3	14.2	46 421.2	10 868.2	3.3	17.5
五、冶金	1 009.3	379.6	1.7	11.5	42 907.0	10 864.8	2.9	16.5
六、机械	1 124.9	458.9	1.5	10.5	44 881.1	7 957.3	4.6	21.2
其中：汽车	395.3	148.3	1.7	11.5	54 349.8	17 941.0	2.0	13.1
七、邮电通信	882.0	238.6	2.7	15.6	63 829.2	19 717.9	2.2	13.9
八、流通	1 056.2	472.5	1.2	9.3	46 453.5	7 457.6	5.2	22.5
九、房地产	263.0	54.1	3.9	19.2	54 890.1	16 120.9	2.4	14.6
十、建筑	1 297.9	378.3	2.4	14.7	43 437.8	10 086.9	3.3	17.6
合计	12 476.4	3 594.2	2.5	14.8	695 653.5	170 411.4	3.1	16.9
占全国比重（%）	74.7	69.6						

2010 年人均工资排名前三位的是烟草（102 035.7 元）、电力（70 827.4 元）、邮电通信（63 829.2 元）企业；后三位的是森工（17 469.7 元）、纺织（15 915 元）和农业（9 365.5 元）企业。通过比较可以看出，2000 年人均工资最高行业职工工资收入是最低行业的 6 倍，而 2010 年是 10.9 倍，可见，十年间，主要行业之间国有企业职工工资收入差距明显扩大。

（四）地方国有企业总量下降，国有经济比重、运行效率和人均工资等远低于中央企业

2010 年，全国 8.75 万户地方国有企业中，省级企业 3.6 万户，占 41%。2010 年地方国有企业资产总额和所有者权益分别占全国国有企业的比重为 48.4% 和 47.7%，分别比 2000 年下降了 15.1 个百分点和 0.8 个百分点；营业总收入和上交税金占全国国有企业的比重为 40.2% 和 30.8%，分别比 2000 点和 9.9 个百分点（见图 10）。地方国有企业效率远低于中央企业，十年来平均净资产收益率为 3.3%，仅与 5 年期银行存款平均利率相当，比中央企业低 3.9 个百分点；与外商投资企业差距更大，低了 7.2 个百分点。

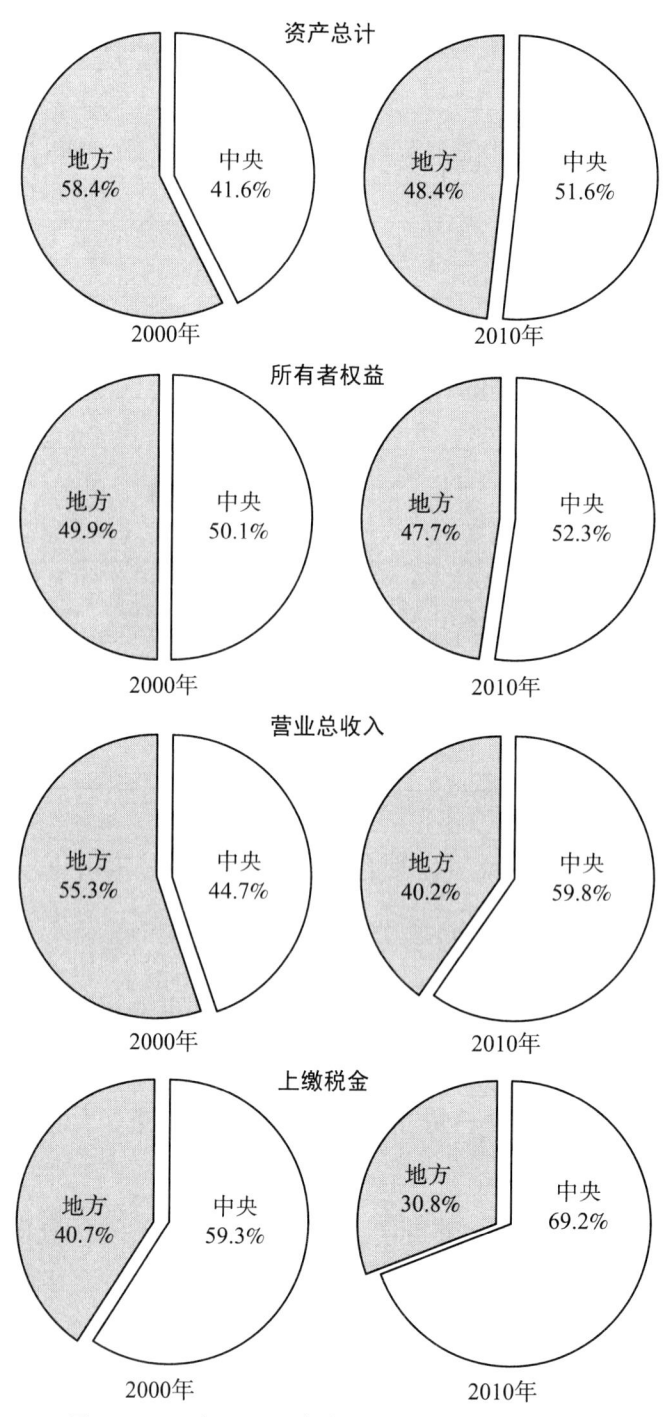

图 10 2000 年、2010 年中央和地方国有企业资产、所有者权益、营业总收入和上缴税金比重

（五）国有企业财务管理弱化，财务管理水平和风险防控能力亟待提升

国有企业机制不活、效率低下，必然导致管理上的弱化。近年来，一些国有企业治理结构不完善，股东大会、董事会、监事会的作用发挥不够。一些企业的总会计师、财务总监地位不高，职能作用很难得到有效发挥。一些企业投资活动偏离主业，自主创新乏力，难以实现国家宏观调控要求和体现产业政策方向。一些企业财经纪律淡薄，管理水平不高。国有企业的职工奖金、福利和职务消费等问题，经常在"两会"期间成为人大代表、政协委员和社会各界关注的焦点。

三、对国有企业未来发展的政策建议

针对国有企业发展中存在的问题，我们应当站在我国经济社会长远发展的战略和全局高度，制订工作方案，完善政策措施，加强工作指导，以完善现代企业制度为目标、以产权制度改革为突破口、以国有资本经营预算为抓手、以建立新型财务管理机制为支撑，增强国有经济的控制力、影响力和活力，进一步完善我国社会主义市场经济体制。为此，建议如下：

（一）以社会主义市场经济为指导，加快推进国有企业产权制度改革，在保证国有控股的前提下，盘活庞大的国有资本存量，促进国有企业投资主体多元化，推动我国国有企业建立和完善现代企业制度

早在1999年，《中共中央关于国有企业改革和发展若干重大问题的决定》就明确提出，要坚持有进有退，推进国有资产合理流动和重组，放大国有资本的功能。党的十六大报告又提出，要发展混合所有制经济，实行投资主体多元化，进一步放开搞活国有中小企业。党的十七大报告进一步明确了坚持和完善公有制为主体、多种所有制经济共同发展的基本经济制度，以现代产权制度为基础，发展混合所有制经济。但是，国有企业十年发展报告分析表明，国有资本存量没有盘活，国有资本退出通道不畅，非公经济难以进入，实现国有企业产权多元化的目标任重道远。

实行产权制度改革是决定国有企业兴衰的关键。根据现代企业制度和市场经济运行规律，国有企业国有股权所占比重定在51%，或者通过相对控股，完

全可以实现控制目标。按照 51% 的控股目标定位，至少有 10 万亿元的国有资本存量，可通过国有股权转让和减持、吸引民间资本和外资等进入国有企业，以及完善产权交易市场等方式和手段来盘活。巨额国有资产不能盘活和有效利用，是一种巨大的浪费。新时期的工作重点之一，应当是在确保国有控股的前提下，通过引入非公经济等战略投资者等方式，促进国有企业投资主体多元化，形成产权明晰、机制灵活、管理科学的国有企业内部约束机制，建立和完善现代企业制度。

（二）盘活国有资本存量形成的国有产权收入，集中解决国民经济重点行业重要资源短缺，加大研发投入改造传统制造业、发展战略性新兴产业，实现自主创新、转型升级和发展方式转变

按照上述思路，在全国 23.4 万亿元国有权益中，保持 13.4 万亿元实行国有控股，可以盘活现有 10 万亿元的国有资本存量，加上资产评估增值和尚未入账的土地使用权价值，每年能够有 2 万亿元国有资本转让收入，纳入国有资本经营预算。通过盘活的国有资本存量，从国家发展战略高度加强宏观调控并发挥杠杆作用，采用资本注入和补助等方式，明确国家对各类企业的支出方向和重点，主要用于以下方面：

一是用于解决事关国计民生和国家安全的石油、煤炭、稀土、铀、铁矿石等战略稀缺资源的占有和储备问题，为子孙后代和国家长远发展未雨绸缪。二是改造传统制造业，发展战略性新兴产业，支持企业节能减排和自主创新，促进我国从制造业大国向制造业强国转变，改变国民经济重点行业的核心技术、重要装备和关键零部件依赖进口和受制于西方发达国家的局面。三是促进我国由贸易大国向贸易强国转变，解决外贸结构不合理和贸易平衡问题，进一步促进企业"走出去"，增强国际竞争力。四是支持中小企业特别是小型和微型企业发展，完善促进中小企业发展的财政政策体系和长效机制，加快健全中小企业信用担保体系和各类服务平台建设，促进各类所有制企业共同发展。五是继续解决国有企业改革中的历史遗留问题。

（三）地方国有企业应与中央企业同步进行产权改革，对于基础行业和公共领域的国有企业可以实行国有控股，一般竞争性领域的国有资本应当退出

我国江浙和珠江三角洲等地区的国有企业产权改革早已完成，竞争性的国有企业基本退出并实现了民营化，实践证明是成功的。但部分省份和部分欠发

达地区，相当多的国有企业仍在延续落后的机制，从某种意义上讲，这是一种变相的国有资产浪费和隐性流失。解决地方国有企业问题的出路，是着力构建国有资本经营预算管理体系，建立中央和地方两级国有资本经营预算相互衔接机制，支持地方国有企业加快产权改革步伐，除对基础行业和公共领域实行国有控股外，一般竞争性国有企业应当退出，实行民营化。

（四）在进行产权制度改革并完善现代企业制度的同时，构建新型的现代企业财务管理模式，建立首席财务官和财务总监制度，推动企业强化内部约束和财务管控，实现管理创新

加快实施产权制度改革，是全面提升国有企业管理水平和风险防控能力的根本途径。通过产权制度改革，实现投资主体多元化，才能真正完善公司治理结构，形成有效的内部约束机制，从而有效解决上述问题。在此基础上，还要做好以下工作：一是借鉴国际经验，研究建立企业首席财务官制度、企业财务总监委派制度，充分发挥其参与企业发展战略和重大经营决策的重要作用。二是研究建立适合各类企业的财务管理能力认证体系，引入中介机构专家工作机制，对企业财务管理能力进行评估。三是建立有效的财政政策体系，支持企业特别是中央企业管理信息化建设，有效防范财务和经营风险。四是建立合理的企业效益增长与职工工资增长机制，提高职工特别是一线职工的工资收入。

附件2

加强企业财务信息管理暂行规定

第一章 总 则

第一条 为进一步规范和加强新时期企业财务信息管理，充分发挥企业财务信息在宏观经济管理和企业改革发展中的重要作用，根据《中华人民共和国预算法》、《中华人民共和国会计法》、《企业财务会计报告条例》等法律法规，制定本规定。

第二条 本规定所称企业财务信息管理，是指各级财政部门组织、收集、监测、分析和报告各类企业财务信息的行为。

第三条 企业财务信息管理工作由财政部统一组织，各中央部门、中央企业、省级财政部门（以下统称企业财务信息管理单位）负责本系统、本地区企业财务信息管理工作。

第四条 企业财务信息主要包括以下内容：

（一）国有企业经济效益月度快报；

（二）国有企业年度财务会计决算报告；

（三）集体企业年度财务会计决算报告；

（四）外商投资企业年度财务会计决算报告；

（五）财政管理需要掌握的其他企业财务信息。

第二章 企业财务信息收集汇总

第五条 财政部每年度对企业财务信息管理工作进行统一布置。企业财务信息管理单位应当按照统一要求，组织和落实本系统、本地区企业财务信息管理工作。

（一）企业遵照国家相关法律法规和财政部相关文件要求，按照隶属关系或属地原则向上级单位或同级财政部门报送企业财务信息。地市、县级财政部门对本地区企业财务信息进行收集、汇总，并就信息的规范性和完整性审核后报省级财政部门。

（二）企业财务信息管理单位对本系统、本地区企业财务信息进行收集、汇总，并就信息的规范性和完整性审核后报财政部。

（三）财政部对企业财务信息管理单位报送的企业财务信息进行复审、汇总后形成全国企业财务信息。

第六条 国有企业经济效益月度快报反映国有及国有控股企业（企业集团为纳入合并报表范围的企业，下同）月度主要财务指标和主要生产经营情况。由企业财务信息管理单位组织所属企业对月度快报逐级汇总上报，于次月10日前报送财政部。

第七条 国有企业年度财务会计决算报告反映国有企业及国有控股企业年度财务状况和经营成果。由企业财务信息管理单位组织所属企业对决算报告逐级汇总上报，于次年4月30日前报送财政部。

集体企业年度财务会计决算报告反映集体所有制企业年度财务状况和经营成果。由地市、县级财政部门按企业注册地进行收集、汇总，并就信息的规范性和完整性审核，报送省级财政部门审核、汇总后，于次年4月30日前报送财政部。

外商投资企业年度财务会计决算报告反映外商投资企业年度财务状况和经营成果。由地市、县级财政部门根据外商投资企业相关法律法规以及国家有关部委有关外商投资企业联合年检的规定，按企业注册地进行收集、汇总，并就信息的规范性和完整性审核，报送省级财政部门审核、汇总后，于次年按规定的时间报送财政部。

第八条 企业财务信息管理单位在年度决算工作中，应当加强决算质量的审核，同时关注企业收到和使用财政性资金及其带动社会资本的有关情况。

企业收到的财政性资金应当纳入企业预算管理，实现资金统一管控，提高财政性资金使用的整体效益。企业收到资本性财政性资金，列作国有实收资本或股本，企业股东（大）会或董事会、经理办公会等决策机构应当出具同意注（增）资的书面材料。企业一个会计年度内多次收到资本性财政性资金的，可暂作资本公积，但应在次年履行法定程序转增国有实收资本或股本；发生增资扩股、改制上市等事项，应当及时转增。

企业集团母公司将资本性财政性资金拨付所属全资或控股法人企业使用的，应当作为股权投资。母公司所属控股法人企业暂无增资扩股计划的，列作委托贷款，与母公司签订协议，约定在发生增资扩股、改制上市等事项时，依法将委托贷款转为母公司的股权投资。

企业收到费用性财政性资金，列作收益，符合《财政部 国家税务总局关于专项用途财政性资金企业所得税处理问题的通知》（财税〔2011〕70号）规定不征税条件的，可作为不征税收入。企业按规定将费用性财政性资金拨付所属全资或控股法人企业使用，中间拨付环节企业均作为往来款项。

第九条 企业财务信息管理单位应当确定纳入企业财务信息汇总范围的各类企业法人户数和重点企业名单，建立逐级审核责任制，确保所收集和汇总的企业财务信息的规范性和完整性。

企业对其所报送的财务信息的真实性、完整性负责。

第十条 地市、县级财政部门应当按企业注册地收集汇总各类企业财务信息，根据财政部、省级财政部门和本地区财政管理工作需要分别形成国有企业财务信息、集体企业财务信息、外商投资企业财务信息，中小企业财务信息、重点税源企业财务信息等。

第十一条 企业财务信息管理单位应当加强企业经济运行的动态监测，及时组织、收集、整理企业行业生产经营状况、问题以及宏观经济政策实施效果等，以"企业信息专报"形式报送财政部。

企业信息专报即有即报，做到反应迅速、情况真实、简明扼要。

第十二条 企业财务信息管理单位应当建立与财政部"企业财务会计信息网络报送系统"对接的网络报送系统，逐步实现各类企业信息网络化报送，确保企业财务信息收集、整理的便捷和高效。

各级财政部门应当对企业加快实现财务管理信息化予以指导和重视。

第三章 企业财务信息分析利用

第十三条 企业财务信息管理单位应当对汇总的国有企业经济效益月度快报、国有企业年度财务会计决算、集体企业年度财务会计决算、外商投资企业年度财务会计决算、企业信息专报等信息进行整理，运用科学方法，采取多种形式，深入开展分析工作，形成分析报告，及时报送财政部，并可根据实际情况以适当方式向社会公布。

第十四条 财政部对收集汇总的企业财务信息进行审核、分析，编制全国国有企业经济效益月度快报、国有企业年度财务会计决算报告、外商投资企业年度财务会计决算报告、企业信息专报等，及时上报国务院，并以适当方式向社会公布。

第十五条 各级财政部门应当充分利用企业财务信息建立企业信息库，实现企业财务信息与财政管理工作的有机结合，为国有资本经营预算管理、企业使用财政性资金的绩效评价等工作提供基础性数据。

第十六条 各级财政部门应当以国有企业年度财务会计决算报告等财务信息为依据，审核确定上交国有资本收益数额，确保国有资本收益按时足额上缴。企业转让国有产权形成的转让收入，应当作为国有资本收益。

第十七条 各级财政部门应当建立企业使用财政性资金绩效评价制度。利用企业信息库对各类企业经济运行状况进行全过程动态监测和评价；通过政府购买服务方式引入资产评估等中介机构，开展绩效评价工作，形成绩效评价报告。监测和评价结果、绩效评价报告应当作为制定有关财政政策、安排使用财政性资金的依据。

第十八条 财政部及企业财务信息管理单位对企业报送的各类信息建立存储、保管、查阅制度。按照"谁产生信息，谁确定密级"的原则，由企业根据自身情况确定信息报送方式，接收单位严格按国家有关保密工作规定进行管理。

未经企业同意，财政部及企业财务信息管理单位不得对外公布单户企业信息。

第四章 企业财务信息工作表彰奖励

第十九条 财政部每年对企业财务信息管理单位报送信息的及时性、规范性和完整性进行总结评审，并予以公布。主要包括：企业经济运行信息工作、国有企业年度财务会计决算工作（含集体企业年度财务会计决算工作，下同）、外商投资企业年度财务会计决算工作等。

企业经济运行信息工作包括：国有企业经济效益月度快报工作、企业信息专报工作、全年经济运行分析报告工作等。

第二十条 国有企业经济效益月度快报、国有企业年度财务会计决算、外商投资企业年度财务会计决算的考核按照及时性、规范性和完整性分项设定分值，确定总结评审结果。

第二十一条 企业信息专报、全年经济运行分析报告、地方财政部门建立分级收集各类企业财务信息制度及执行情况的总结评审，采取加分制，计入企业经济运行信息工作总结评审结果。

第二十二条 财政部对企业财务信息管理单位和在企业财务及信息工作中做出突出贡献的先进工作者予以表彰奖励。

第二十三条 财政部依据《企业财会信息资料统计补助经费管理办法》（财企〔2007〕58号）对地方财政部门开展企业财务信息管理工作所需经费予

以适当补助，中央财政补助资金由地方财政部门按规定用于企业财务信息管理工作。

第五章　附　　则

第二十四条　企业财务信息管理单位可参照本规定，结合实际情况，制定本系统、本地区企业财务信息管理实施办法。

第二十五条　本规定自发布之日起实施。

附件3

企业安全生产费用提取和使用管理办法

第一章 总 则

第一条 为了建立企业安全生产投入长效机制，加强安全生产费用管理，保障企业安全生产资金投入，维护企业、职工以及社会公共利益，依据《中华人民共和国安全生产法》等有关法律法规和《国务院关于加强安全生产工作的决定》（国发〔2004〕2号）和《国务院关于进一步加强企业安全生产工作的通知》（国发〔2010〕23号），制定本办法。

第二条 在中华人民共和国境内直接从事煤炭生产、非煤矿山开采、建设工程施工、危险品生产与储存、交通运输、烟花爆竹生产、冶金、机械制造、武器装备研制生产与试验（含民用航空及核燃料）的企业以及其他经济组织（以下简称企业）适用本办法。

第三条 本办法所称安全生产费用（以下简称安全费用）是指企业按照规定标准提取在成本中列支，专门用于完善和改进企业或者项目安全生产条件的资金。

安全费用按照"企业提取、政府监管、确保需要、规范使用"的原则进行管理。

第四条 本办法下列用语的含义是：

煤炭生产是指煤炭资源开采作业有关活动。

非煤矿山开采是指石油和天然气、煤层气（地面开采）、金属矿、非金属矿及其他矿产资源的勘探作业和生产、选矿、闭坑及尾矿库运行、闭库等有关活动。

建设工程是指土木工程、建筑工程、井巷工程、线路管道和设备安装及装修工程的新建、扩建、改建以及矿山建设。

危险品是指列入国家标准《危险货物品名表》（GB12268）和《危险化学品目录》的物品。

烟花爆竹是指烟花爆竹制品和用于生产烟花爆竹的民用黑火药、烟火药、引火线等物品。

交通运输包括道路运输、水路运输、铁路运输、管道运输。道路运输是指以机动车为交通工具的旅客和货物运输；水路运输是指以运输船舶为工具的旅客和货物运输及港口装卸、堆存；铁路运输是指以火车为工具的旅客和货物运输（包括高铁和城际铁路）；管道运输是指以管道为工具的液体和气体物资运输。

冶金是指金属矿物的冶炼以及压延加工有关活动，包括：黑色金属、有色金属、黄金等的冶炼生产和加工处理活动，以及炭素、耐火材料等与主工艺流程配套的辅助工艺环节的生产。

机械制造是指各种动力机械、冶金矿山机械、运输机械、农业机械、工具、仪器、仪表、特种设备、大中型船舶、石油炼化装备及其他机械设备的制造活动。

武器装备研制生产与试验，包括武器装备和弹药的科研、生产、试验、储运、销毁、维修保障等。

第二章 安全费用的提取标准

第五条 煤炭生产企业依据开采的原煤产量按月提取。各类煤矿原煤单位产量安全费用提取标准如下：

（一）煤（岩）与瓦斯（二氧化碳）突出矿井、高瓦斯矿井吨煤30元；

（二）其他井工矿吨煤15元；

（三）露天矿吨煤5元。

矿井瓦斯等级划分按现行《煤矿安全规程》和《矿井瓦斯等级鉴定规范》的规定执行。

第六条 非煤矿山开采企业依据开采的原矿产量按月提取。各类矿山原矿单位产量安全费用提取标准如下：

（一）石油，每吨原油17元；

（二）天然气、煤层气（地面开采），每千立方米原气5元；

（三）金属矿山，其中露天矿山每吨5元，地下矿山每吨10元；

（四）核工业矿山，每吨25元；

（五）非金属矿山，其中露天矿山每吨2元，地下矿山每吨4元；

（六）小型露天采石场，即年采剥总量50万吨以下，且最大开采高度不超过50米，产品用于建筑、铺路的山坡型露天采石场，每吨1元；

（七）尾矿库按入库尾矿量计算，三等及三等以上尾矿库每吨1元，四等及五等尾矿库每吨1.5元。

本办法下发之日以前已经实施闭库的尾矿库，按照已堆存尾砂的有效库容大小提取，库容100万立方米以下的，每年提取5万元；超过100万立方米的，每增加100万立方米增加3万元，但每年提取额最高不超过30万元。

原矿产量不含金属、非金属矿山尾矿库和废石场中用于综合利用的尾砂和低品位矿石。

地质勘探单位安全费用按地质勘查项目或者工程总费用的2%提取。

第七条 建设工程施工企业以建筑安装工程造价为计提依据。各建设工程类别安全费用提取标准如下：

（一）矿山工程为2.5%；

（二）房屋建筑工程、水利水电工程、电力工程、铁路工程、城市轨道交通工程为2.0%；

（三）市政公用工程、冶炼工程、机电安装工程、化工石油工程、港口与航道工程、公路工程、通信工程为1.5%。

建设工程施工企业提取的安全费用列入工程造价，在竞标时，不得删减，列入标外管理。国家对基本建设投资概算另有规定的，从其规定。

总包单位应当将安全费用按比例直接支付分包单位并监督使用，分包单位不再重复提取。

第八条 危险品生产与储存企业以上年度实际营业收入为计提依据，采取超额累退方式按照以下标准平均逐月提取：

（一）营业收入不超过1 000万元的，按照4%提取；

（二）营业收入超过1 000万元至1亿元的部分，按照2%提取；

（三）营业收入超过1亿元至10亿元的部分，按照0.5%提取；

（四）营业收入超过10亿元的部分，按照0.2%提取。

第九条 交通运输企业以上年度实际营业收入为计提依据，按照以下标准平均逐月提取：

（一）普通货运业务按照1%提取；

（二）客运业务、管道运输、危险品等特殊货运业务按照1.5%提取。

第十条 冶金企业以上年度实际营业收入为计提依据，采取超额累退方式按照以下标准平均逐月提取：

（一）营业收入不超过1 000万元的，按照3%提取；

（二）营业收入超过1 000万元至1亿元的部分，按照1.5%提取；

（三）营业收入超过 1 亿元至 10 亿元的部分，按照 0.5% 提取；

（四）营业收入超过 10 亿元至 50 亿元的部分，按照 0.2% 提取；

（五）营业收入超过 50 亿元至 100 亿元的部分，按照 0.1% 提取；

（六）营业收入超过 100 亿元的部分，按照 0.05% 提取。

第十一条 机械制造企业以上年度实际营业收入为计提依据，采取超额累退方式按照以下标准平均逐月提取：

（一）营业收入不超过 1 000 万元的，按照 2% 提取；

（二）营业收入超过 1 000 万元至 1 亿元的部分，按照 1% 提取；

（三）营业收入超过 1 亿元至 10 亿元的部分，按照 0.2% 提取；

（四）营业收入超过 10 亿元至 50 亿元的部分，按照 0.1% 提取；

（五）营业收入超过 50 亿元的部分，按照 0.05% 提取。

第十二条 烟花爆竹生产企业以上年度实际营业收入为计提依据，采取超额累退方式按照以下标准平均逐月提取：

（一）营业收入不超过 200 万元的，按照 3.5% 提取；

（二）营业收入超过 200 万元至 500 万元的部分，按照 3% 提取；

（三）营业收入超过 500 万元至 1 000 万元的部分，按照 2.5% 提取；

（四）营业收入超过 1 000 万元的部分，按照 2% 提取。

第十三条 武器装备研制生产与试验企业以上年度军品实际营业收入为计提依据，采取超额累退方式按照以下标准平均逐月提取：

（一）火炸药及其制品研制、生产与试验企业（包括：含能材料，炸药、火药、推进剂，发动机，弹箭，引信，火工品等）：

1. 营业收入不超过 1 000 万元的，按照 5% 提取；

2. 营业收入超过 1 000 万元至 1 亿元的部分，按照 3% 提取；

3. 营业收入超过 1 亿元至 10 亿元的部分，按照 1% 提取；

4. 营业收入超过 10 亿元的部分，按照 0.5% 提取。

（二）核装备及核燃料研制、生产与试验企业：

1. 营业收入不超过 1 000 万元的，按照 3% 提取；

2. 营业收入超过 1 000 万元至 1 亿元的部分，按照 2% 提取；

3. 营业收入超过 1 亿元至 10 亿元的部分，按照 0.5% 提取；

4. 营业收入超过 10 亿元的部分，按照 0.2% 提取。

5. 核工程按照 3% 提取（以工程造价为计提依据，在竞标时，列为标外管理）。

（三）军用舰船（含修理）研制、生产与试验企业：

1. 营业收入不超过 1 000 万元的，按照 2.5% 提取；
2. 营业收入超过 1 000 万元至 1 亿元的部分，按照 1.75% 提取；
3. 营业收入超过 1 亿元至 10 亿元的部分，按照 0.8% 提取；
4. 营业收入超过 10 亿元的部分，按照 0.4% 提取。

（四）飞船、卫星、军用飞机、坦克车辆、火炮、轻武器、大型天线等产品的总体、部分和元器件研制、生产与试验企业：
1. 营业收入不超过 1 000 万元的，按照 2% 提取；
2. 营业收入超过 1 000 万元至 1 亿元的部分，按照 1.5% 提取；
3. 营业收入超过 1 亿元至 10 亿元的部分，按照 0.5% 提取；
4. 营业收入超过 10 亿元至 100 亿元的部分，按照 0.2% 提取；
5. 营业收入超过 100 亿元的部分，按照 0.1% 提取。

（五）其他军用危险品研制、生产与试验企业：
1. 营业收入不超过 1 000 万元的，按照 4% 提取；
2. 营业收入超过 1 000 万元至 1 亿元的部分，按照 2% 提取；
3. 营业收入超过 1 亿元至 10 亿元的部分，按照 0.5% 提取；
4. 营业收入超过 10 亿元的部分，按照 0.2% 提取。

第十四条 中小微型企业和大型企业上年末安全费用结余分别达到本企业上年度营业收入的 5% 和 1.5% 时，经当地县级以上安全生产监督管理部门、煤矿安全监察机构商财政部门同意，企业本年度可以缓提或者少提安全费用。

企业规模划分标准按照工业和信息化部、国家统计局、国家发展和改革委员会、财政部《关于印发中小企业划型标准规定的通知》（工信部联企业〔2011〕300 号）规定执行。

第十五条 企业在上述标准的基础上，根据安全生产实际需要，可适当提高安全费用提取标准。

本办法公布前，各省级政府已制定下发企业安全费用提取使用办法的，其提取标准如果低于本办法规定的标准，应当按照本办法进行调整；如果高于本办法规定的标准，按照原标准执行。

第十六条 新建企业和投产不足一年的企业以当年实际营业收入为提取依据，按月计提安全费用。

混业经营企业，如能按业务类别分别核算的，则以各业务营业收入为计提依据，按上述标准分别提取安全费用；如不能分别核算的，则以全部业务收入为计提依据，按主营业务计提标准提取安全费用。

第三章　安全费用的使用

第十七条　煤炭生产企业安全费用应当按照以下范围使用：

（一）煤与瓦斯突出及高瓦斯矿井落实"两个四位一体"综合防突措施支出，包括瓦斯区域预抽、保护层开采区域防突措施、开展突出区域和局部预测、实施局部补充防突措施、更新改造防突设备和设施、建立突出防治实验室等支出；

（二）煤矿安全生产改造和重大隐患治理支出，包括"一通三防"（通风，防瓦斯、防煤尘、防灭火）、防治水、供电、运输等系统设备改造和灾害治理工程，实施煤矿机械化改造，实施矿压（冲击地压）、热害、露天矿边坡治理、采空区治理等支出；

（三）完善煤矿井下监测监控、人员定位、紧急避险、压风自救、供水施救和通信联络安全避险"六大系统"支出，应急救援技术装备、设施配置和维护保养支出，事故逃生和紧急避难设施设备的配置和应急演练支出；

（四）开展重大危险源和事故隐患评估、监控和整改支出；

（五）安全生产检查、评价（不包括新建、改建、扩建项目安全评价）、咨询、标准化建设支出；

（六）配备和更新现场作业人员安全防护用品支出；

（七）安全生产宣传、教育、培训支出；

（八）安全生产适用新技术、新标准、新工艺、新装备的推广应用支出；

（九）安全设施及特种设备检测检验支出；

（十）其他与安全生产直接相关的支出。

第十八条　非煤矿山开采企业安全费用应当按照以下范围使用：

（一）完善、改造和维护安全防护设施设备（不含"三同时"要求初期投入的安全设施）和重大安全隐患治理支出，包括矿山综合防尘、防灭火、防治水、危险气体监测、通风系统、支护及防治边帮滑坡设备、机电设备、供配电系统、运输（提升）系统和尾矿库等完善、改造和维护支出以及实施地压监测监控、露天矿边坡治理、采空区治理等支出；

（二）完善非煤矿山监测监控、人员定位、紧急避险、压风自救、供水施救和通信联络等安全避险"六大系统"支出，完善尾矿库全过程在线监控系统和海上石油开采出海人员动态跟踪系统支出，应急救援技术装备、设施配置及维护保养支出，事故逃生和紧急避难设施设备的配置和应急演练支出；

（三）开展重大危险源和事故隐患评估、监控和整改支出；

（四）安全生产检查、评价（不包括新建、改建、扩建项目安全评价）、咨询、标准化建设支出；

（五）配备和更新现场作业人员安全防护用品支出；

（六）安全生产宣传、教育、培训支出；

（七）安全生产适用的新技术、新标准、新工艺、新装备的推广应用支出；

（八）安全设施及特种设备检测检验支出；

（九）尾矿库闭库及闭库后维护费用支出；

（十）地质勘探单位野外应急食品、应急器械、应急药品支出；

（十一）其他与安全生产直接相关的支出。

第十九条 建设工程施工企业安全费用应当按照以下范围使用：

（一）完善、改造和维护安全防护设施设备支出（不含"三同时"要求初期投入的安全设施），包括施工现场临时用电系统、洞口、临边、机械设备、高处作业防护、交叉作业防护、防火、防爆、防尘、防毒、防雷、防台风、防地质灾害、地下工程有害气体监测、通风、临时安全防护等设施设备支出；

（二）配备、维护、保养应急救援器材、设备支出和应急演练支出；

（三）开展重大危险源和事故隐患评估、监控和整改支出；

（四）安全生产检查、评价（不包括新建、改建、扩建项目安全评价）、咨询和标准化建设支出；

（五）配备和更新现场作业人员安全防护用品支出；

（六）安全生产宣传、教育、培训支出；

（七）安全生产适用的新技术、新标准、新工艺、新装备的推广应用支出；

（八）安全设施及特种设备检测检验支出；

（九）其他与安全生产直接相关的支出。

第二十条 危险品生产与储存企业安全费用应当按照以下范围使用：

（一）完善、改造和维护安全防护设施设备支出（不含"三同时"要求初期投入的安全设施），包括车间、库房、罐区等作业场所的监控、监测、通风、防晒、调温、防火、灭火、防爆、泄压、防毒、消毒、中和、防潮、防雷、防静电、防腐、防渗漏、防护围堤或者隔离操作等设施设备支出；

（二）配备、维护、保养应急救援器材、设备支出和应急演练支出；

（三）开展重大危险源和事故隐患评估、监控和整改支出；

（四）安全生产检查、评价（不包括新建、改建、扩建项目安全评价）、咨询和标准化建设支出；

（五）配备和更新现场作业人员安全防护用品支出；

（六）安全生产宣传、教育、培训支出；

（七）安全生产适用的新技术、新标准、新工艺、新装备的推广应用支出；

（八）安全设施及特种设备检测检验支出；

（九）其他与安全生产直接相关的支出。

第二十一条 交通运输企业安全费用应当按照以下范围使用：

（一）完善、改造和维护安全防护设施设备支出（不含"三同时"要求初期投入的安全设施），包括道路、水路、铁路、管道运输设施设备和装卸工具安全状况检测及维护系统、运输设施设备和装卸工具附属安全设备等支出；

（二）购置、安装和使用具有行驶记录功能的车辆卫星定位装置、船舶通信导航定位和自动识别系统、电子海图等支出；

（三）配备、维护、保养应急救援器材、设备支出和应急演练支出；

（四）开展重大危险源和事故隐患评估、监控和整改支出；

（五）安全生产检查、评价（不包括新建、改建、扩建项目安全评价）、咨询和标准化建设支出；

（六）配备和更新现场作业人员安全防护用品支出；

（七）安全生产宣传、教育、培训支出；

（八）安全生产适用的新技术、新标准、新工艺、新装备的推广应用支出；

（九）安全设施及特种设备检测检验支出；

（十）其他与安全生产直接相关的支出。

第二十二条 冶金企业安全费用应当按照以下范围使用：

（一）完善、改造和维护安全防护设施设备支出（不含"三同时"要求初期投入的安全设施），包括车间、站、库房等作业场所的监控、监测、防火、防爆、防坠落、防尘、防毒、防噪声与振动、防辐射和隔离操作等设施设备支出；

（二）配备、维护、保养应急救援器材、设备支出和应急演练支出；

（三）开展重大危险源和事故隐患评估、监控和整改支出；

（四）安全生产检查、评价（不包括新建、改建、扩建项目安全评价）和咨询及标准化建设支出；

（五）安全生产宣传、教育、培训支出；

（六）配备和更新现场作业人员安全防护用品支出；

（七）安全生产适用的新技术、新标准、新工艺、新装备的推广应用支出；

（八）安全设施及特种设备检测检验支出；

（九）其他与安全生产直接相关的支出。

第二十三条 机械制造企业安全费用应当按照以下范围使用：

（一）完善、改造和维护安全防护设施设备支出（不含"三同时"要求初期投入的安全设施），包括生产作业场所的防火、防爆、防坠落、防毒、防静电、防腐、防尘、防噪声与振动、防辐射或者隔离操作等设施设备支出，大型起重机械安装安全监控管理系统支出；

（二）配备、维护、保养应急救援器材、设备支出和应急演练支出；

（三）开展重大危险源和事故隐患评估、监控和整改支出；

（四）安全生产检查、评价（不包括新建、改建、扩建项目安全评价）、咨询和标准化建设支出；

（五）安全生产宣传、教育、培训支出；

（六）配备和更新现场作业人员安全防护用品支出；

（七）安全生产适用的新技术、新标准、新工艺、新装备的推广应用；

（八）安全设施及特种设备检测检验支出；

（九）其他与安全生产直接相关的支出。

第二十四条 烟花爆竹生产企业安全费用应当按照以下范围使用：

（一）完善、改造和维护安全设备设施支出（不含"三同时"要求初期投入的安全设施）；

（二）配备、维护、保养防爆机械电器设备支出；

（三）配备、维护、保养应急救援器材、设备支出和应急演练支出；

（四）开展重大危险源和事故隐患评估、监控和整改支出；

（五）安全生产检查、评价（不包括新建、改建、扩建项目安全评价）、咨询和标准化建设支出；

（六）安全生产宣传、教育、培训支出；

（七）配备和更新现场作业人员安全防护用品支出；

（八）安全生产适用新技术、新标准、新工艺、新装备的推广应用支出；

（九）安全设施及特种设备检测检验支出；

（十）其他与安全生产直接相关的支出。

第二十五条 武器装备研制生产与试验企业安全费用应当按照以下范围使用：

（一）完善、改造和维护安全防护设施设备支出（不含"三同时"要求初期投入的安全设施），包括研究室、车间、库房、储罐区、外场试验区等作业场所的监控、监测、防触电、防坠落、防爆、泄压、防火、灭火、通风、防晒、调温、防毒、防雷、防静电、防腐、防尘、防噪声与振动、防辐射、防护围堤或者隔离操作等设施设备支出；

（二）配备、维护、保养应急救援、应急处置、特种个人防护器材、设备、设施支出和应急演练支出；

（三）开展重大危险源和事故隐患评估、监控和整改支出；

（四）高新技术和特种专用设备安全鉴定评估、安全性能检验检测及操作人员上岗培训支出；

（五）安全生产检查、评价（不包括新建、改建、扩建项目安全评价）、咨询和标准化建设支出；

（六）安全生产宣传、教育、培训支出；

（七）军工核设施（含核废物）防泄漏、防辐射的设施设备支出；

（八）军工危险化学品、放射性物品及武器装备科研、试验、生产、储运、销毁、维修保障过程中的安全技术措施改造费和安全防护（不包括工作服）费用支出；

（九）大型复杂武器装备制造、安装、调试的特殊工种和特种作业人员培训支出；

（十）武器装备大型试验安全专项论证与安全防护费用支出；

（十一）特殊军工电子元器件制造过程中有毒有害物质监测及特种防护支出；

（十二）安全生产适用新技术、新标准、新工艺、新装备的推广应用支出；

（十三）其他与武器装备安全生产事项直接相关的支出。

第二十六条 在本办法规定的使用范围内，企业应当将安全费用优先用于满足安全生产监督管理部门、煤矿安全监察机构以及行业主管部门对企业安全生产提出的整改措施或者达到安全生产标准所需的支出。

第二十七条 企业提取的安全费用应当专户核算，按规定范围安排使用，不得挤占、挪用。年度结余资金结转下年度使用，当年计提安全费用不足的，超出部分按正常成本费用渠道列支。

主要承担安全管理责任的集团公司经过履行内部决策程序，可以对所属企业提取的安全费用按照一定比例集中管理，统筹使用。

第二十八条 煤炭生产企业和非煤矿山企业已提取维持简单再生产费用的，应当继续提取维持简单再生产费用，但其使用范围不再包含安全生产方面的用途。

第二十九条 矿山企业转产、停产、停业或者解散的，应当将安全费用结余转入矿山闭坑安全保障基金，用于矿山闭坑、尾矿库闭库后可能的危害治理和损失赔偿。

危险品生产与储存企业转产、停产、停业或者解散的，应当将安全费用结余用于处理转产、停产、停业或者解散前的危险品生产或者储存设备、库存产品及生产原料支出。

企业由于产权转让、公司制改建等变更股权结构或者组织形式的，其结余的安全费用应当继续按照本办法管理使用。

企业调整业务、终止经营或者依法清算，其结余的安全费用应当结转本期收益或者清算收益。

第三十条 本办法第二条规定范围以外的企业为达到应当具备的安全生产条件所需的资金投入，按原渠道列支。

第四章 监督管理

第三十一条 企业应当建立健全内部安全费用管理制度，明确安全费用提取和使用的程序、职责及权限，按规定提取和使用安全费用。

第三十二条 企业应当加强安全费用管理，编制年度安全费用提取和使用计划，纳入企业财务预算。企业年度安全费用使用计划和上一年安全费用的提取、使用情况按照管理权限报同级财政部门、安全生产监督管理部门、煤矿安全监察机构和行业主管部门备案。

第三十三条 企业安全费用的会计处理，应当符合国家统一的会计制度的规定。

第三十四条 企业提取的安全费用属于企业自提自用资金，其他单位和部门不得采取收取、代管等形式对其进行集中管理和使用，国家法律、法规另有规定的除外。

第三十五条 各级财政部门、安全生产监督管理部门、煤矿安全监察机构和有关行业主管部门依法对企业安全费用提取、使用和管理进行监督检查。

第三十六条 企业未按本办法提取和使用安全费用的，安全生产监督管理部门、煤矿安全监察机构和行业主管部门会同财政部门责令其限期改正，并依照相关法律法规进行处理、处罚。

建设工程施工总承包单位未向分包单位支付必要的安全费用以及承包单位挪用安全费用的，由建设、交通运输、铁路、水利、安全生产监督管理、煤矿安全监察等主管部门依照相关法规、规章进行处理、处罚。

第三十七条 各省级财政部门、安全生产监督管理部门、煤矿安全监察机构可以结合本地区实际情况，制定具体实施办法，并报财政部、国家安全生产监督管理总局备案。

第五章　附　　则

第三十八条　本办法由财政部、国家安全生产监督管理总局负责解释。

第三十九条　实行企业化管理的事业单位参照本办法执行。

第四十条　本办法自公布之日起施行。《关于调整煤炭生产安全费用提取标准加强煤炭生产安全费用使用管理与监督的通知》（财建〔2005〕168号）、《关于印发〈烟花爆竹生产企业安全费用提取与使用管理办法〉的通知》（财建〔2006〕180号）和《关于印发〈高危行业企业安全生产费用财务管理暂行办法〉的通知》（财企〔2006〕478号）同时废止。《关于印发〈煤炭生产安全费用提取和使用管理办法〉和〈关于规范煤矿维简费管理问题的若干规定〉的通知》（财建〔2004〕119号）等其他有关规定与本办法不一致的，以本办法为准。

后 记

《财政支持企业若干政策解读》一书，介绍了现行财政支持各类企业改革与发展政策制度的产生背景、指导思想与基本原则、政策目标与主要内容、运行机制和政策走向，是对现行财政支持企业政策制度的全面梳理和系统总结。

财政部领导非常重视企业改革与发展，希望将支持企业改革与发展的各项财政政策和制度形成书稿，以期通过深入浅出、通俗易懂的方式，扩大政策和制度的覆盖面和影响力，更好地服务于各类企业，推动企业转型升级和结构调整，促进经济又好又快发展。财政部部长助理刘红薇同志亲自担任本书总指导，对书稿的框架、内容、编写和出版等都提出了指导意见。

本书是集体创作的成果，凝结了财政部企业司全体同志的心血和汗水。为确保本书成为一部高质量、高水平的精品之作，企业司司长刘玉廷同志带领全司同志精心筹划，周密部署，并亲自担任本书主编，陆庆平、袁海尧、宋康乐副司长和朱宏、段毅才副巡视员担任副主编，企业司全体同志都参与了本书的编写工作。具体承担本书编写工作的同志有：陈柱兵、马军、王天昊、吴子云、张巍、刘瑞杰、陈颖涛、刘学诗、徐淑、张爱辉、邹素萍、於亚洲、李钢、范义丹、区利民、王友前、黄健、王茜、赵钢、贺定凡、仲崇悦、高华、王静、王国航、秦苹、刘红等。本书在反复修改完善的基础上，经刘玉廷司长审定，最终成稿。

本书的编写得到了中国石油化工集团公司、工业和信息化部电子科学技术情报研究所、工业和信息化部电子工业标准化研究所及有关专家的大力支持，经济科学出版社为本书的出版发行做了大量工作，在此一并致谢！

本书在编辑出版过程中难免存在疏漏之处，敬请读者批评指正。

财政部企业司

二〇一一年十二月